◎著

一位特级教师的专题式引领

海峡出版发行集团
福建人民出版社

序

FOREWORD

接到徐国裕老师的电话，希望我为他的新书作序，欣喜之余更多的是祝福，祝福他的教育之路越走越宽、越走越远！

徐国裕老师在长期教育教学实践中一直有自己的思考，许多思考不乏是有价值的见解。但总体而言，这些思考、见解是相对零散、不够系统的，是相对浅层、不够有深度的。2011 年，徐老师入选福建省中小学教学名师培养工程，在专家委员会的指导下，他逐渐对自己多年的教学实践、教育思考进行反思、加工、充实、升华、提炼，形成了“有效课堂从研读教材起步”的教学主张，他的教学经验、教育思考转化为充满思维和智慧含量的教学思想，实现了教育道路上一次又一次的自我超越。

2015 年，徐老师的第一部著作《小学数学教材研读与教学》出版，受到小学数学教师的欢迎，产生了一定的影响。正是他长期扎根教育一线，长期从事教材研读、课堂教学的实践与探索，正是这种基于实证与理论相结合的研究，给广大一线教师带来具有针对性、实用性、可操作性的指导。徐老师的这本新书——《一位特级教师的专题式引领》，从教育管理工作、学校德育工作、教师教学技能，再到课标教材研读、教学内容改革、有效课堂教学，

序

直到试题编制研究，洋洋大观，涵盖了教育教学工作相当大范围的实践与思考。可以说，这些内容饱含着他多年的辛勤耕耘与教育经验，折射出他的教学主张和教育思考。

徐国裕老师的专题式实践与思考不仅提升、发展、成就了他自己的专业，其更大的价值在于发挥了示范、引领、辐射作用，促进群体教师共同成长，成就了他的团队与其他基层教师的职业梦想追求。

和徐老师认识已有20年，他从一位普通教师一步步成长为特级教师、正高级教师、省级名师工作室领衔名师，这绝非偶然。这么多年来，他不管在什么岗位，都矢志不渝地行走在教育专题实践与研究的道路上，用心体会着“润物细无声”的美好。正是他始终如一、孜孜不倦的工作态度与追求，成就了今天的他。祝贺徐国裕老师新书付印！

余文森

2018年6月

目 录 CONTENTS

目录

前言

PREFACE

我生在国家困难时期的农村，十年“文化大革命”正是我接受基础教育时期。从小学一年级到高中毕业九年时间里，每次放学回家及寒暑假、农忙假我都需要帮家里干农活，精耕细作的种地经历练就了我精益求精、严谨治学的工作态度，农民的勤劳质朴赋予了我吃苦耐劳、坚韧不拔的品质。

回想起来，当年读师范学校或许是上天有意安排。从前的我，个子瘦小，不善言辞，不善写作，音色不美，害怕登台表演，不敢在公众场合发言，自卑得像只丑小鸭。两年的师范学习，丰富了我的知识，改变了我的性格，让我爱上了教育，爱上了教师这个行当，从此与教育结缘。三十八个春夏秋冬，我矢志不渝、孜孜不倦地行走在追逐教育梦想的道路上。

我的教育人生中，做过普通教师、总辅导员、专职教研员、城区中心小学校长，现在担任莆田市城厢区教师进修学校副校长。身处不同岗位、不同时期的我因工作职责的差异，也就有着不同的教育梦想与追求。做专任教师的我，努力上好每一节课，希望与学生“课间似同学，课后似兄弟”，追求“做孩子喜欢的老师”；做专职教研员的我，努力服务于教师的学科教学，追求“做有教育智慧的教研员”；做小学校长的我，致力于全面实施素质教育，提升学生的综合素养，追求“做有办学思想的校长”；进入二十一世纪回到教研机构的我，开始构建团队研修，做教师专业发展的促进者，引领群体教师共同成长，追求“做研究型、专家型的名师”。

前言

治学如种地，辛劳精耕必换来好收成。多岗位锻炼，角色的交替轮换，让我有机会涉足教育工作的不同层面，给我的教育实践与研究带来更广阔的空间，促进我去思考更多的问题，积累多方面的教育经验，它成为我教育人生的宝贵财富。二十一世纪基础教育课程改革，让我的教育实践与思考与时俱进，能够站在教育改革的前沿；参加福建省中小学教学名师培养工程的学习，让我的教育实践和思考得到高端指导，不断走向深刻，有了理论高度与深度；主持完成多项课题研究，让我的教育实践和思考凝聚了团队的智慧，形成了专题式研究。经历了这么多年的摸爬滚打，我的教学风格、教学主张、教育观点和教育思想逐渐成熟，教育生涯渐入佳境，走向新的高峰。我陆续将自己在各个层面、各个模块的教育实践与思考进行分类整理，提炼出 40 多个专题，并先后应邀在省内外各级各类干部教师继续教育培训班、研讨会上做过 400 余场专题讲座。这些基于实证、重于实践，具有针对性、操作性的专题讲座深受一线教师、校长的赞赏，发挥了良好的引领作用与辐射效应。

灵感经常是在不经意间产生的。一次与友人闲谈，他无意中说："你有那么多的教学经验、教育观点、教育思想，何不写成一本书进行系统的阐述，让更多的教育者受用?"是啊！专题讲座再多，毕竟是零散的，缺少系统性，辐射范围有限。如果能够把自己这么多年来实践与研究的成果整理成书，不就能让更多的老师更有系统、更全面地学习借鉴，也让自己的成果能够在更大范围辐射、传播、应用？偶然中产生的将专题讲稿整理成书的欲望，点燃了我再次出书的热情。于是，我静下心来，反复思量当前基层教师需要什么样的专业引领，我能为他们做点什么，哪些专题对他们更有帮助。最后，我从 40 多个专题的讲稿中分模块精选出 30 个专题，涉及教育管理工作、学校德育工作、教师教学技能、课标与教材研读、教学内容改革、有效课堂教学、试题编制研究等七个领域，形成了现在的这本书。

李克强总理指出，教育的新常态就是要摒弃浮躁、功利，回归到教育规律。教育研究拒绝浮躁，教育研究没有终点。如果我的教育专题式实践经验、研究成果对一线教师、校长能有所启发，哪怕只是心灵的微微一颤，我也会感到心满意足，享受做人梯、促成长和从事教育工作带来的快乐与幸福！

徐国裕

2018 年 6 月

模块一

教育管理工作

提高学校办学效益，办人民满意的教育是教育工作的重要目标，更是当今我国社会民众获得幸福感的必然要求。影响办学效益、教育质量的因素有很多，教育管理是其中主要的一个。在课程改革不断向纵深推进的时期，教师、校长、教研人员等教育工作者应该如何去应对新的、更高的要求与挑战？学校应该如何构建有效的教育管理与教学研究机制，建设满足学生个性需求、适应未来社会发展需要的课程？本模块针对这些问题，从为师之道、校长工作思考、教研员工作方式、有效校本研修模式构建和校本课程建设等五项内容进行有针对性的专题阐述与引领。

专题01

现代社会背景下的为师之道

百年大计，教育为本；教育大计，教师为本。2014年教师节前夕，习近平总书记在同北京师范大学师生代表座谈时，强调全国广大教师要做“有理想信念、有道德情操、有扎实知识、有仁爱之心”的好老师。这是习总书记对全国广大教师提出的希望，也是现代社会教师的责任。在社会经济、科技高速发展，家长、学生对学校教育的期望值日益攀升的今天，我们的为师之道该如何走？

一、德高行为世范，适应现代社会的品行基础

中国有句古语：学高为师，德高为范。北京师范大学的校训是“学为人师，行为世范”。这两句话都说明，为师者，必须具备两个条件：高深的学识和高尚的情操。在现代社会背景下，我们又该如何解读它们呢？

前些年，北京大学教师孟二冬的事迹引起了人们的关注，大家在感动和受教育的同时，也展开了进一步的思考。在市场经济环境中，功利主义的价值观大行其道，不可避免地渗透到教育这块曾经圣洁的田园里。教书育人，行为世范，潜心治学，淡泊名利，教师应有的这些职业品质正在受到前所未有的冲击和侵蚀。如果教师丧失了这些宝贵的品质，那么怎么能培养出德才兼备的新一代呢？

（一）教师追求的首先是精神，是神圣

全国人大常委会原副委员长许嘉璐在一年教师节庆祝大会上发表了精彩的讲话，激起了广大人民教师的强烈共鸣。他说：“尽管客观世界五光十色、变幻莫测，但人生歧途无非两岔：一是为己，一是为他。人追求的无非两种：

一种是物质的，一种是精神的。古希腊哲学家曾说：对精神的追求，是追求神圣；对物质的追求，是追求平凡。千千万万的教师，选择的是做蜡烛，永不熄灭的蜡烛，他们追求的是国家、民族、学生，追求的是精神，是神圣。教师可敬，就在于他们选择了一条永远光辉的道路。”

许嘉璐说：“我也是一个老教师，有着 40 多年教龄。记得当经济浪潮涌来时，我还是一个大学教师，生活清苦。有人对我说，你不笨，如果做生意，肯定发大财。我当时只是报之一笑。回想这段往事，我有很多遐想。面对老师们，我要说，如果我年轻 40 岁，我还要选择做教师。”许老对教育事业的关心、对教育事业的热爱，令教师们感奋不已。

教育是事业，事业的意义在于奉献。在时兴当官从政的现代社会，一位团县委书记毅然辞去职务，到偏僻的农村任教，听起来也许是天方夜谭，然而这是现实，他就是全国十杰中小学中青年教师、全国十佳师德标兵、南京市浦口区行知小学校长杨瑞清。

杨瑞清 1981 年从师范学校毕业时，作为优秀生，学校准备分配他到城市重点小学任教，但他同几位同学一起找到校长，主动要求到偏僻的农村去。1983 年他被提拔担任团县委副书记。一年后，正当他事业上平步青云的时候，他毅然辞去团县委的工作，回到原来工作的乡村任教，并在教育事业上做出优异的成绩。

杨老师谈到自己在留城与下乡、从政与从教几次重大选择面前，每一次都坚定地选择了留在偏僻的农村为农民子弟办学校时，说：“有人说我如果不辞去团县委的工作，现在有可能当上更高级别的领导，发挥更大的作用。而我认为，人生价值的大小，不在于职位的高低，更不在于享受的多少。当教师‘捧着一颗心来，不带半根草去’，完全可以体现出崇高的人生价值。”

回顾执教生涯，杨老师总结道，做教师要处理好三个关系：首先要正确定位，处理好公与私的关系，选择好人生的立足点；其次要高效投入，处理好行与知的关系，创造出人生的制高点；最后要不断超越，处理好得与失的关系，把握住人生的平衡点。

（二）教师人格的感染力无可替代

俄国教育家乌申斯基说：“教师个人对学生心灵的影响所产生的力量，无论是什么样的教科书、什么样的思潮、什么样的奖惩都代替不了的。”胜利油田第四十四中学东教学楼的墙上有这样一句标语：教师是学生阅读的道德书籍。教师在人格上赢得学生的心，学生便会产生仰慕之情并心悦诚服、心甘情愿地接受教育。教师的人格力量来自于教育教学水平与道德情操的完美统一。依据目前教师队伍的现状，我认为，可以将教师的人格划分为三个层次：第一层次是高尚型人格；第二层次是基本型人格；第三层次是低级型人格。低级型人格的教师往往是学生“厌恶”的对象。基本型人格的教师一般不至于引起学生反感，但绝不会得到学生发自内心的敬佩和爱戴。大多数教师的人格是高尚型的，在教师高尚人格的影响下，学生因其崇高的品德而折服，因其卓越的才能而倾倒，因其广博的知识而陶醉，必定“亲其师，信其道”。因此，人格高尚的教师最受学生欢迎，能达到教书育人的最高境界。

对于师德对学生潜移默化的影响和师表对学生健全人格的塑造，大家是有共识的。因而，大部分教师都注意塑造自己的师德和师表，然而，个别教师的所作所为就不能不令人感到诧异。曾有媒体报道，沈阳市苏家屯区某小学一名年轻教师在课堂内疯狂强奸、猥亵女学生长达两年多之久，班内仅有的 6 名女生无一幸免，案发初始时被害学生中最小的仅 7 周岁。本是教书育人的神圣课堂竟成为一个恶魔发泄兽欲的场所，披着教师神圣外衣的青年竟干着禽兽的勾当。

当然，教师群体中少数害群之马的恶行，也许不会太多地改变人民教师的整体良好形象，但这毕竟是一个应引起注意的信号：在道德大滑坡的今天，即使是在人们最放心的“堤段”，也会出现可怕的“管涌”。

桃李不言，下自成蹊。教师要以德立教，以德立学，以德立身，不断提高自身人格修养，这是教师适应时代发展的需要，也是习总书记对教师提出的基本要求。

（三）行为世范的核心是真诚地爱教育

习近平总书记指出，教育是一门“仁而爱人”的事业，爱是教育的灵魂，没有爱就没有教育。好老师应该是仁师，没有爱心的人不可能成为好老师。鲁迅也曾说过：“教育是根植于爱的。”仁爱之心是当一个好老师的基本条件，教师应该永远拥有一颗爱孩子的心，爱每一个孩子，让孩子在被爱中学会爱。

爱，是教育力量的源泉，是教育成功的基础。没有教育爱，就没有真正的教育，就没有成功的教育。因为没有爱的教育，是干枯的教育、苦涩的教育、专横的教育，这样的教育是违背人性的，是注定要失败的。未来的教育家应该投入全身心的力量去爱学生、爱教育。只有在爱的基础上教师才会投入他的全部力量，才会把他的青春、智慧无怨无悔地献给教育事业。只有爱，才能赢得爱，爱是相互的，你对学生的爱有多深，学生对你的爱也会有多深。教育爱在本质上是一种超越血缘、超越私利而源于人类教育本性的崇高的永恒的教育情感，它超越了父母子女之间、兄弟手足之间、亲朋好友之间的个人情感需求层次，它自觉真诚，普遍持久，体现了社会文明寄予教师的职业要求。大凡名师都是爱学生的楷模，像斯霞、霍懋征、魏书生，他们都把热爱学生当作事业的重要内容。正如斯霞爱孩子像妈妈，霍懋征也把学生当作自己的孩子，霍懋征说："教师最重要的素质是责任感和爱心。"她受母亲和苏联电影《乡村女教师》的影响，当了一名小学教师，从母亲和乡村女教师的身上，她懂得了好老师就要像"妈妈带孩子一样"去爱学生。

马卡连柯曾说过："爱是一种伟大的感情，它总在创造奇迹，创造新人。唯有爱，教师才会用伯乐的眼光去发现学生的闪光点，把辛苦的教育工作当作乐趣来从事，它能使教师感受到每个学生的喜悦和苦恼都在敲打他的心，引起他的思考、关怀和担心。"

教育爱是一种教育情感，教育情感在结构上至少包括三个方面的内容：一是对学生的爱，爱生如子或者胜于爱子；二是对教育教学活动的爱，视教育为生命，为自己价值实现的源泉；三是对人类事业的爱，这是由对一个个学生的爱、对一项项教育教学活动的爱而升华为更博大、更深刻的爱。

有了教育爱，教育工作者就视教育如生命，生命不息，教育不止。

二、 转变教育行为， 迎接社会挑战的具体行动

人民教育家陶行知说："教师的成功是创造出值得自己崇拜的人，先生之最大的快乐，是创造出值得自己崇拜的学生。"全国政协原副主席、中国工程院原院长徐匡迪认为，最终衡量教师的价值，绝不能是当年的升学率，而是看在10年、20年，甚至30年之后，到底培养了多少对社会做出杰出贡献的人才。可见，教育不能只看眼前，而要着眼于未来，教师要转变教育观念与行为，发展学生的核心素养，把培养适应未来社会需要的可持续发展人才作为今天为师之道的目标追求。

（一）教会科学思维——教师的首要任务

联合国教科文组织国际教育发展委员会编写的《学会生存——教育世界

的今天和明天》一书对教师角色是这样描述的："现在教师的职责已经越来越少地传递知识，而越来越多地激励思考。"在当今信息爆炸的时代，教师不能再把简单的知识传递作为教学的主要任务，而应把学生形成正确的学习态度、方法以及灵活的知识迁移能力作为主要任务，对学生获取知识过程、方法的关心应甚于对他们掌握知识结果的关心。课堂教学过程中，教给学生科学的思考方法将比简单的知识传授更为重要，方法可以使学生受用终身。现代社会教师所要做的正是教给学生一种选择能力、思维方式和治学态度，培养学生的科学意识、思维能力、思考方法等核心素养。

（二）教会学生做人——教师永远的职责

成才先成人。一个人不管有多么聪明、能干，背景条件有多好，如果不懂得做人、做事，他终将难成才，甚至会危害社会。学生只有从小学会做人，才会对社会有责任感，才是能够正确面对竞争、面对名利的健康人，才能奋发努力，将自己的知识、才能奉献给社会，为社会发展服务。古今中外有些人，拥有高智商，满腹经纶，却因品行不端成为社会的危险品，这皆因从小没有得到如何做好人做好事的正确教育。

千教万教教人求真，千学万学学做真人。不管时代怎样变化，教会学生做人是教师永恒不变的职责。习近平总书记在2016年教师节前夕考察北京八一学校时强调，广大教师要做学生锤炼品格的引路人，做学生学习知识的引路人，做学生创新思维的引路人，做学生奉献祖国的引路人。教师作为学生的引路人，教给学生正确的做人准则，这一点将始终不能变。

（三）给一双"慧眼"——学生的渴望

一道数学题可能只有一个标准答案，但解题的策略可能有许多。在学生心里，只有答案远远不够，他们更渴望老师给予他们一双从不同角度观察事物的"慧眼"，使他们拥有拨开云雾的"金手指"。

现在的学生想象力特别丰富，他们需要的不是绳索，而是翅膀。他们心目中最优秀的教师应该是，课堂上引经据典，融会贯通，课余时博学多识，热心回答同学提出的各种"怪"问题。一次有益的启发，远比出一千道题有用。一位六年级学生这样描述她的书法老师："他每节课都用课件授课，每个字都分解成一点一撇讲解。有时候，他还会讲些与书法有关的故事，然后告诉我们，写字如同做人，要周正，还要有个性。这样的老师谁不喜欢？"

曾有一位初中毕业生的中考数学试卷没有作答，只在卷面写着："伤心无泪，悔恨当初，不好好学数学，到这关键时刻，我考不上，只怨数学老师太伤我的自尊心，使我上初中数学感到厌烦；悔无泪，恨无情，一切都随梦飘去。到老，也许还记得语文老师的调教……，使我对语文这方面比较感兴趣。”如果这位数学老师看到这段话，该做何感想？现代教师该如何转变自己的教育行为，让不同的学生都能适应未来社会的挑战，这是我们不得不思考的问题。

三、追求教育创新，现代教师坚定不变的信念

（一）社会发展呼唤教育创新

整个人类发展史，就是一部创新史。中华民族光辉的四大发明史、屈辱的半封建半殖民地史、崛起的改革开放史，就是民族创新史的写照。在现代信息化社会，社会发展、经济增长是以创新为主要特征的。当今时代衡量一个国家的强弱，不是看资本有多少，而是看创新型人才有多少。创新精神是一个民族进步的灵魂，也是一个人最宝贵的财富。所以，叶澜教授认为，教育在今天，已经不能还只停留在让学生只知学习与继承，不思也不会创新的水平上。把学生生命中探索的欲望燃烧起来，创造的潜能开发出来，让他们拥有一个充满信心、勇于开拓发展的积极人生，树立为实现中华民族伟大复兴而奋斗的高远志向，才是当代中国教育特有的历史使命和社会价值。社会发展呼唤教育创新。

（二）课程改革需要教师创新

课程改革的核心是创新，课程改革的主宰是教师。可以说，课程改革是一种以“素质”培养“素质”，以“灵魂”塑造“灵魂”的生动过程。雪融化后是什么？一位教师的评分标准令学生拍案叫绝。这位教师说：“雪融化后是水，我打100分；雪融化后是春天，我打120分。”鼓励学生创新的老师，走到哪里都受欢迎。教师有不同岗位、不同专业，但都必须是创新意识和创新能力的发现者、传播者。只有具备高素质的创新型教师，才能把学生培养成创新型人才。

我曾读过作家邹静之的叙事文章《女儿的作业》，文中有一个案例，说：有次经我检查过的语文卷子答案错了很多，不仅是家人，我也开始对我的语文水平怀疑起来。有两条错误是这样的：题目要求根据句子的意思写成语，

有一条是“思想一致，共同努力”，女儿填“齐心协力”，老师判错；还有一条是“刻画描摹得非常逼真”，女儿填“栩栩如生”，老师也判错。我仔细看了，不知错在哪里。女儿说第一条是“同心协力”，第二条应是“惟妙惟肖”。这真让人吃惊，我不知道“齐”与“同”在这儿有什么区别。这篇文章让我叹息，教师如此扼杀学生的思维，创新型人才从何而来？

喜欢奇思妙想是学生的天性，鼓励学生创新对一个优秀教师来说，绝对不可缺少。

四、参与教育科研，提高工作质量的根本出路

在教师专业发展日受重视的今天，教育实践和社会期望对教师素养提出了更高的要求。教师成为研究者不再仅仅是一个口号，而是逐渐成为现实。教师参与教育科研是提高工作质量的根本出路，教育科研成果是专业发展走向高端的表现。

（一）教育科研是教育发展的第一推动力

有一则小幽默。一个被公司解聘的员工对老板说：“老板，你可不要忘了，我有30年的工作经验。”老板说：“不，你只有一年的工作经验，只是重复了30年。”现代社会中，仅凭教学经验和技能来教学，已经不适应教育和学生的发展了。每一位教师都应树立“科研先导”“向科研要质量、要水平”的思想观念，完成由经验型教师向科研型教师的转变。

在人类的社会生产领域，有一个从经验劳动向科学劳动转换的历程，物质的增长方式也从最初的依赖延长劳动时间、提高劳动强度转变为依靠科学技术的进步。沿着这一思维路向，教育要获得长足发展，其第一推动力显然属教育科研，而不是依赖加重师生负担。教育科研是教育改革的先导与基础，教育科研是教育劳动的一种转换，只有教育科研真正成为教育发展的第一推动力，教育的时代性、先进性才能得以体现。展望未来，教育改革与发展呼唤教师走教育科研之道。

（二）让教育实践与教育思考同行

一位青年教师曾问我，如何让自己尽快成长为一名优秀教师，我不假思索地告诉他：让教育实践与教育思考同行，走教学和科研相结合的道路，在教育科研中验证自己的教育想法，提升自己的教育智慧！

提起中小学教师搞科研、当学者，有人不免生疑：既无家学渊源，又无名师指点，谈何容易，况且又不是一线教师的职责。其实，许多教师并非没有研究能力，只是缺乏研究的意识。研究型教师本质上依然是教师，并非是固守书斋，专事考评、阐释，孜孜于自我体系的学问家。研究型教师所要做的是深入研究教育现象，准确把握教育规律，自觉调整实践行为，走教学和科研相结合的道路。

至今还有不少教师、校长对教育科研存在误区，认为只有立项的课题才叫教育科研，学校考核教育科研也往往要求教师参加立项的课题。我不否认立项的课题是一种研究，但没有立项的课题也可以是——把问题当课题，把教学当研究，在研究中成长。

我从教近 40 年，在教研部门工作前后加起来 20 多年了，真正主持或参与过的立项课题也不多。但我可以自信地说，近 40 年来，我一刻也没有停止过学习和思考，没有停止过教育科研，是教育科研让我感受到了从事教育工作的幸福和自豪。我读苏霍姆林斯基和赞可夫，读陶行知和魏书生，常常心生感慨：他们的课题是哪一级的呢？省级还是国家级？他们的研究都没有立项，当然也没有“开题报告”和“成果鉴定”，但这些直接来自课堂、来自学生，充满“泥土”气息的教育科研却引领他们走向教育的理想王国，影响了一批又一批教师。

在这里，我想说，对一线的普通教师来说，不要盲目地做那些应景式的“自上而下”的课题，最现实的还是从实际问题出发，边学习、边思考解决问题的办法，“自下而上”，建构属于自己的课题和教育模式，提升教育智慧。

当你把实际中遇到的问题当作课题，把教育教学工作当作研究过程，带着思考的大脑关注自身的教育实践时，你就不难发现，富有探索价值的研究课题是源源不断的。比如，对待试卷的讲评，教师是念标准答案还是对学生实际进行分析，在追根溯源中优化学生的思维品质？高考临近，学生心理压力大，如何针对不同的学生进行有效疏导，让学生比较轻松地应对高考？这些是不是反思，是不是科研课题？

如果你对这样一些日常教育中的小问题都有了自己的理解和认识，那么你就等于拥有了一颗颗耀眼的“珍珠”；如果你能进一步学习、思考和实践，用先进的教育思想和理念来整合这些“珍珠”，那么你就有了自己的教育思想、教学主张，你就可能成长为一名优秀的专家型教师！

五、 拥有专业智慧， 现代教师生存的根本凭借

振兴民族的希望在教育，振兴教育的希望在教师。过去，我们将教师比作蜡烛，蜡炬成灰泪始干；比作春蚕，春蚕到死丝方尽。这种牺牲精神是可贵的。但是，如果只是牺牲而不去不断地丰富和发展自己，那又是多么可悲的。教师从来没有像现在这样感受到教育工作的压力、专业成长的压力，全社会的期望都压在教师身上，可以说，教师的肩上一头挑着民族的希望和未来，一头挑着千百万家庭的幸福与前途。

（一）学而优则师，师要优必学

教育从来没有像今天这样成为关系人类生存命运的重要前提，学习也从来没有像现在这样成为个人最基本的生存能力。据《中国教育报》报道，全国城市中小学教师业余阅读状况调查表明，教师的学历、职称、获奖层次都与读书呈正相关，一名教师的成长、成名、成家、成就，以及对社会的贡献都离不开读书，离不开对各种知识的追求。现代社会背景下教师的专业才能、教育智慧来自学习，学习能改变智能结构，适应变革的环境。《每周文摘》曾报道一则“百岁老人五世同堂，全家有 32 位大学生”的消息，报道说，这位 103 岁老人的一家除了她 79 岁的大女儿没读大学，3 位玄孙还是幼童外，其余 32 人均系大学毕业，老人凭借的是“学习是改变命运的有效武器”这句话。

教师天天与书本和学生打交道，读书的条件可谓得天独厚，但多数教师在不厌其烦地教育学生要刻苦学习、认真读书的时候，往往忽略了自己，忘记了自己也要读书，也要学习。这种现实让人不无忧虑，全国城市中小学教师业余阅读状况调查表明，不少教师除了教材、教参及相关教辅材料外，其他的书读得很少或几乎不读，常满足于按部就班的“教书匠式”教学。很难想象，这样的教师能在教育艺术的天地里开辟出多少属于自己的空间。

在教育过程中，教师始终是关键。有了好教材，不合格的教师仍会把课讲差；没有好教材，优秀的教师还是可以通过自己的创造性使用教材把课教好。所以，学习型社会需要教师构建终身教育的生活舞台。读书是教育力量的主要来源，应成为教师的一种信仰，一种责任，一种工作，一种生活。

（二）专业智慧来自完善的素质结构

李岚清同志曾指出，一位优秀的教师，就是一位开发人力资源的科学家。教师的专业智慧赋予教育教学工作永恒的魅力。现代社会里，教师单靠一门学科的教学知识和经验，已经很难胜任自己的角色了。我曾随莆田市高中学校校长到海南、广东考察高中课程改革，实验区校长、老师多次谈到的一个话题是课程改革以后，教师比学生更不适应，由于课程内容的教学方式转变，教师原有的知识结构和水平已不适应课程改革的需求。新课程无论哪一门学科、哪一本教材，涵盖的内容都十分丰富，体现了学科的高度交叉与综合。例如，语文《田忌赛马》一课，所涉及的知识除了语文外，还有历史知识、体育比赛规则、美术作画等，如果教师知识储备不足，那么该如何应对呢?中外校长普遍认为，具备多元化的知识结构、一专多能的能力和优良的人格，是教师作为指导者的先决条件。

教育是面向未来的事业，昨天的知识、今天的知识都满足不了未来的需要。如果教师传授给学生的是他们早已掌握的，或是与现代社会不同步的知识，那么难免会引起学生的反感。所以，跟其他专家不一样，教师需要各方面的知识，哪怕这些知识不一定很精深。要充分认识到一个知识面不广的教师，是很难真正给学生以人格上的感化的。例如，生物老师可以不是人类基因研究专家，但不能对人类基因研究发展的方向没有了解；当“神舟”载人飞船发射时，中央电视台进行全程直播，物理教师不能不向学生适当介绍一些载人航天知识。

最后，借用习近平总书记对教师提出的“三个牢固树立”作为本专题的结束语：牢固树立中国特色社会主义理想信念，带头践行社会主义核心价值观，自觉增强立德树人、教书育人的荣誉感和责任感，学为人师，行为世范，做学生健康成长的指导者和引路人；牢固树立终身学习理念，加强学习，拓宽视野，更新知识，不断提高业务能力和教育教学质量，努力成为业务精湛、学生喜爱的高素质教师；牢固树立改革创新意识，踊跃投身教育创新实践，为发展具有中国特色、世界水平的现代教育做出贡献。

专题 02

现代社会背景下校长工作的思考

校长的案头每天都会有许多大小事等待处理，创建示范校、文明校、素质教育先进校、平安校园，盖楼房、校园文化建设、树形象工程，找门路、跑关系、联络感情等，所有的责任无处推托。每位校长承载的各种责任都超出正常人所能承受的压力范围，数不清的问题要求校长有超常的忍受力、智慧和驾驭全局的能力。

面对错综复杂的学校日常事务，校长没有三头六臂，需要静下心来深入思考：教育的本质是什么？学校的主要任务是什么？学校工作的中心是什么？思考过后，再确定每天该做什么，优先做哪些事项，走好当下每一步，守护教育与学校的精神价值。

一、 校长要打造优质教师队伍

学校的竞争就是质量的竞争，质量的竞争就是教师的竞争，学校的教育质量就是教师的质量，教师队伍素质是学校的核心竞争力。全国新课程改革先进地区山东省潍坊市曾对 12 所市属学校开展主题为“好学校的核心要素是什么”的调研，“教师优良的业务素质”是校长、教师、学生和家长认可的首要核心要素，总体认同率为 66%，校长的则达 100%。

教师的专业素养是难以突击“培养”和“灌输”的，靠的是日积月累的“浸润”和“孕育”。苏霍姆林斯基说过：“学校教学大纲的知识对于教师来说，应当只是他的知识视野中的起码常识。只有当教师的知识视野比学校的教学大纲宽广得无可比拟的时候，教师才能成为教育过程的真正能手、艺术家和诗人。”这个“无可比拟”，这个“博大”和“深厚”是需要花一番功夫才有可能企及的！苏霍姆林斯基引用了一位历史老师的话说：“对这节课我准备了一辈子。而且，总的来说，对每一节课，我都是用终生的时间来备课的。不过，对这节课的直接准备，或者说现场准备，只用了大约15分钟。”

提升教师的专业素养，最重要的是要帮助教师养成良好的阅读习惯，系统地阅读、批判性地阅读。张大千先生说：“作画如欲脱俗气、洗浮气、除匠气，第一是读书，第二是多读书，第三是有系统、有选择地读书。”读书对于画家尚且如此重要，更何况对于教师？在学习型社会，学习要成为教师生活的基本方式，成为学校活动的重要内容，打造优质教师队伍需要构建学习型教师队伍。

（一）树立终身学习的理念

教育从来没有像今天这样成为关系人类生存命运的重要前提，学习也从来没有像现在这样成为个人最基本的生存能力。“吾生也有涯，而知也无涯”，在信息化时代，终身学习将成为人们生活的重要内容，成为一种生活方式。学校要从上至下有一种爱学、乐学、笃学的精神，校长应充分发挥已有的学习资源和课程资源，调动教师的学习主动性、积极性和创造性，树立终身学习的理念，把学习作为学校成员推动社会文明进程的一种责任。2005年7月29日福建省第十届人民代表大会常务委员会第十八次会议通过了《福建省终身教育促进条例》，从法律上确立了终身教育任务。

（二）建立有效的学习机制

学校应创设良好的、宽松的，并且有利于学校成员间及时沟通、交流和讨论的学习环境，充分发挥教研组等组织机构的作用，制订学习计划，开展常规性的学习活动，使学习成为一种制度，成为教师职业生涯的自觉行为，构成教师的生活舞台。同时，建构个人自学与集体学习、短期培训与长效学习、理论学习与实践相结合的多样化学习方式，为教师参与学校、学术团体、研修机构、教育行政部门组织的培训及研讨等多元化学习创造条件，树立参加培训学习就是最好的奖励和福利意识。例如，莆田市城厢区筱塘小学在创建学习型学校的过程中，要求教师努力读书，就教师教育阅读发出一封“致老师的信”，向教师推荐100种阅读书目并提出创建学习型学校的“七个一”要求：学校每周一次集体学习，教师每年至少订阅一份教育杂志，每月写一篇教育随笔或教学体会，每月设计一篇有一定创意的教案，每学期写一篇教学经验总结或优秀论文，每学期至少做一万字读书笔记，每年参加一次信息技术培训。

（三）构建开放的学习网络

学校要充分发挥图书馆、班级图书角、黑板报、校园网等学习宣传阵地的功能和作用，因地制宜，因时制宜，建立开放式的全员学习教育网络。同时，在办公室放置相关教学资料以及教育报刊、教师论文、经验总结等资料，实现资源共享，以适应并满足不同层次教师的学习需求。此外，还要鼓励教师利用现代信息技术手段，开设学习博客网站、微信交流平台等。

（四）建立科学的激励机制

建设学习型组织，需要建立并完善鼓励、倡导主动学习和不断创新的科学激励机制。学校要通过考试与评价制度改革，建立科学有效的激励机制，采取有效的激励手段，最大限度地激发个体和团队的学习潜能，为学习者提供学习动力。例如，莆田市教师进修学院每年举行一次读书节活动，交流分享读书心得，展示读书成果；莆田五中为在职教师攻读硕士提供时间与经费保障；城厢区南门学校从2000年开始，给每位教师每年150元（骨干教师每年300元）购书费，分期分批组织教师到厦门学校挂职进修一个学期；莆田市2017年开始遴选部分优秀教师带薪脱产赴北京师范大学研修一年；等等。

随着时代的发展，学习型学校建设是打造优质教师队伍的基础性工作和首要措施，是现代校长发展学校的必然选择。校长必须认识到在信息时代，成功者将是那些比对手学习得更快一些的组织和个人。

打造优质教师队伍，增强学校核心竞争力，校长要用关爱来点燃教师的热情，服务教师，服务教学。要经营好教师的人心，用光明的前景激发人心，用丰厚的待遇留住人心，用人文关怀温暖人心，用教管结合教化人心，用坦诚相待交换人心。

二、 校长要在课堂展现生命力

教学是学校工作的中心，课堂教学是教学的基本形式，校长工作应以教学工作为中心。陈玉琨教授曾说：“就中小学校长的专业技能而言，他们的组织能力、协调能力、社交能力明显高于以往的校长，但在指导课堂教学、学校课程编制等中小学校长区别于其他行业管理人员的核心技能方面，也就是中小学校长所具有的其他专业人员不可替代的能力方面还有待进一步提高。”这句话反映出现在一些校长忙于杂务而忽视课堂，不上课者有之，不进课堂的亦有之，长此下去，校长将自废“核心技能”之功。苏霍姆林斯基以他的实践经验告诫校长：“一个有经验的校长，他所注意和关心的中心问题就是课堂教学。”如此看来，无论校长有多忙，也应挤出时间深入课堂，贴近师生，立足学校中心工作。

纵观中外成功的校长、有名的校长，他们在功成名就之后，大多仍然没有离开课堂。全国著名特级教师贾志敏曾说：“如若要我离开三尺讲台，我则一刻也无法生活。”著名教育家魏书生，从名师到名校长，从名校长到设区市教育局局长，没有改变的是每天早晨7点准时赶到学校为学生上课。南京市北京东路小学校长孙双金、金华市站前小学校长俞正强、福州一中校长李迅、福州教育学院附属第四小学校长林莘等，他们都是功成名就的优秀校长，却始终坚持在教学第一线，我担任梅峰小学校长期间也从来没离开过课堂。这些校长是吃饱撑着没事干吗？不，而是这些校长深知课堂是校长成长的基石，是校长生命力之所在。

（一）校长要亲临课堂上好一门课

基础教育通常是教而优则仕，中小学校长大多是从优秀教师中选拔和成长起来的，其中不少人曾是教学能手、上示范课的好手。然而，当上校长后，许多人以学校日常管理事务忙为借口，渐渐远离课堂，这样不用两三年，以后谈到教学时，开口可能只是“重复昨天的故事”，上课就会“拿着旧船票登上你的老客船”，那么校长在老师心目中还有什么地位和威信呢？有的校长可能会说：“我虽然没有上课，但我经常进课堂听课啊！”我要说，光听课只是“隔岸观火”，亲自执教方能对教材及学生的分析做到心中有数，对课堂的预设才能科学合理。

校长站上讲台，亲临课堂上好一门课，不只是在教学，更重要的是在做调查研究。适当上课，可“逼”着校长从千头万绪的管理工作中挤出时间钻研教学、研究教材、研究学生、研究教法，学习优秀教师先进的教学理念，与教师共同研究教学问题，提高自己的理论素养和教学教研能力，不至于失去自身成长的主动权。校长直面课堂，身处教学一线，就有了引领教学改革的发言权，就赢得了学校的发展权，一旦学校教学方面需要形成决策，就有发言权，就有说服力。城厢区从2005年秋季开始，要求所有中心小学、区直学校副职领导都要按自己的学科专业上好一门课，正职领导要完成福建省教育厅规定的每周 4 节教学工作量。

有什么样的校长，就有什么样的学校。一个不愿上课或不会上课的校长是不能管理好学校的教学工作的，学校的教研工作将成为一片沙漠。可以说，不愿上课或不会上课的校长不可能成为师生心目中的好校长。校长适当地上课，就是把根留住，留住自己赖以生存、发展的根。当然，校长的主要工作是对学校的全面管理，上课要适量，不宜过多。

（二）校长要与教师实现同伴互助

同伴互助是教师专业成长的重要通道，组织引导教师实现同伴互助是校长的重要职责。校长要与教师一道认真备课、上课、批改作业，听教师的课，请教师听自己的课，带领教师一起进行教学改革实践与研究，建立一个平等的对话平台，倾听教师的独特见解，鼓励教师进行教学探究，与教师共同探讨教育教学话题，互相讲述教育教学故事。这一过程中，校长既能借机走近教师群体，亲近教师，又能深入了解教师的教学状态，体会教学中的酸甜苦辣。这种非行政权力的人格力量影响力是行政手段无法替代的，正是所谓的“喊破嗓子，不如干出样子”。

（三）校长要通过课堂了解“教情”

袁振国教授指出，教学提倡以学生的发展为本，但教师不发展是不行的。课堂是教师彰显师德、实践理念、训练技艺、展现才华、体现自身价值并引导学生发展的主要阵地。教师的教学活动具有独特性和差异性，每位教师对国家课程及教材的处理必然打上自己的独特烙印。治学如种地，学生的学习成绩取决于课堂教学质量，取决于教师教学活动的水平。记得有一年城厢区五年级上学期数学期末质量检测，同样是一道“用循环小数的简便记法表示 14.2÷11 的商”的题目，城区两所学校的得分率分别是 55.6％和 16.3％，学生学习成绩的差异是两校教师日常课堂教学差异性的反映。因此，校长必须了解“教情”，关注教师的专业发展状态，要在教学理念、教学艺术、教学机智等方面给予指导，为教师发展营造一种环境，构筑一种平台，建立一种机制。例如，在教师间创设一种互相听课、互相评课、互相学习、互相交流的管理新文化，引领教师在教学中研究，在研究中学习，把教学与研究、学习结合起来。

（四）校长要通过课堂了解“学情”

叶澜教授指出：教育是直面人的生命，通过人的生命，提升人的生命质量的社会活动。学校教育面对的是一个个活生生的生命体，这些生命体需要有质量的发展，而课堂就是这些生命体——学生成长的基本空间。校长肩负着领导学校基础教育课程改革的使命，必须时刻记住“为了每位学生的发展”的理念。校长只有深入课堂，才能更好地了解“学情”，及时地了解学生的思想状况、学习态度、认知水平、心理需求及对各科教师的意见，为督学、督教提供第一手资料，真正使学校教育成为提升人的生命质量的活动。校长请切记：“民意不可不听，民情不可不察，民智不可不聚。”

三、校长要重视打造学校特色

打造学校特色，是促进学校内涵式发展的现实需要。形成富有个性的办学风格，是一名校长职业成熟程度的表现。我们办人民满意的教育，而人民群众的教育需求是分不同层次的，故要求我们为每个学生提供适合的教育，这就要实施学校特色发展战略。所谓特色发展，不是特色项目的发展，而是以特色办学理念为核心，引领并逐步形成学校的特色课程、特色教学、特色教研、特色管理，最终培育出独特的成熟的学校文化。

全面发展、门门优秀的学生是好学生，偏才和专才也是好学生。例如舟舟，虽然他的智商只有五六岁儿童的水平，但他在音乐指挥上的天赋，使他能够与世界上任何杰出的指挥家相媲美。所以，我们不能用一把尺子衡量每一个个性差异、兴趣不同的学生，而应该鼓励一部分学生在一两个学科上冒尖，在某个方面出类拔萃，为他们的个性发展、特长发展、自主发展创造充分的条件。为此，许多学校形成了双语特色、艺术体育特色、奥赛特色等办学理念。例如，北京史家小学 1992 年就提出了“和谐教育”的办学理念，在多年的教育教学实践中形成了以“人与社会、人与人、人与知识、人与自身、人与自然”为框架的和谐育人体系，“和谐教育”成为学校鲜明的办学特色。北京师大二附中开设的讲座课程，就像中央电视台的《百家讲坛》，聘请两院院士、高校名家当主讲人，每学期举行 8 场讲座，内容涉及自然科学、人文社会科学、经济、法律、天文、地理等，每位学生在高中三年可以听到 48 场高质量的专题讲座，这对学生的人生影响是不可估量的。该校在校园环境建设中形成了融科学性、艺术性、实用性和教育性为一体的校园文化特色。上海师大附属卢湾实验小学多年来打造出五彩特色课程——红色理想课程、橙色灵动课程、蓝色智慧课程、紫色遐想课程及绿色探究课程。福州教育学院附属第四小学的“学习共同体”，莆田五中的艺术教育，莆田十八中的农村学生汉字规范化书写，涵江实验小学、麟峰小学的民族器乐教育，梅峰小学的少年军校等都是多年来各校打造的办学特色，是学校内涵式发展的一项重要表现。

思路决定出路，没有做不到的，只有想不到的。打造学校特色，重点在观念出新。创建特色学校，是一项长期而复杂的系统工程，不是一所学校短期内就可以实现的，校长不能有急功近利的思想。但是，某种特色一旦形成，它对全校学生的影响力、感召力是很大的，不少学生一入学校，就开始设计自己的未来，考虑自己在哪方面、哪个学科上有发展特色。每位校长都要认真挖掘学校的资源，办出学校的特色。

四、 校长要善于大小事齐抓共管

校长是教育基层组织的管理者。基层组织的工作特点就是多、杂、碎，于是，校长有意无意地将自己的角色进行定位：学校工作的计划者、日常工作的负责人、资源分配者、思想沟通者、与校内外人员的谈判者、具体问题的解决者、信息的搜集者等。为了扮演好种种角色，校长“日理万机”，常感“分身无术”。然而，一名富有智慧的成功校长必须从诸多需要扮演的角色中区分出什么是根本角色。

当前社会背景下，政府对教育的投入明显增长，校长基本上不用为学校的经费问题伤脑筋，政府对学校的管理体制也由集权转向集权与分权相结合，学校特别是完全中学、城区小学、中心小学被赋予更大的办学自主权，校长角色由单纯执行上级命令的“校内事务管理者”转变为“学校经营者”。“经营者”不同于单纯的“上级命令执行者”，它要求校长在不违背国家政策和上级要求的前提下，树立并实现自己的办学抱负，追求创新的机会并把它变为现实。“经营者”的角色决定校长在保证教育理想、基本理念不动摇，尊重教育规律、人才成长规律、教师成长规律的提前下，要把三件工作放在首位并统率其他各项具体工作。第一，规划并管理学校发展战略。校长要有远见、负责任，其首要责任是组织、监督学校发展战略的制定，并坚定地把它实施下去，日常工作要紧扣与战略规划和战略管理相关的调查、研究、学习和监督等工作。第二，建立制度并树立好校风。校长如果只是处理一件件具体的工作和矛盾，那他就不是领导而是“救火队长”了。“纲举目张”，“纲”就是制度以及由此而衍生的校风、教风、学风，有了制度，每个部门、每个人都在“纲”上为自己的任务、职责和行为正确定位，那么各项工作就顺理而行了。第三，选拔、使用、培养干部。学校的发展方向和战略规划确定以后，干部就是决定因素。校长应立足于下属干部各自独当一面，而不是事必躬亲。校长要统揽全局，就必须慧眼识人，放手用人。发现不了人才，是能力问题；知道人才而不用人才，是道德问题。校长只有识才爱才，任人唯贤，思贤若渴，用人之长，容人之短，才会使教职工心悦诚服。

美国管理学专家罗宾斯在《组织行为学》一书中描绘了一家大型化工提炼厂经理泰德·凯利的工作。泰德精心培养和任用干部，鼓励各部门经理参与和轮流主持工厂重要决策，从而使他的工作进入“我不做出决策”的境界。这种领导意识和艺术令人赞叹！像城厢区南门学校实行中层以上干部按周轮流主持校务工作，东海中心小学实行校级正副职领导值周轮流主持学校日常工作，这都是促使干部增强责任担当意识的好策略。

当前，一些校长受部分行政领导干部的影响，只片面抓大事，搞政绩工程，搞创建活动，奖牌一块块抱回家，可以说，政绩显现，社会宣传影响挺大，但他们对繁杂琐细的内部管理工作不感兴趣。在学校里就常见到一些怪现象：高端的电脑教室常被小偷“光顾”或蒙上一层灰尘，配备齐全的录播室、多媒体闲置，设备高档的教师办公室污垢满目，作业本、教参教案、教具堆成小山，教室后面垃圾成堆，走廊“满目疮痍”，地上痰迹连片，厕所时常污水外溢。

学校要发展，当然要重视硬件建设。但学校不是现代设备的展示场，教育不是仅有高楼就行，新房子不一定就能带来办学的高水平、高效益。教育是育人，教育是一项长期的工程，扎扎实实的内部管理是学校管理的永恒主题，“大事”与“小事”永远是相互依存、相互作用的辩证关系。学校无小事，处处皆教育。整洁干净的外观，清爽宜人的环境，严谨有序的管理，不仅是学校的外在形象，更是学校文化的重要组成部分，它会对学生的情感意志、思维方式、精神面貌产生深远的影响。教育质量是公众关注的焦点，学校要重视常态教学，不要假性成长。教育不能折腾，校长要守护学校的精神价值。

校长如鹰，应飞得高，以广阔的视野发现猎物，又必须飞得足够低，以便看清细节，瞄准目标，进行攻击。把“大事”办好，把“小事”抓紧，形成良好的办学风气和传统，才是办学真水平的体现。高水平的校长应该把精力放在内部管理上台阶，多抓点“小事”。在这一点上，莆田市实验小学原校长刘汉清、南门学校原校长陈卫国的“鹰高低飞”策略很值得我们学习。

五、 校长要增强非行政权力领导

一名好校长必须有人格的影响力、思想的辐射力、道德的感召力和威信的穿透力。就是说，校长管理学校不仅需要一定的行政职务权力，还需要一种非行政权力的影响力。所谓非行政权力的影响力，指的是校长的人格魅力、教育智慧、专业水平和威信声望等。

（一）人格魅力

现代管理学认为，任何一个领导者在行使自己的职权时，其自身的品德、学识、风度、声望、心理品质等会自然形成一种影响力。

校长要有高尚的道德品质，用自己的言行塑造人格魅力，使广大师生从其身上看到学校的形象和事业的希望。校长的权威、人格魅力来自师生公认的公正和无私。校长要想师生之所想，急师生之所急，关心师生的疾苦；要公正无私，能正确处理教师之间的关系，不计较个人的恩恩怨怨，不论亲疏，不分彼此，一视同仁。具体可以概括如下：树立一个干事业的形象，树立一个清正廉洁的形象，树立一个公正开明的形象，树立一个诚实可信的形象。

（二）专业水平

校长要有政治家的远见、企业家的实干精神和较强的综合能力。管理者的学识水平、能力水平会使下属产生基本的信任感、依赖感。校长应该是“专家中的杂家，专才中的通才”，以学识赢得威信。校长要研究管理科学，集专与博于一身。第一，校长要有管理能力，包括做决策能力、统揽全局能力、激励用人能力及应变能力。第二，校长要有研究能力。第三，校长要有教学能力。第四，校长要有创新能力。没有创新就没有发展，校长要创新思路，提出自己的新思维、新观点、新意图、新途径、新方法，引导师生学会创造，培养和发展师生的创新意识。第五，校长要有演讲能力。校长讲话的机会很多，要讲求说话的质量。如果校长的讲话有思想性、知识性、艺术性、趣味性，出口成章，层次分明，中心突出，逻辑性强，信息新颖，师生听起来会是一种享受，必然会产生激发力、导向力、感染力和说服力。第六，校长要有组织协调能力。学校的工作纷繁复杂，校长必须协调好各方面的关系，必须能正视和化解各种负面情绪，动员社会支持学校，调动教师同心同德。第七，校长要懂得物业管理。一所学校小到桌椅，大到房产、电器，资产少则几十万元，多则上亿元，如何保证集体资产不流失，如何把资产损耗降到最低限度，如何把资产效益发挥到最大化，没有一定的物业管理能力是很难做到的。

（三）人性情感

校长的凝聚力靠人格，靠学识，靠仁政。“仁”就是人性化的管理，以了解人、理解人、尊重人为出发点。校长要有宽容的品格，与教职工始终保持着密切的、坦诚的沟通，设身处地地为教职工着想，多一点人情味，少一点火药味，多一点引导激励，少一点批评指责，多一点宽容理解，少一点空洞指责。校长要能容人、容言、容事，不论先进后进，一视同仁；不管是顺耳之言，还是反对之词都要听得进去。

平心而论，每位校长都知道以人为本的管理理念，各校制定的制度也能体现人文思想，然而，由于一些校长常常居高临下，在执行制度的过程中“串了味，变了质”，造成校长的行为教师不能理解，教师的付出不能得到校长的肯定。久而久之，校长与教师的关系就等同于猫与老鼠的关系。我们来看一些教师对校长说的话：“校长，你是不是觉得很累，总担心哪个教师给你找麻烦，总担心学生会出乱子，总担心教师或学生在背后说你的坏话，觉得现在的教师怎么那么难管理？那你为什么不走下来，到教师中去，到学生中去，了解教师需要什么，学生怎么样了……”另一位教师说：“校长只要给予我们一点点关爱，只要花一点点时间和我们沟通交流，我们就感到心满意足了。”

以上发自教师内心的声音，在很大程度上比较客观地反映出了目前部分校长的真实状况。于是，一位校长这样反思：“作为农村校长，我也是由一名普通教师走上学校领导岗位的。但对我来说，发自教师内心的这些声音，伴随着时间的推移而变得熟悉又陌生，敏感又麻木。当我们过分严格地要求学生时，想想我们当学生的时候是怎么样的；当我们过分严格地要求教师时，想想我们当老师时是怎么样的。”

真情＋服务＝生命力。情感是凝聚力，校长要把情感因素融入管理之中，追求以人为本的服务精神。当然，校长关心爱护师生时，仅有爱的情感还不够，还必须有爱的行为、爱的能力、爱的艺术。例如，要想与师生建立良好的感情，就要有互动、经常交往，在交往时要注意做到三点：一要在不经意间去交流，这时的交流是感情的自然流露；二要选择轻松的话题，如天气、体育等；三要注意场合，如餐厅、操场、路上等公共场所。

管理是一种事业，事业的意义在于奉献；管理是一门科学，科学的价值在于求真；管理是一项艺术，艺术的生命在于创新。现代社会倡导教育家办学，需要校长行政与学术并重，理论与实践并举。

专题 03

现代社会背景下教研员的工作方式

随着教育改革的不断深入，特别是基础教育课程改革的推进和校本研修制度的建立，教研重心下移学校。在一些人看来，教研机构传统的管理和指导甚至成为教育改革的障碍，它在全国引起了强烈的反响，这对教研部门而言是一场严峻的挑战。在是与非的争论中，教研员需要对自己的工作方式进行全面的审视与反思，转变角色与职能，积极应对变革的时代，在“管理、研究、指导、服务”过程中促进自身专业成长，受到基层学校和教师的欢迎。

一、 到学校去， 解决实际问题

作为业务主管部门，在深化课程改革的背景下，教研机构要摆正自己的位置，调整同基层学校的关系。为学校和师生的内涵式发展提供更优质的服务，是摆在教研机构面前的现实问题。根据教育部的有关文件，相对于基层学校而言，教研机构的新定位可概括为管理（引领）、研究、指导、服务。

以往教研机构与基层学校的关系是“我要求你什么”与“你应该做到什么”，现在更多地要关注“你需要什么”“我能给你什么”以及“我们能一起解决什么”。教研机构不应该是教学改革的中转站，而应该是教学研究中心、教学新理念辐射中心、学术交流中心、教学服务中心。基层学校需要尊重和激励，需要专业到位的指导和服务，需要个性化的助推，教研机构把工作重心下移到学校，深入到课堂，更多地进行具体指导、创造条件、提供资讯等工作，最大限度地引领基层学校在不同的起点上获得自主、和谐、持续的发展。

课堂是研究最前沿的阵地，教室即研究室，课堂是检验教育理论的理想实验室。今天的课程改革正催生着课堂教学的种种变化，在课堂上，教师每天都面临着意想不到的新情况、新问题、新困惑，教师每天也都在寻求解决问题、摆脱困惑的方法策略，如果教研员不深入课堂，不及时了解掌握这些真实珍贵的第一手资料，那么教研工作也只能是无源之水，无本之木。

现在大多数教研员来自基层学校，曾经也是非常优秀的教师，有着多年一线教学经验，这些经验便是开展创造性工作的坚实土壤。但随着教研经验的增长和阅历的增加，以及职业的惯性和人皆有之的惰性，大家越来越坚信自己的经验判断，坚守“昨天的故事”，于是习惯于闭门造车，不愿下乡，害怕进课堂，把“深入到学校和课堂”停留在口号上。即使有时候也下乡去学校，但却成了“去学校观光的客人”，说实在话，上级要求教研员每年听课达到一定的节数，有几个真正完成了任务？

一个优秀的教研员必须深入到学校，深入到课堂，深入一线解决实际问题，否则，久而久之就会遇到“介入尴尬”，就会失去工作资本。教研员要面向基层，增强真心实意为基层服务的意识，深入教学第一线，融入课堂使自己的双脚踏在实践的土壤上，倾听学校的呼声，了解教师教学中的困惑，发掘解决现实问题。教研员要与基层学校和一线教师建立合作伙伴关系，共同打造专业学习、学术交流、教学实践、教学管理的共同体，成为教师可以信赖的朋友。

二、服务第一，当好教师助手

课程改革对教研队伍提出了许多新的、更高的要求。《国务院关于基础教育改革与发展的决定》指出：“教研机构要充分发挥教学研究、指导和服务等作用。”“研究”是基础，“指导”是形式，“服务”是目标。教师是课程实施的促进者、具体落实者，也是课程的开发者和研究者。教师是教学研究与实践的主体，没有教师的发展就没有学生的成长，而教研工作正是教师发展的助力器。教研员要将服务作为专业生存状态第一要职。教研员不是发号施令的领导者，而应该从原来单纯的研究性工作方式和高高在上的专业状态中解放出来，由单向的灌输转变为多维的互动。

当好教师的助手，必须对课程标准和教材要先学一步，必须在理论素养、实践能力方面协调发展。教研员要“先做师之生，再做师之友，后做师之师”。教育教学改革面前没有局外人，教研员要亲力亲为，参与教学改革，亲身体验课堂教学，有了切身体验，才有发言权，才能行使指导权、引领权。莆田市城厢区实施教研员挂钩乡村学校制度，为教研员亲身体验课堂教学提供了机会。教研员到乡村学校上示范观摩课，可以亲历新课程教学，参与学校的教师培训，参与学科教学计划的拟定，给基层学校课堂教学实施提供丰富的智力支持。教研员要利用自身的科研优势，用全新的教育理念处理教材，预设课堂教学，用智慧应对动态生成的课堂。教研员要敢做示范，敢亮绝活，与一线教师共同成长，切不可以服务为借口，以批评为大棒，以分数为杠杆来进行教研。

教研员要公正地对待每一位教师，既不厚此薄彼，也不指手画脚，要对教师的专业发展需求有求必应，同时要善于发现典型，精心培养，乐做伯乐，甘为人梯，无私奉献，真心帮助教师不断成长。

三、尊重差异，区别对待教师

新课程评价体系力图体现主体的多元化和评价形式的多样化。教学活动实际上是教师和学生双方主体性的共同发挥与建构过程，学生是课程学习的主体，教师是课程实施的主体，因而对教师的评价也应当力求体现多元化，让不同的教师都获得教学工作的成就感与幸福感。

教研员一般来自教学一线，多年的实践及研究使其潜意识里或多或少存在着“好课”的标准，而且常常会以这种标准为参照进行课堂教学评价。传统观念将学生的发展作为教学目的，把教师的发展排除在外，实际上这种认识是不恰当、不符合实际的。一方面，不同教师对同一教学内容的理解是有差异的，恰恰是这种教学的差异性、多样性，才形成了丰富的教学风格、学习风格和教学效果。另一方面，由于理论素养、教学经验、业务能力的不同，教师的教学过程与效果各不相同。教研员应充分尊重教师业务水平的差异性，站在特定教师的角度去考虑问题，看到每一堂课的优点与不足，用发展性的标准来衡量教师的教学过程，指出改进的方向，不要随便将教师评得一无是处，否则极容易挫伤教师的积极性，甚至会影响新教师的教学生涯。

不要用同一把尺子衡量所有的教师，需要教研员以辩证的思维、宽容的心态去听课。部分教研员听惯了名师、骨干教师上的所谓优质课、示范课，便认为下乡随堂听的“家常课”“推门课”很不上档次，于是在评课的时候评得上课老师抬不起头来。下面摘录个别教研员评课时的评语：

“教学目标有点乱，教学手段有点花，点拨感悟有点浅，素养落实有点草。”

“听了这节课，让我想起了赵本山的一句话——悲哀！”

“在这节课上，学生好像一塘死水，我们的老师连在里面扔一块砖头的本事都没施展开来，更不能激起半点涟漪！”

…………

在课程改革不断深入的今天，我们该以何种心态去看待一节课呢？教研员总希望听到精彩纷呈、高潮迭起的好课，这种想法本无可厚非，但对普通教师的平常课，为什么要一味地求全责备？其实名师、骨干教师的优质课是一种引领，一般教师“很差”的课堂教学也未尝不是一种引领。这种“差距”与“不足”本身就是一种很好的资源，它是如此客观、真实，可以引领我们去思考，去比照，去探寻一种“真问题”。

“智者千虑，总有一失”，同样“愚者千虑，也必有一得”。再好的课也会有漏洞，再差的课也会有特点；再好的课堂教学总有待商榷的地方，再差的课堂教学也总有可以吸收借鉴的地方。用同一把尺子去衡量所有的教师是不现实的，也是不可取的，更是不公平的。“弱水三千，只取一瓢饮”，我们为什么要骑在普通教师平常课的“肩膀”上说三道四、说长话短呢？如果以一种平和的、批判的、感激的、宽容的心态去听课，我们或许就会平静许多，宽慰许多，恬淡许多，自然许多。

课程改革从观念到行为转变的过程中，教研员应多为一线教师创设一个信任的、允许犯错误的氛围，不应过多地指责教师，要让教师得到尊重，获得心理上的解放、情感上的宽慰，体验到教学工作的成就感与幸福感。

四、求真务实，提供有效指导

（一）要摒弃虚、大、空的套话指导

教研员站在理论与实践的结合点上，是连接课程改革目标和常态教学现状的桥梁，因此教研员对课堂教学的评价与指导应具有前瞻性、导向性和可

操作性。而实际情况并不是这样的，有些教研员喜欢套话、大话连篇，开口必谈“新课程”“建构主义”，而且空洞无物，绕来绕去讲不到实质上。

将“新课程”挂在嘴边的人并不一定真正理解新课程。新课程不需要理论家，而需要身体力行的实践者；现代的教师不缺理念，缺的是教学实施中的有效操作。每位教研员要摒除“专家”意识，多一些研究者、服务者的心态，要科学定位自己在教育教学改革中的职责和作用，在日常评课、公开课等业务指导中，不能用自以为是的“成功经验”和固定模式去限制、规范教师，应允许教师发表不同的意见，要让教师说体会谈感想，要提倡对话。教研员还应善于“大处着眼，小处着手”，也就是在研究与思考的基础上，多从具体教学的过程设置与环节处理的角度与教师共同探讨，让教师听得进改得了，在互动中促进教师业务水平及理论素养的提高。

（二）要给出教学改进的具体策略

教研工作就是要发现、研究和解决教学实际中存在的问题。教研员一般都有课后及时评课的习惯，但大家基本上是一评了之，对所提建议的落实情况缺乏跟踪性关注。普通教师的工作负担很重，有时对教研员的听课及评价也只是不得已的应付，只有当建议恰当且给予适量的关注时，改进工作才能落到实处。我曾经听一位老师上“分数的意义”一课，课后该校教研室负责人说，她第三次上这节课了，与前两次比没有什么变化。我不得其解，事后执教老师告诉我，前两次执教时，学校听课的老师只是简单分析存在的问题，没有提出解决问题的具体办法，她也不知道该怎样做。

对普通教师来说，需要有人帮他分析问题，更需要有人指明路径。教研员评课时，在进行常态的教学分析与策略指导后，应针对问题提出可操作的改进方案。就是说，评课要透彻号脉，既要分析该课例的实然层面“现在是什么样”，指出该课例应然层面的具体改进方向“应该是什么样”，更重要的是还必须从操作技术层面解决“可以怎么做”，并从教学本源层面揭示“为什么这样做”。如果可能的话，教学改进方案还要落实到执教者今后的教学中，教研员定期回访，可以运用教师访问卡、反思案例分析等方式与教师共同尝试解决问题，共同获得成功的体验和研究的快乐，这样可以调动教师参与课程研究的主动性，提高专业发展的自觉性。

五、率先垂范，走上研究之路

教研员的日常工作可以用纷繁复杂来形容，这些相对零乱的事务大致包括印发文件、搜集资料、举办会议、转达上级精神、征集评选论文或优质课、编写教辅材料、组织命题考试等。这些工作肯定是常规性的、基础性的和必要性的，但仅仅完成这些工作或满足于完成这些工作，对一个合格的教研员来说是远远不够的。教研员，顾名思义就是教育教学研究人员，其工作的宗旨要求是“管理、研究、指导、服务”，有效的指导与服务必须建立在可靠的研究之上。教研员天天在喊教师要搞教育教学研究，不要忘记了自己首先要做课题研究。一个从事教育教学研究的人员，在八年十年甚至二十来年的教研生涯里，如果从来没有主持承担过比自己所在单位更高级别的课题研究任务，那么不能不说是一件令人遗憾的事情。为了尽量避免这样的人生缺憾，更为了促进教师的激情和斗志，教研员必须率先垂范、身体力行做研究，在研究中提升素质，由“杂家”向“专家”转轨。我正是在主持完成教育部重点课题及几个省级课题后，职业生涯才真正走向高峰，走向普通教师心目中的教学专家，走向正高级教师。

教研员做课题应该更具有宏观性、全局性、指导性，它与教研员的日常工作和教师基于现实问题的行动研究不同。教研员做课题，其研究的内容普遍性更强，研究过程更规范，研究时间更长，研究方法更丰富，研究结论需要在更广泛的意义上得到论证，研究结果的推广价值要求也更高。

一个优秀的教研员必须是一个成熟的课题研究者。当前，城厢区教研员的教育科研工作呈现出良好的发展态势，课题有国家级的，有省级、市级的，也有区级的。但课题研究中的问题和不足也是比较明显的，例如课题的中期管理跟不上的问题较为突出，大量存在着立项多过程少、活动多实效少、课题多精品少、论文多成效少、重复多创新少等现象。这些现象在中小学课题研究中也普遍存在，需要我们在今后的教育研究与指导中不断改进。

六、努力学习，打好专业“底色”

（一）潜心读书，厚积薄发

现代社会学习方式的变化、跨学科综合性学习的设置及信息技术与学科的整合，需要教研员以只争朝夕的精神孜孜以学。如果一个教研员没有终身学习的愿望和能力，专业知识、技能储备不足，观念滞后，那可以断定他不是一个合格的教研员，更谈不上是优秀的教研员。“以己昏昏，焉能使人昭昭?”潜心读书学习就是打好自己的“底色”。教研员不仅要研读课标和教材，学习学科专业知识，学习行政部门的教育改革文件，先行把握教育改革精神，更要学习教育学、心理学、教学法等教育科学理论知识，学习哲学、美学、艺术等广博的科学文化知识及现代信息技术。此外，教研员要借鉴他人成功的教育教学经验，善于积累资料。

一支军队要保持在现代战争中的竞争实力，需要不断更新武器装备，而一个教研员要在课程改革中获得成功，也要更新知识。知识如何更新？读书！多读书！读好书！张大千先生说：“作画如欲脱俗气、洗浮气、除匠气，第一是读书，第二是多读书，第三是有系统、有选择地读书。”读书对于画家尚且如此重要，何况对于教研员？人的文化素养是难以“培养”和“灌输”的，靠的是日积月累的“浸润”和“孕育”。学习理应成为教研员专业引领的内源性需求，在与经典对话、与大师对话，甚至与一线教师的对话中，厚积薄发，从而走出狭小，走出平庸。

（二）创建学习型教研团队

独学而无友，则孤陋而寡闻。一个人的视野与智慧总是有限的，当课程由专制走向民主、由封闭走向开放的时候，课程就不只是“文本课程”，而是教师和学生共同探求新知的过程，是“体验课程”。多样化的教材、教法伴随课程体系一同走向开放的时候，教研员常常会感觉力不从心，许多教研工作只能浮在表面上。在知识爆炸的教育改革大潮中，孤军奋战显然是行不通的，而创建学习型的教研团队不失为一举多得的好办法。在学习型社会中，学习将成为教师生活的基本方式，读书应成为教师的信仰。对于教研员来说，学习是生活，学习是工作，学习是一种责任，学习是生命的重要组成部分。只有学习精彩，生命才会精彩；只有学习成功，工作才会更有成就，生命才会更有价值。

七、 学会反思， 让引领更厚重

教研员要有自己的教育思想、教育思考、教学主张。教研员不能当新课程、新理念的“搬运工”，而要有超越课程的专业意识，要把学习和交流作为专业生活的支撑，由以教材教法为中心的文本教研转向以研教和研学为中心的课程教研。

一个人思想与主张的形成、完善和创新来自不断反思。反思可以提升教研实践的合理性，帮助教研员在劳动中获得理性的升华和情感的愉悦，有利于促进教学研究能力的提高，有利于促进理论素养的提高。课程改革呼唤教研员“留一只眼睛给自己”，适时反思自己的教研工作：反思课程改革的教研思路是否体现了“参与、体验、研究、引领、指导、服务”的主题思想；反思过程是否做到了阶段性反思与终结性反思相结合，教研内容是否针对教师需求、贴近教与学的实际需要，教学研讨是否由“一枝独秀”变为“百家争鸣”；反思教研组织形式是否做到了在继承中发展，在发展中创新；反思教研效果是否得到良好的实现……在反思中把自己教学与研究的历史当作一面镜子，查摆教研工作中的得与失；在反思中实现教研员与教师、学生的共同成长。

“吾日三省吾身”，这是古代先哲给我们留下的谆谆教诲。反思是教师专业成长（精神成长）的新陈代谢，是教研员成为一名优秀教研工作者应有的品质，所以，反思应该成为教研员专业生存的新状态，让教研员的专业引领变得更厚重。

八、 廉洁从研， 提升人生境界

“廉洁”这个问题好像脱离了本专题的主题，更多地带有修身养性的意味，更多地指向人性的完美，但它又与教研工作息息相关，它反映了教研员的职业道德、敬业精神，表现了教研员是否存在浮躁、功利的心态。教研员虽不是教育行政官员，却被赋予一定的管理评价职能。大部分教研员都参与优质课、优秀论文的评选及学生各项比赛的组织与评比，相当多的教研员还参与骨干教师、名优教师的认定和职称的评审等，这样那样的评委头衔经常会戴在教研员的头上，下基层学校检查、听课对教研员来说更是家常便饭，于是就会有学校或个人对其晓之以“礼”，动之以“钱”。

教研工作的性质、特点和职能决定了教研员还可能是教辅类报刊资料出版商、经销商的“攻坚”对象，在命题、做评委、当特约编辑或编著教辅的背后常常有与蝇头小利相关的故事。

如果说教师的人格魅力是学生对他尊重程度的界尺，可以加深学生对知识的尊重，那么教研员的人格魅力自然会使教师提升教学研究的热情。一名优秀的教研员，首先应当有高尚的人格魅力，是位有书卷气的谦谦君子，否则即使知识再渊博、理论水平再高、表达能力再强，终究会为教师所不齿，从其口中说出的教育理念、教学主张也会苍白失色，不可能充满人性的光辉。

平心而论，与每天完成繁重的教学任务，时常遭受种种监督、检查、评比和考试成绩排名折磨的一线教师相比，教研员毕竟拥有较为宽松的工作环境，有时间、有心情去审视这个业已变得浮躁功利的社会大背景，去反思今天所有的"实惠"。如果一名普通的教研员在做每一件具体工作的过程中，心里不仅仅考虑自己的前途事业，还能够装着管辖区域内数以万计的教师和学生，那么他也许就已经接近"心怀天下"的人生境界了。能否拥有相对纯净而易感的心灵，能否拥有"心怀天下"的人生境界，可能更多地取决于天性，但丰富的社会阅历和人生感悟应该可以塑造和激发这样的心灵。在我看来，教育最为本质的意义就是唤醒灵魂，教育是心灵与心灵的沟通，灵魂与灵魂的交融，人格与人格的对话，是教育者和受教育者心灵的共同成长。教育最崇高的德性目标就是要最大可能地把不论贫富优劣、不分高低贵贱的所有人导向真善美。作为教育工作者，教研员应该在把握教育本质意义的基础上努力提升自己的人生境界。

现在有些教研员感受不到工作的快乐和幸福，体会不到自我的发展和提升，是因为工作对他们而言，是为生存、生计所不得已的被动行为。其实每个人除了有满足生存和生计的需要外，还应该有从职业生活中获得快乐幸福、充实人生、实现自我、感受自由、体验创造的需要，这种需要源于人生境界，源于心态。心态决定性格，性格决定命运。

专题 04

建构有效校本研修模式的实践与思考

基础教育课程改革，将我国百万教师的专业发展问题提到了前所未有的高度，教师的培训、学习，显得比以往任何时候都重要。所以，积极推进以校为本的教师研修制度建设，是基础教育课程改革和《国家中长期教育改革和发展规划纲要（2010—2020 年）》的一项重要内容。多年来，我们积极地进行有效校本研修模式构建的探索与实践。

一、 校本研修制度的基本内涵

（一）什么是校本研修

研修，《辞海》中的解释为“研者究也，修者学也”，研修就是研究与学习的融合。校本研修是以教育教学中的实际问题为对象，以学校为基地，以教师为主体，以学校、教师、学生的发展为目标的各类教学、研究、学习活动。我认为，校本研修与以往的校本教研、校本科研、校本培训等相比，其价值在于，校本研修冲破了教研、科研、培训割裂的局面，实现了三者在学校层面的最佳融合，更能唤醒教师专业发展的主动自觉。普通意义上的教研活动，主要指向的是课堂教学研究，校本研修还有另外一个目标，那就是教师的专业发展。

校本研修是将教师研修的重心下移到学校，以课程实施过程中教师所面对的各种具体问题为对象，以教师为研究与学习的主体，是一种理论指导下的实践性研修。它既注重解决教学实际问题，又注重经验的总结、理论的提升、规律的探索和教师的专业发展。

校本研修是“为了学校，基于学校，在学校中”进行的研究与学习活动。“为了学校”，指学校自身应成为发展的中心和根本，研修要有利于学校自身的发展，有利于学校组织的发展，有利于学校教师的发展，最终有利于所有学生的发展，包括现在的和未来的每一个学生。“基于学校”，指研修的主阵地是学校。“在学校中”，不只是空间上的概念，更重要的是指问题的发生和解决，教师的发展是在学校中。只有植根于学校的生活，贯穿于学校的过程，并被所有教师认同、追求的研修才能沉淀为学校的血肉、传统和文化。

（二）校本研修制度的特性

校本研修是基于学校、群体教师参与的一种研究与学习模式，其出发点与落脚点都是学校、教师，是一种贴近于教育教学实际的研修模式。

一是发展具有整体性。以往的教研关注的大多是课堂，是教学流程、效益或质量，似乎教研仅仅是为教学服务，为学生发展服务，是一种单一的教学研究模式。校本研修制度认为，学校既是学生发展的场所，又是教师专业成长的场所，也是学校成长发展的场所，同时还是专业人员成长发展的场所。只有这四方面的成长一起孕育，才更具生命力，更能产生整体效益。

二是问题具有针对性。以校为本的研修强调进行自下而上、上下结合的研究，强调问题从实践中来，在实践中研究，在实践中解决，在实践中提升，具有针对性。

三是教师具有主动性。校本研修是教师专业成长的根本途径，它确定了教师在研究与学习中的主体地位，有利于引导教师广泛参与、主动研修，有利于唤起教师提出问题、研究问题、解决问题的意识，进而提升自己的研修热情。

四是研究力量具有整合性。以校为本研修制度的确立，使得学校必须组织群体教师进行研修。教师既教学又研究、学习；教研培训人员要更加密切联系实际，更加关注和参与教学与研究的实践。校本研修制度有利于把各方面力量拧成一股绳，扬长避短，协同攻关，具有整合性。

二、 有效校本研修模式构建的探索

（一）构建基于校情的校本研修

每所学校的教师知识结构不同，教学基础设施不同，存在的教学问题和需要解决的问题不同，校本研修的内容和模式也应该是有差异的，但其目标都是构建一种适合本校校情的校本研修模式，提高校本研修的有效性。

1. 每个时间段的校本研修要有明确的主题。

每所学校的校本研修要确定一定的时间段（可以是一个学期，也可以是一年、两年甚至更长时间），按学科确立一个统领学科教学研究的核心课题。确立核心课题主要从学科教学发展、学校原有基础和教学中出现的问题三个方面来考虑。这种学科与校情分析，是校本核心课题确立的首要环节，旨在寻找学科教学发展方向与校本存在问题的结合点，亮出学校的教学主张。核心课题确立后，可以分化成若干细目，每一次研修围绕一个细目展开，这样一段时间后就会对核心主题有比较完整的思考，形成有深度的认识，进一步形成学校的整体教学主张。例如，江苏省海安县实验小学确立的“简约化数学课堂教学”核心课题，分化成如下一些细目：简约化数学课堂中的教学情境创设、简约化数学课堂中的教学素材选择、简约化数学课堂中的课堂结构安排、简约化数学课堂中的学生动手操作和实践探索、简约化数学课堂中的教师教学调控、简约化数学课堂中的教学预案执行、简约化数学课堂中的课堂生成把握以及简约化数学课堂中的自主学习活动安排等。校本研修一定要摒弃没有目标没有主题的研究。

2. 研修形式要有利于团队全体参与。

反思以往的教研形式，应该说，更多的是自上而下的、灌输式的、形式单一的听课与评课，多数参与者是处在被动的状态，缺乏主体意识和参与热情。我们看看京沪的校本研修，不仅活泼有深度，更重要的是团队全体教师热情参与，形成合作共同体，每个人都参与调查、研究、反思、互动，每个人都成为活动的主体，在研修中都有所触及、有所思考、有所收获。我们现在不去讲跨学科研修，起码要同学科跨年级研修，然后跨学校研修。前些年，我发现有些学校的集体备课、校内听课等校本研修只有同年段寥寥几位老师参加，其他年段的同学科老师似乎觉得事不关己，这是很不对的。这几年城厢区各校校本研修的形式有很多创新，教师参与的热情不断提升。例如，有些学校（教育集团、教研片区）改革传统备课方式，尝试网络集体备课，即开学前把整册教材的备课任务分配给各位教师，每位教师先独立自主备课，将初步方案通过网络传给同年段其他教师，其他教师阅读并提出修改意见，再集中交流，最后形成较成熟的教案同年段共享。

3. **校本研修要有定期多样的活动。**

有活动才有生命力，每所学校要有定期的校本研修活动，不求数量上的多，要求研修的质量与效果。备课等常规性的活动可以每周一次，较大规模的有深度的全校性校本研修，每个学期不要搞太多，搞多了不现实，二至四次即可，相信两三年下来，教师的专业素养会发生质的变化。在研修的内容和形式上，课堂教学观摩研讨是最传统、最受一线教师欢迎和认同的，但不能停留在传统的浅层次上。例如一个老师开课，其他老师蜻蜓点水般评评，然后草草收场，而要像中关村第二小学（案例见本书 37 页）那样，让每位老师都能参与到活动中去；不仅可以同课异构，同一节课还可以一研、二研、三研，不断地深入研究、探索。集体备课、案例分析、教研沙龙、QQ 群交流、微信群交流等也是不错的研修方式。例如案例分析研修，学校老师可以先上一节课，大家观课、议课、研课后，再上一次同课题的课；也可以先看选定课题的录像课，对录像课进行研究后，学校老师再来上同一课题的课。

4. **目标要聚焦课堂，锁定执教能力的提升。**

拒绝理论，就是拒绝进步，实践就只能在低层次上重复。实际上理论的价值不单在“操作”，理论更重要的价值在于给人精神和气质的熏陶，智慧和思维的启迪，思想和理念的提升。所以，组织教育教学专业理论学习，进行上位的通识培训是很有必要的。但是，校本研修要把目标聚焦在课堂实践，锁定在一线教师执教能力的专业提升上，以研引修，以修促研，研修一体。校本研修的落脚点是提高教师的教育教学能力，促进教师的专业发展，提高教育质量。校本研修若离开了课堂实践，停留在空洞的理论说教，就会失去意义，失去价值所在，成为无本之木、无源之水。

5. **校本研修要获得高端专业引领。**

校本研修在本校展开，围绕本校的事实和问题进行，但它不完全局限于本校内的力量，以校为本不是“校自为战”，专业研究人员的参与是提高校本研修水平不可或缺的因素。没有高端专业引领的校本研修往往会导致校本研修的形式化、平庸化，是同水平甚至是低水平的重复。

专业引领就其形式而言，主要有学术专题报告、理论学习辅导讲座、教学现场指导以及教学专业咨询（座谈）等 。每一种形式都有其特定的功用，有助于达到某种目的，但就其促进教师专业化成长而言，教学现场指导是最有效的也是最受欢迎的形式。实践证明，专业研究人员与教师共同备课（设计)、听课(观察)、评课(课堂诊断)等,对教师帮助最大。专业引领不仅局限于专业教科研人员的引领,还包括各级名师、学科带头人、骨干教师的引领。对于高端专业引领的作用,近几年我是极有感触的。2014 年暑假,我作为福建省名师培养人选参加了南通市名师培养对象暑假研修活动,得知南通市 2006 年启动第一梯队名师培养工程,中小学培养对象 23 人,却有一个由理论专家、学科专家、教学专家组成的 32 人导师团,五年后,这批培养对象大多走向全国。我们也可以看看身边的学校,如果一所学校的某个学科有一两个高水平名师,那么这所学校的这个学科教学一定不差。如莆田一中物理学科,从二十世纪八十年代的黄明哲到九十年代末二十一世纪初的陈宜聪,再到现在的陈国文,他们都是高水平名师,莆田一中的物理教学水平也因此一直处在全省领先地位。

6. 校本研修要有宽松民主的氛围。

校本研修参与者大多是同一所学校的教师,因此组织者要努力营造一个宽松、和谐、民主、自由的学术研究氛围。教师在这种校本研修氛围中,各抒己见,思维碰撞,保留不同见解,宽容不同观点,相信每个人都会有收获。

(二)京沪校本研修模式例谈

近几年,我作为省市级名师,有幸几度赴北京和上海“跟班访学”、研修培训,多次参与京沪校本研修、团队研修和现场教学研讨活动,领略京沪校本研修模式,分享其教育理念、工作精神、办学成效和研究成果。京沪跟班研修让我真正感受到什么是团队精神,什么是团队力量,什么是团队研修文化,什么是团队专业发展,什么是团队专业情谊,感悟到如何建立有效的校本研修机制,以校本研修促进教师专业成长。

下面列举我参加的几场校本研修活动:

1. 北京大学附属小学的“小学数学校本教研”主题活动。

研讨主题:如何看待学生多种算法和通用算法之间的关系?

(1)校本教研活动的内容与形式

①现场说课:生活中的比(比的意义)。

②现场课堂教学展示:分数除法。

③听课教师现场互动交流(短信评课、提问)。

④课后学生访谈。

⑤本校教师现场研讨交流。

⑥专家引领点评。

这样的校本研修活动，主题突出明确，通过一个课例研究解决一个问题。通过课堂教学展示、听课教师短信交流、课后学生访谈、本校教师现场研讨、专家引领点评等形式，把研讨引向深入，使校本研修有深度、有广度，展示的不仅仅是开课老师，收获的不仅仅是北大附小的数学教师团队。所有听课的老师都参与互动，成为活动的主体，在专家的引领下获得了专业成长。

（2）北京大学附属小学数学团队的校本研修文化

①数学团队与研修指导思想：北大附小有42位小学数学教师，其中有3位是来自北大等著名高校的硕士生。教师的专业领域广泛，所学专业涉及数学、汉语言文学、教育学、心理学、信息技术等多门学科。他们的校本研修指导思想是全员参与共同提高，尊重个性优势互补。

②数学团队的教育理念：用我们的尊重，给孩子生长的机会；用我们的宽容，给孩子生长的空间；用我们的等待，给孩子生长的时间；用我们的欣赏，给孩子生长的营养。

③数学团队的研修方式：学术沙龙式、交叉联合式、专家引领式。

学术沙龙，是一种轻松、自由、随意的交流方式。课前互通备课思路，课后共同回味反思。互联网更是大家在一起畅所欲言、交流思想、吐露心声的有效平台，教学论坛、QQ群常常是满“坛”欢笑，“群”英荟萃。

交叉联合，是一种跨越年级、跨越学科、跨越学校甚至跨越国界的交流方式。不同的领域、不同的视角、不同的文化融合在一起，不仅能让教师更好地整体把握教材，还能有效地立足课堂。

专家引领，是一种教师收益最大、提升最快的学习方式。在校本研修过程中，北大附小的教师难免会遇到一些自身无法解决的困惑，各级专家都给予他们无私的帮助和指导。这其中不仅有海淀区教研室的专家，还有北京教育学院、北京市基础教育研究中心的专家。在他们的引领下，北大附小的教师对教学研究的认识更加清晰，方向更加明确。

④数学团队的研修目标：通过数学认识教育，通过教育认识孩子，通过孩子认识生命。

2. 北京海淀区中关村第二小学的“跨校共研——同磨一节好课”。

上午：观摩“角的初步认识”“平均数”“植树问题”三节课。

下午：①三位执教教师分别畅谈怎样进行学情调研与教学设想。②主持人提出研讨主题，然后分三个小组进行交流研讨，每组重点诊断研究一节课，交流研讨后把评课的主要观点写在大字报上。③集中汇报。每组把大字报贴在黑板上，派代表评课发言，同伴做补充说明，之后听者可以对各组的评课观点提出质疑，进行智慧碰撞。④主持人总结，进行专业引领。

3. 上海普陀区朝春中心小学的名师工作室团队研修。

（1）工作室指定一位成员帮助执教教师和听课教师解读教材，并提出教学建议，即共同备课。

（2）工作室一位教师展示一年级数学课例：各人眼中的20。

（3）工作室若干成员从不同角度进行教材解读与教学诊断。

①指导教师从执教教师是否正确解读教材、课堂实施中是否落实教学预设这两个角度进行分析诊断。

②工作室另一位教师根据学生的年龄特征及教材的特点进行分析点评。

③工作室中的高年级数学教师从高年级教学需要这个角度去诊断这节课的教学目标和教学重点的把握是否正确科学。

④工作室中曾上过本节教学内容的教师谈她对教材的不同理解与处理，以及课后反思。(同课异构)

⑤执教教师谈教学后的体会和感悟。

⑥工作室领衔名师从整节课的预设与实施中折射出的教学问题出发，提出教学建议，做最后的指导与引领。

4. 上海师范大学附属卢湾实验小学的名师工作室团队研修。

上午：观摩一年级“长度比较”和三年级“认识周长”两节课。

下午：互动研讨。

①主持人（上海小学数学名师工作室领衔名师、上海师大附属卢湾实验小学校长虞怡玲）提出研讨问题（主题）：你读出了上午两节课中的哪些数学思想方法？

②观课老师围绕主题交流评课。

③主持人分析两节课蕴含的数学思想方法，并提出具体的修改建议。

④主持人介绍了该校日常的教研方式：观课后，每个观课老师都要发言；评课时只能写提纲，要求以点带面进行分析诊断。

京沪学校拥有一支高素质、敬业的教师队伍，除了高学历、高起点外，更重要的是他们有多年来探索出行之有效的校本研修与团队研修模式。他们将校本研修、团队研修目标聚焦在课堂实践，锁定在一线教师执教能力的专业提升上，通过策划、设计、组织有针对性的接地气的教师实践研修活动，将教师在日常教学过程中积累的个体经验升华为有益于教师群体专业成长的资源，并引导一线教师在同伴学习中获得深刻的专业体验。

京沪拥有许多师德高、师业精、师学博、志同道合的名师团队，根据教师的专业发展需求和工作特点，提供有别于“班级培训”或“师徒传授”的专业能力发展方式。他们能放大名师资源效应，以名师团队的“教育资源”引领“研”，以“团队研修，同伴互助”策略开展“修”，以研引修，以修促研。京沪学校的校本研修、团队研修经验很值得我们学习借鉴。

三、 校本研修有效实施的保障机制

构建有效校本研修需要学校建立必要的保障机制，通过机制的引导、激励、约束，让所有教师都能积极主动地参与。

（一）要建立比较完整的校本研修规划

为了保证研修的系统性和实效性，摒弃校本研修的无序状态，学校应建立一套比较完整有效的机制。例如，分析校情，建立校本研修的发展规划，确定各学科中长期、近期研修的核心课题；分析怎样处理迎接各级各类创建、评估与校本研修的关系，怎样为校本研修提供政策、经费、人力保障，怎样评价各学科教研组的校本研修成果。

（二）要制定行之有效的激励机制

人是有功利思想的，教育工作需要鼓励，学校对校本研修要有一定的激励机制，除了经费上的支撑，也要有精神上的鼓励。要鼓励教师冒尖，营造一种专业发展的氛围，对在校本研修中表现突出的教师在评先评优、职称晋升、外出进修等方面倾斜，对冒出的各级名师、学科带头人、骨干教师给予重点支持，并采取跟进培养措施。例如，城厢区教育局近几年在评选省市优秀教师或进行其他表彰时，对在省市级中小学教师教学技能大赛中获奖的教师倾斜，甚至直接从中确定人选，这种做法很值得各学校借鉴。学校要把校本研修成果的评价考核结果与奖惩等挂钩。

（三）要争取获得高端的专业引领

相对于一线教师而言，专业人员的长处在于系统的教育理论素养。校本研修是一种理论指导下的实践性研修，理论指导、专业引领是校本研修得以向纵深发展的重要支撑。所以，校本研修应该有专业人员的参与，学校要积极主动地争取包括本校外校的、在职退休的教科研人员的支持和指导，适时邀请高校、教研机构的专家指导，也要及时与各学科教研员沟通，提高校本研修的广度与深度，让每一位教师在校本研修中都能获得专业发展，提升教学能力。

苏霍姆林斯基说："如果你想让教师的劳动能够给教师带来乐趣，使天天上课不至于变成一种单调乏味的义务，那你就应当引导每一位教师走上从事研究这条幸福的道路上来。"学校教育管理者要努力构建有效校本研修机制，借助校本研修平台，引领群体教师走上研究这条幸福的道路，促进教师专业成长。

专题 05

校本课程建设的实践与探索

自二十一世纪初城厢区义务教育阶段全面进入新课程改革以来，我们一直将校本课程建设作为课程改革的重要组成部分，把校本课程建设作为提升学校教育效能的重要机制，组织辖区中小学校积极进行校本课程开发与实施的尝试与探索，从总体上研究校本课程持续发展的机制，以解决国家课程难以兼顾到的具体学校环境和师生的独特性与差异性问题，弥补国家课程的局限性，全面落实素质教育，同时造就一批课程意识强、专业素养高的适应现代教育要求的校长和教师队伍。

一、 寻找校本课程的基础平台

(一) 探寻校本课程建设的理论基础

1. 校本课程开发的政策解读。

1999 年 6 月第三次全国教育工作会议之后，当时颁布的《中共中央国务院关于深化教育改革全面推进素质教育的决定》做出有关三级课程管理的表述。该文件指出，“调整和改革课程体系、结构、内容，建立新的基础教育课程体系，试行国家课程、地方课程和学校课程。”2001 年 6 月，教育部印发的《基础教育课程改革纲要（试行）》指出，应“改变课程管理过于集中的状况，实行国家、地方、学校三级课程管理，增强课程对地方、学校及学生的适应性”，“学校在执行国家课程和地方课程的同时，应视当地社会、经济发展的具体情况，结合本校的传统和优势、学生的兴趣和需要，开发或选用适合本校的课程”。三级课程管理的提出确立了校本课程的合法地位，它表明我国基础教育课程管理开始由原来高度集中统一的管理模式转向权力分享和责任分担的课程管理模式，走国家、地方和学校共同建设课程的路子。

2. 校本课程开发的条件与任务。

校本课程开发是以学校为基地并基于学校而进行的突出师生特点和学校特色的课程策略。所以，就学校自身而言，进行校本课程开发大体上需要具备四个方面的基本条件。一是明确的教育哲学思想和办学宗旨。每所学校都要在达到国家规定的学校培养目标和基本要求的基础上，充分考虑自己学校独特的教育资源和教育环境以及教育哲学思想，提出办学宗旨，确定办学特色。不同学校的办学特色和办学品位很可能大相异趣。比如，有的学校的办学宗旨是“全面发展，人文见长”，而有的学校则是“文理相通，全面发展”。二是优质敬业的教育队伍。一方面，校长在推动学校课程的“校本”化进程中不但具有核心意义，而且在实际中也是具有决定影响的，校长可以把自己的教育思想、教育风格融入校本课程开发活动之中。另一方面，校本课程开发使教师成为课程开发的主体，确立了教师的专业自主地位，赋予教师课程开发的权力和责任，因而校本课程开发对教师的课程意识和专业素养提出了更高的要求。三是自觉自律的内部评价与改进机制。校本课程开发除了通过教育行政管理部门、中介机构的评估外，还需要更多地依靠学校进行自觉自律的自我评价，不断地反思校本课程开发过程中出现的各种问题，所以建立较为规范的自觉自律的内部评价与改进机制，是一所学校成功开发校本课程必不可少的重要条件。比如，城厢区南门学校 2006 年开发出一套“环境教育”校本课程，经过两三年使用后，内部评价中发现课程内容年级间衔接不连贯、内容相对笼统等问题，之后进行了修订，形成一套新的“环境教育”校本课程。四是配置必要的课程资源（时间、场所、资金及社区资源等）。校本课程开发如同执行国家课程计划，需要一定的时间、资金和活动场所，离开了这些条件，那只能是空中楼阁。

校本课程开发应该承担的基本任务主要体现在三个方面：满足学生的实际发展需要，培养和提高校长与教师的课程意识，形成和体现学校的办学特色。

（二）寻找校本课程建设的实践基础

课程改革与原有课程设置之间是继承与创新的关系，包括校本课程与许多学校过去相当长时间一直在探索的活动课程、选修课程和兴趣小组活动之间的关系问题。所以说，虽然校本课程是二十一世纪课程改革提出的新名词，但它的实践形态已经存在于我们过去的教育实践中。

校本课程是对原来活动课程和选修课程的继承、规范和发展。多年来各学校实施的活动课程和选修课程，特别是一些兴趣小组活动，本身就体现了校本课程开发的基本理念，是校本课程的雏形和表现形态。例如，一些学校经过一定的合理性论证和设计，开设了声乐、器乐、舞蹈、绘画、田径、篮球、排球、乒乓球、集邮、摄影、阅读、写作、朗读与口语等多样化的活动课程、选修课程、兴趣小组活动，满足了学生的兴趣爱好和不同的发展需要，有助于学生个性的发展和综合素质的提高。它们已经具备了校本课程的特征，可以直接归入校本课程。当然，原来那些目的性不明确、随意性强，特别是无视学生兴趣爱好和发展需要的活动课程、选修课程，则还不能算是校本课程。对于它们，我们可以用新的课程理念来重新审视和构建，用校本课程的理念来改造、规范、发展和提升，从课程设置上加以规划和管理，以学校课程的形式来加以开发和实施，使它们形成较为系统的课程内容和目标体系，成为新的课程理念下我们所需要的校本课程。例如，在课程开发有关理论的指导下，城厢区逸夫实验小学把红领巾广播站活动加以拓展补充和系统化，开发出“小小主持人”校本课程，活动系列包括小记者、小播音员、小编辑等。学生根据自己的爱好，选择其中的一种参加，将兴趣活动课程化，自然地它就成了校本课程。

原来的活动课程、选修课程和兴趣小组活动，都是校本课程建设的重要经验和实践基础，在很大程度上为校本课程建设奠定了必要的基础，但在一些重要问题上还需要进一步加强、补充、规范和超越，才能成为真正意义上的校本课程。

二、 明确校本课程的开发原则

一所学校开发一两门校本课程，并没什么困难，问题在于学校在校本课程建设中，怎样才能更有效地促进学生的发展，体现学校的教育哲学思想和办学特色。基于此，我们在学习校本课程开发基本理论的基础上，边实践边探索，对全区各校校本课程建设提出了以下几条原则性要求。

（一）整体性原则

校本课程是学校课程结构的一个板块，它与国家课程相比，虽然处于补充和辅助地位，但是这种补充和辅助是必不可少的，而且将越来越重要。因此，校本课程的开发要纳入学校教育的整体目标，它自身也要构成一个相对完整的目标体系。

（二）主体性原则

学校是校本课程的责任主体，教师是校本课程开发和实施的主体，这就决定了学校在开发校本课程时要充分发挥教师的主体作用。学校要鼓励教师根据自己的特长开发课程，教师要根据学生的需要开发课程。

（三）需求性原则

学生是校本课程学习和发展的主体，校本课程开发要把满足学生实际发展需求放在第一位，从学生的兴趣爱好和发展需要出发，把学生喜欢与否作为主要判断标准。比如，小学阶段学生比较喜欢体育、美术等内容的课程，学校可以把体育再细化为田径、篮球、乒乓球等课程，美术也可以再细化为绘画、书法等课程。但千万不要搞一些好看不好用的花哨课程。

（四）校本性原则

校本课程，顾名思义就是根据本校实际情况开发设置的课程。因此，校本课程的开发设置要充分考虑学校的办学教育目标和资源状况，有利于形成和体现学校的特色，有利于提高学生的综合素质，有利于发挥教师的专业特长。比如，学校若没有武术专长的教师，就不能开发实施武术类校本课程。即便有武术专长的教师，若没有适合武术训练的场所和器材，也同样不能开发实施武术类校本课程。

（五）多元性原则

学生的个性差异决定校本课程开发必须多元化。各校不仅要有一两门通识类的让全体学生都需要学习的校本课程，还要有多样化的可供学生自由选择的校本课程。

（六）动态性原则

校本课程的变化性特征是非常明显的，它要根据社会经济发展的状况和学生的需要变化不断进行动态调整。所以，它不是固定的、一成不变的，而是一个随着开发实施而不断丰富、完善的过程，其价值就在于过程。例如，莆田市梅峰小学过去开设了集邮和摄影（当时没有数码相机）两门课程，因为这两门课程都需要学生有经济基础，一年后参加的人数逐渐减少，后来这两门课程就不得不取消，改为中国象棋等课程。

三、 构建校本课程的内容体系

校本课程没有统一的课程形态，只要是学生需要和喜欢的，都可以成为课程的内容。但是作为一类课程，如果没有一定的内容体系，势必会变得随意杂乱，于是我们在总结已有做法经验的基础上，根据校本课程的功能、特征和现有实践基础，对城厢区各校校本课程的内容体系提出方向性建议，大致分四大类。

（一）通识类

根据本校及其所在社区的特色和资源，结合学生需要，开发出适合本校所有学生使用的课程，我们称为通识类校本课程。例如，莆田沟头小学地处环境复杂的城乡接合部，社区中外来工、闲散人员占多数，90%的学校生源来自外来工子女、城市拓展后刚刚“城市化”的农家子女和农民进城购房户子女。这些家庭文化底蕴不足，经济基础单薄，家长普遍忙于生计无暇顾及孩子的行为习惯养成教育，学生的文明礼仪较差。学校根据这些情况按不同年级学生的年龄特征和认知水平，开发出系列化的“讲文明，懂礼仪”校本课程。此外，南门学校的“环境教育”、筱塘小学的“心理健康教育”等，都是根据学校所在地的特点和该校学生的普遍需要而开设的通识类校本课程。

（二）地域文化类

根据学校所处社区的地理特征、文化特色、名优特产开发出的校本课程，称为地域文化类课程。例如，太平小学是一所有一百多年历史的老校，地处旧城区中心，有着丰厚的历史文化积淀，同时问卷调查表明，大多数中高年级学生都想知道“文献名邦”莆田的历史故事，学校就组织团队开发了“莆田民间故事文化”“文献传奇”等课程；常太镇是中国枇杷之乡，又是莆田人民的生命之源——东圳水库所在地，当地学校就开发出以枇杷、东圳水库为主要内容的校本课程；东海中心小学位于“才子”品牌服装和“沃特”鞋业两家企业所在地，该校就相应地开发了以介绍民营企业及产品为主的校本课程；华亭镇素有“龙眼之乡”的美称，华亭第一中心小学便开发出与龙眼相关的校本课程，西许中学开发的第一门校本课程便是“龙眼栽培”。

（三）技能特长类

为满足学生的兴趣爱好和个性发展需要，旨在培养学生技能特长而开设的各类校本课程，称为技能特长类课程。它又可分为以下几种：创造发明技能类，如网页设计、科学实验；学习生活技能类，如地理与旅游、花卉盆景栽培与欣赏；体育技能类，如篮球、武术、田径；艺术技能类，如影视欣赏、摄影、舞蹈、乐器、书法、绘画等。各校在挖掘本校师资和设施设备的基础上，或多或少都有开设此类的校本课程。这类课程大多是选修课程，学生根据自己的个性和特长做出相应选择，所以学生参与的积极性也比较高。

（四）学科拓展类

以学科知识为基础，紧密联系学生生活经验，加强学科知识的实践性与趣味性开发的校本课程，称为学科拓展类课程。例如，趣味数学、古诗词诵读、朗读与口语、写作、英语会话等。这类校本课程开发成本较低，与学科实践活动课联系紧密，不但有助于学生巩固文化基础学科的知识，而且可以弥补学科课程学习中与生活实际相脱离的不足，所以各校开发的积极性较高，学生的需求量也大。

四、完善校本课程的实施机制

（一）校本课程建设的管理机构

为了确保校本课程扎实有效地实施，我们成立了全区校本课程建设领导小组，颁布了《莆田市城厢区校本课程开发实施指南》，所辖中小学相应成立校本课程建设领导机构，负责校本课程开发与实施的总体规划、常规管理，协调各方关系，包括与地方政府、教育行政部门、社区、家长、学生以及校内各部门，提供必要的政策和经费支持。南门学校不仅制定了《南门学校（小学）校本课程开发方案》，还制定了具体课程的开发方案。比如，他们开发“环境教育”校本课程时，制定了《“环境教育”校本课程课程标准》和《“环境教育”校本课程纲要》；开发“中华古诗文诵读”校本课程时，制定了《中华古诗文诵读方案》。

（二）校本课程文本的呈现方式

课程内容的编写方式，直接关系到课程的有效实施。校本课程学习（活动）内容和方式的多元化、差异性，决定了课程内容编写呈现形式的多样性。就我们目前的实践来看，呈现的文本形式主要有以下几种。一是文选式。这种方式就像语文教科书，把有关的内容编写成一篇篇文章，再分主题组成一个个系列板块，每篇文章的后面附上“实践活动建议”，有“想一想”“说一说”“做一做”“试一试”和“交流会”等栏目。它适用于知识性、故事性比较强的课程内容的编写，如太平小学的《文献传奇》和《莆田体育》等就是采用这种方式编写的。二是案例式。这种方式就是将学习活动的内容以案例的形式呈现，后面附上活动中要涉及的知识点，或设计一些思考与练习题。这种文本呈现方式，适用于活动性和实践性比较强的课程内容的编写，如沟头小学的“讲文明，懂礼仪”课程，就是以这种方式编写呈现的。三是提纲式。这种方式不编写成课本，只根据教学活动的需要编写教学提纲。技能特长类、学科拓展类课程，多是教师根据自己的专业特长而开发的课程，教师一般只编写教学提纲，关注教学过程的生成性，充分发挥学生的创造性。

无论哪一种校本课程文本的呈现方式，都要体现校本课程学习的实践性、探究性、自主性、开放性。

（三）校本课程的设置与选择

校本课程的科学设置和教学时间的合理安排，是校本课程有效实施的基本保证。各校一般把校本课程分为必修校本课程和选修校本课程。对于必修校本课程，学校会将其如同国家课程一样统一纳入正常的课程表。对于选修校本课程，学校要在开学前把可供学生选学的校本课程汇总成《校本课程目录表》和《课程说明书》，分发给学生和家长，供学生选择，由学生自主决定参加哪门课程的学习。学生据此填写《校本课程选择表》上交班主任，由年段长统计后上交教研室或教务处，教研室或教务处根据学生的申报情况，报校本课程建设领导小组同意后，决定开设哪些课程（一般一个班不少于20人），再制定《校本课程教学安排表》，组织课程实施。

（四）校本课程教学时间的安排

根据《福建省义务教育课程实施计划》，校本课程一般每周安排2至4节课。必修校本课程通常与国家课程一样纳入周课程安排表，按行政班上课；选修校本课程一般是打乱行政班界限，重新组成教学班。所以，同一个年级的校本课程教学时间最好安排在同一个下午的某一两节课，既便于师资安排和教学管理，又便于学生到不同上课地点的流动。教师完成的校本课程教学任务要计入教师的教学工作量。

（五）校本课程教研的组织安排

为了提升校本课程开发与实施的质量，我们非常重视校本课程开发与实施的研讨和交流。城厢区教师进修学校每学期都举行一次全区性的校本课程开发与实施研讨交流活动，开展教学观摩，组织经验交流。各中心小学、区直小学也把校本课程教学研究作为教学研究的重要内容。例如，太平小学每学年安排“三个一”活动：组织一次“教师乡土文化研究”沙龙，举行一次校本课程教学观摩研讨活动，每位教师撰写一篇校本课程研究的论文或优秀教学案例；南门学校专门颁布文件《关于深化校本课程研究的通知》，成立校本课程备课组，组织任课教师定时进行学校规定的必修校本课程集体备课、研讨，并根据学生需求的变化和社会经济的发展，不断修改、完善教学内容。通过几年的校本课程建设，我们实现了“开发—实施—观察—反思—再开发”的循环完善过程，许多学校的校本课程逐步从粗糙随意转向精细化、系列化。

五、 校本课程建设的创新与成果

经过十几年的探索与实践，我们在校本课程的项目研究中取得了以下几个方面的重大进展和突破。

（一）明确了校本课程的价值取向

一是目标主导，即学校想做什么。校本课程要体现学校信奉的教育理念，形成自己的办学特色。例如，筱塘小学多年来一直在打造书香校园，他们开发出一套“读书·积累·成长”的校本课程，较好地推动学校办学理念的落实。二是需求主导，即学生喜欢什么。校本课程要尽量满足学生的实际发展需要。例如，太平小学的校本课程“文献传奇”较好地满足了学生对莆田历史文化的了解。三是条件主导，即学校能做什么。学校要量力而行，根据自身在教学设施、文化传统、师资力量、社区资源等方面的优势来考虑自己能做些什么。例如，南门学校从二十世纪九十年代起就被评为“省文明学校”“省花园式校园”，学校一直追求“求真、和谐”的教育理念，因此开发出环境教育校本课程也是学校能做到的。

（二）形成了系列化的校本课程体系

课程改革初期，由于校本课程建设缺乏课程专家的指导，需求论证不足，存在一定程度的随意性和盲目性，现在问题得到较有效的解决。目前各校基本上形成了有计划、有系统的校本课程体系。例如，莆田沟头小学的诗意校园、筱塘小学的“读书·积累·成长”、太平小学的安全教育、莆田十八中的硬笔书法等，他们都根据不同年级学生的认知水平分年级编写内容，这与台湾学校将相同主题按不同认知层次分层编写的校本课程建设理念不谋而合。

（三）根据内容特点做出必要分类

早期各校开发的校本课程比较笼统，一套校本课程涉及的内容往往涵盖很多方面，有时甚至包罗万象，难以满足学生的不同兴趣爱好。为了使校本课程更有特色，富有针对性、多样性、可选性，我们提出各校要根据校本课程的内容特点进行细化，把校本课程大致分为四大类，即通识类、地域文化类、技能特长类和学科拓展类。本专题第三部分“构建校本课程的内容体系”已经对此展开详细的阐述。

（四）探索出校本课程的评价与管理策略

教学评价是任何一门课程实施都不可缺少的环节，为保证校本课程实施的有效性和实效性，我们也对校本课程的评价策略做了积极的尝试，探索出一些比较有效的可操作策略。例如，南门学校的“中华古诗文诵读”校本课程实行考级制度，每位学生在校期间发放一本考级证书，从一年级到六年级连用，根据会背诵古诗词的数量认定不同的等级；筱塘小学的“读书·积累·成长”校本课程，实行课外阅读记录卡制度等。对于校本课程实施的管理，我在本专题第四部分“完善校本课程的实施机制”已经有了比较详细的介绍，这里不再阐述。

我们在探索校本课程建设的途中，陆续公开发表了多篇论文。我在新疆玛纳斯“三名工程”培训班上做了专题介绍，在莆田市及各县区校长、教师培训班上做过十几场专题讲座，成果应用于城厢区各学校，辐射到兄弟县区。2010 年 6 月在福建省基础教育课程改革教学研究成果评选中，《小学校本课程建设与管理的研究与实践》荣获三等奖，这也是莆田市当时唯一获奖的校本课程项目成果。

六、 当前校本课程建设存在的问题

在多年的校本课程建设过程中，我们收获了许多，随着校本课程实践的深入，我们也遇到了一些困惑与问题，需要大家共同去研究、去解决。

一是教师资源与课程建设的要求有较大差距。目前无固定的校本课程专业教师，课程实施也没有固定的教学模式，每位教师既要完成国家课程、地方课程的实施任务，又要开发、组织、实施校本课程，还要在实施过程中根据动态生成不断调整、完善校本课程内容，这对教师的智慧、知识、能力提出很高的要求，教师容易产生畏难情绪。

二是如何建立校本课程的评价与管理体系，确保校本课程的质量。受传统应试教育的影响，部分教师在校本课程实施过程中，仍有意无意挤占其课时或敷衍了事，致使校本课程教学质量难以保证。这不仅需要改变领导、教师、家长、学生的课程观和质量观，更重要的是要建立和完善校本课程实施过程的监管与评价机制。

三是校本课程实施过程中的安全保障不容忽视。作为一种综合性、实践性很强的课程，校本课程需要更多地带领学生走向社会、走进大自然，然而，当前学生安全责任的紧箍咒使得教师不敢把学生带出校门半步，许多原本需要学生亲身体验、实践的内容只能在教室内“纸上谈兵”，大大影响了校本课程开设的初衷。

对于校本课程建设，我们信心百倍；展望未来，我们任重道远。在校本课程建设的过程中困难很多，但办法总比困难多，我们已经做起来了并积累了许多宝贵的经验，我们有能力在实践过程中不断调整和完善，相信校本课程建设的明天会更美好。

模块二

学校德育工作

党的十八大报告提出，把立德树人作为教育的根本任务。落实立德树人根本任务，需要强化学校德育工作。德育是人的全面发展教育的重要组成部分，是社会主义精神文明建设和培养造就合格公民的奠基工程，它致力于对学生思想品德和人格素质的培养，体现着学校教育的基本目的，贯穿于智育、体育、美育等诸方面的教育实践全过程，统领着整个学校教育，是青少年一代健康成长的需要。少年阶段是世界观、人生观形成的关键期，小学阶段是教育的初始阶段，关系到人一生的发展和民族的未来。学校德育怎样抓住这个关键期，为学生健康成长和发展打下良好基础？本模块就儿童养成教育和提高学校德育工作的实效性两个方面展开专题阐述。

专题 06

儿童养成教育

叶圣陶先生曾说："教育是什么？往简单方面说，只需一句话，就是要养成良好的习惯。"他还说："从小学老师到大学教授，他们的任务就是帮助学生养成良好习惯，帮助学生养成政治方面、文化科学方面的良好习惯。""德育就是要养成良好的行为习惯，智育就是要养成良好的学习习惯，体育就是要养成良好的锻炼身体的习惯。"总归一句话：教育就是养成习惯。

养成教育是对学生行为指导与良好习惯培养的一种教育模式，习惯的养成看似小事，却关乎一个人的终身发展和一个民族的素养。

一、养成：关怀一生的教育

有这样一个故事。1978年，75位诺贝尔奖获得者在巴黎聚会。一位记者采访其中一位年长的获奖者时问道："您认为在您的一生里，最重要的东西是在哪所大学、哪个实验室里学到的？"这位白发苍苍的老人平静地答道："是在幼儿园。"这位记者感到非常惊讶，追问："您认为，您在幼儿园里学到了些什么呢？"老人微笑着回答："在幼儿园里，我学会了很多，比如，把自己的东西分一半给小伙伴们，不是自己的东西不要拿，东西要放整齐，吃饭前要洗手，做了错事要表示歉意，午饭后要休息，学习要多思考，要仔细观察大自然。从根本上说，我学到的全部东西就是这些。"顿时，在场所有的人对老人的回答报以热烈的掌声……他们学到的最主要的东西，是幼儿园老师给他们培养的良好习惯。

（一）习惯的内涵与特征

养成教育可以理解为一种使自然人成为社会人的教育，或使人具备生存和发展的基本素质、基本技能的教育。英国教育家洛克说：“事实上，一切教育都归结为养成儿童的良好习惯，往往自己的幸福都归于自己的习惯。”“习惯一旦培养成功以后，便用不着借助记忆，很容易地很自然地就能发生作用了。”

究竟什么是习惯呢？习惯是指由于重复或练习而巩固下来并变成需要的行动方式，它是不需要任何意志努力和监督的、自动化了的行为。从生理机制上来说，习惯是一种后天形成的趋于稳定的条件反射。所以，习惯一旦形成，就会自动地体现在人们的行为中，成为人们不可缺少的东西，若不按行为习惯去做，就会产生不愉快、不舒服甚至苦恼的情绪。习惯是一个人发展的重要基础。例如，毛泽东读书有圈圈画画、在书内做记号、写感悟和心得、提出疑问的习惯，鲁迅读书有随便翻翻的习惯，徐特立学习有不动笔墨不读书的习惯，这些习惯都是成就他们博学多才的基础。

习惯具有以下几个基本特征。一是习惯具有后天性。习惯不是由遗传得来的，它是在后天的生活环境中习得的。二是习惯具有稳固性。习惯是经过多次重复强化而不断趋于定型稳固的行为。三是习惯具有自动性。某种行为习惯形成后，就不需要专门的思考和意志努力即可进行，是一种条件反射活动。四是习惯具有情绪性。习惯是与需要紧密相连的，需要能否得到满足，会产生愉快或不愉快、满意或不满意的情绪体验。五是习惯具有情境性。习惯形成以后，它总是由一定的情境而启动的。例如，有的儿童在幼儿园里有自己的事情自己做的习惯，自己洗脸，自己穿衣服，可一回到家里，就不爱洗脸，自己也不穿衣服，吃饭还要一勺一勺地喂，在幼儿园的好习惯全没有了。

（二）养成教育是素质教育的重要内容

首先，养成教育是素质教育中最“实”的基础部分。养成教育虽不是素质教育的全部，却是素质教育中最“实”的基础部分，是看得见摸得着的，是素质教育中“质”的指标。例如，《中国教育报》曾报道无臂学生屠欢杰的故事。屠欢杰 9 岁时因一次意外失去双臂，后来在父母的鼓励与帮助下，他开始了以脚代手的人生。他先学会了用脚夹筷子吃饭，又慢慢摸索着学会了穿衣、刷牙、洗脸，经历了常人难以想象的困难，接着又学会了用脚写字，再后来又学会了用双脚操作电脑键盘，最后以高出重点线34分的成绩考入重点大学。这就是一个严重残疾的孩子经过养成磨炼出的素质。

其次，养成教育是教学生学会做人的基础教育。素质教育的首要任务是教育学生学会做人。养成教育是一种道德行为习惯的教育，是一种素养和人格的教育。例如，“2009年中国教育年度新闻人物”马鹏飞，他出生后不久，父母离异先后弃他而去，身体不好的奶奶成了与他相依为命的亲人。小鹏飞承担起家庭生活的重担，他每天早上5点起床开始忙碌，做早饭、收拾房间、给奶奶烧水、喂奶奶吃饭。晚上放学后，除了写作业、做饭、洗衣外，还经常带着奶奶下楼散步，克服了常人难以想象的困难。当时评委会给他的颁奖辞是：一个只有14岁的少年，历经了人生多种磨难，但面对生活，他没有低头，用稚嫩的肩膀独自挑起了家庭生活的重担，给了患病的奶奶生存的希望。马鹏飞，用孝心践行着中华民族的传统美德，用行动诠释了大孝无言、大爱无声的真谛。

最后，养成教育是一项全面的综合性教育。养成教育不仅仅是德育范畴的内容，还包含着智育、体育等方面的内容。它有思想道德习惯、学习习惯、身体习惯、心理习惯等。例如，《每周文摘》曾有一篇文章《令中国妈妈吃惊的日本幼儿园》，说的是日本幼儿园的孩子上学要准备很多大小的包，所有的包都是孩子自己拿，幼儿园通过每天的穿衣换衣让孩子练习独立生活的能力；幼儿园的孩子无论多么冷的天，都穿短裤上学，锻炼抗寒能力；孩子没有课本，只有每月一册的绘本，教孩子无论与谁讲话，学会“笑眯眯”最重要，学会说谢谢；日本幼儿园每年要组织很多次爬山、看湖活动。一句话，他们从幼儿园就开始实施综合素质教育。现在，我国也将养成教育贯穿于各学科课程中，例如，《义务教育数学课程标准（2011年版）》就提出：“养成认真勤奋、独立思考、合作交流、反思质疑等学习习惯。”这就是养成教育在学科教育中的落实。

（三）养成教育是儿童品德教育的重要途径

有人曾这样比喻：“孩子的心田是一块奇怪的土地，你播下理想的种子，就会获得行为的收获；你播下行为的种子，就会获得习惯的收获；你播下习惯的种子，就会获得品德的收获；你播下品德的种子，就会获得命运的收获。”儿童的模仿性强，可塑性强，儿童时期是道德行为习惯形成的最佳时期，在此期间，如能选择恰当的教育内容，采用优化的教育手段，便能达到较好的教育效果。

对儿童进行思想品德教育，“知”是先导，“行”是关键。完全没有“知”的行，是盲目的行；没有“行”的知，是不牢固的知。古人说：知之深，爱之切，行之坚。就拿“节约用水”的教育来说，如果家长、教师不向儿童讲清“节约用水”的意义与价值，不向儿童提出“节约用水”的行为要求，儿童就不可能有“节约用水”的意识和行动。但是，如果单纯进行“节约用水”的口头教育，不指导儿童亲历“节约用水”的行为实践，那么仍然不可能培养儿童“节约用水”的意识和应有的行为习惯。

（四）重视养成教育是中华民族的优良传统

重视养成教育是我国古代教育的显著特点，主要表现在以下三个方面。

一是重视“养正于蒙”。养正于蒙，也称蒙以养正，就是从儿童时期就进行正确的教育。行为规范是中国古代蒙学教育的主要内容。

二是重视蒙学教材的编写。中国古代十分重视蒙学教材的编写，自周秦以来，尤其是宋代以来，各朝都编写了一些有影响的教材，如《三字经》《百家姓》《千字文》《蒙养礼》《蒙学须知》《小学》《童子礼》《弟子规》《女四书》等。中国古代的蒙学教材以识字为主，把传播基础知识与培养伦理道德规范紧密而又巧妙地结合，寓道德教育于知识教育之中，“习与智长，化与心成”。例如，礼教规范有：为人子，方少时。亲师友，习礼仪。

三是重视学规、学则的制定。“无规矩不成方圆。”利用学规、学则来养成学生良好的行为习惯，是中国古代养成教育的又一成功经验。中国古代的各级各类学校都制定了学规、学则，著名的有《弟子职》《弟子规》等。这些学规、学则不仅确立了办学宗旨和基本原则，还对学生的日常起居、学习方法等也做了详细的规定。例如，“若有所疑，奉手问之。师出皆起。”这种课堂文化一直延续到今天。

注重养成教育是中华民族的优良传统，它曾经为中华文明形成和发展做出了巨大的贡献，优秀的传统文化我们必须继承并发扬光大。

二、儿童：养成教育的关键期

小学阶段是教育的初始阶段，关系到人一生的发展和祖国的未来。幼儿期和儿童期是养成教育的关键期（也叫“关键年龄”“最佳年龄”“敏感期”）。如果在这个时期对孩子实施某种教育，便可以收到事半功倍的效果，而一旦错过了这个时期，再进行这种教育，效果就明显差多了。

我给大家讲两个关于“关键期”的案例。

科学家根据动物实验得出“关键期”的结论。1935 年，奥地利动物行为学家劳伦兹发现，小鹅孵出后的一两天内愿意追逐第一次见到的生物，如果见到的是母鹅就追母鹅，见到的是人就追人，而且这个习惯会长期保持下去。鹅追逐见到的生物的习惯（能力）形成的关键期就是孵出后的一两天内。科学家还在猫身上做过实验，他们把刚生下来的小猫分成若干组，然后每天动手术将其中一组的眼睑打开。结果发现，在出生后第四天和第五天被缝上眼睑的猫成了盲猫，而其他时间缝上眼睑的就不是盲猫，最多是半盲猫，由此得出：出生后的第四、五两天是猫仔视力发展的“关键期”。

大家应该都知道印度狼孩的故事。印度狼孩卡玛拉 1920 年被人从狼窝中发现时已八岁，由于多年和狼生活在一起，无论脾气秉性还是生活习惯，都和狼一样了。人们努力通过教育和训练使她恢复“人性”，但收效甚微。她两年多才学会站立，四年才学会讲六个单词，六年多学会走几步路，直到 1929 年去世时，她的智力、能力才够两三岁孩子的水平。人们虽然对她实施了良好的教育，但人应该具备的习惯却始终没能很好养成，其原因就是错过了“关键期”。1972 年，人们在东南亚大森林中找到二战时迷失的日本士兵横井庄一。他远离人类，像野人一样生活了 28 年，人的一切习惯甚至包括日语都忘了。可是当他获救后，人们只用了 82 天的训练时间就使他完全恢复了人的习惯，适应了人类生活，一年后还结了婚。虽然他过野人生活比狼孩卡玛拉多了 20 年，但对他的教育和训练却比狼孩容易多了，其原因就是他没有错过受教育的“关键期”。由此可见“关键期”的重要性。

那么，人类养成各种良好习惯的关键期又是什么时候呢？目前比较一致的观点是：幼儿期和儿童期是良好习惯形成的关键期。孩子年龄小的时候，就像一包熔化了的铁水，它可以浇铸成各式各样的形状。但等孩子长大了，就像冷却了的铁水变成一块铁砣子，再改变就困难了。因此，养成教育中极为重要的一个环节就是抓好关键期，培养孩子的良好行为习惯，以便为孩子今后的工作和学习打下坚实的基础。当然，养成教育是伴随人一生的教育，我们常听到的“活到老，学到老”就是这个道理。事实上，一切良好习惯的养成，不可能在中小学阶段就完成，它还需要在工作实践中继续不断地进行，只是说中小学阶段是基础。

三、班主任：养成教育的“总编导”

刘延东在视察北京第二实验小学时说，小学教师是孩子成长的启蒙者和引路人，希望老师们承担起教书育人的崇高使命。班级是学生学习、成长的“土壤”，班主任是班集体的组织者和管理者，是学生健康成长的引路人。在养成教育中，班主任具有举足轻重的地位和作用，是养成教育的“总编导”。

（一）班主任是儿童良好行为习惯的塑造者

幼儿园老师、小学班主任是儿童成长过程中最直接、最具体的引路人，是儿童良好行为习惯的塑造者。学生一入学接触到的第一位老师是班主任，和学生接触最多的也是班主任。大的方面包括学生的思想品德教育、学习习惯、能力培养、文体活动等，小的方面诸如怎样正确背书包、怎样扫地、怎样削铅笔、怎样摆放学习用具等，都离不开班主任的指导。学生在思想品德方面取得的每一点微小进步，班主任都倾注了满腔心血；学生在学习上每取得一点成绩，班主任都洒下了辛苦的汗水。班主任用辛勤耕耘来打开儿童智慧的大门，引导儿童步入人生的征程。

成熟的班主任都十分注重学生文明素质的培养和良好行为习惯的养成，这是建设优良班风和学风的基础。一位特级教师曾分享他在培养学生行为习惯方面的做法和体会：每当接任新的班级，我与别人不太相同的地方，就是不去特别钟情于学生的分数，也不忙于去强化知识的传授，而是把工作的重点放在学生良好的行为习惯的养成教育上，从要求学生的站姿与坐姿开始，从点点滴滴的小事做起。课堂上，要求学生坐端正、懂规矩、守纪律。学习上，要求有了问题不忙于发问，而是先自己认真想一想，想了以后还不懂，就去查阅工具书，还不懂，再去问老师。这样反复训练，学生不仅提高了提问的质量，还培养了多思考的好习惯。此外，要求学生做事有条理，从书包怎么放、作业怎样交、预备铃响后干什么等细节一一加以规范训练。生活上，要求养成讲究整洁卫生的习惯，教室的桌子、椅子都排成一条线，每天早晚要洒水、拖地、擦桌子，每个同学要保持自己座位下的清洁。这位老师把养成学生良好的行为习惯作为工作的“拳头产品”，很多学生都从这项“产品”中受益。

(二) 班主任是班级养成教育的实施者

学校必须通过班主任把全体学生组织和调动起来，把班级各方面力量统一起来，从班级实际出发抓好学生行为规范的养成教育。此外，把各科教师组织起来，把学校教育与家庭教育协调起来，形成养成教育的合力，也离不开班主任作用的发挥和有效的工作。教育实践证明，任课教师不负责任，只可能出现“乱堂”，而班主任不负责任，不抓养成教育，就会出现“乱班”。就是说，班主任是学生养成教育的实施者和关键人物。

“随风潜入夜，润物细无声。”在养成教育中，班主任要十分重视班级育人环境的建设。班主任要充分利用现有的环境条件，因地制宜，美化班级，设计班徽，确立班训，办好班级黑板报和学习园地，设置图书角，挂置名人名言等标语，搞好班级环境卫生。学生在舒适、安静、和谐的班级环境中学习，情操得以陶冶，心灵得以净化。班级环境对学生行为习惯的养成教育起到潜移默化的熏陶和感染作用。

四、 濡化： 养成教育新理念

习惯养成教育是培根育本教育，是做人做事教育，是成长成功教育。养成教育是一项系统工程，是需要刚柔相济的教育。

(一) 制定具体可操作的行为规范

在幼儿园、中小学里实施的行为规范守则，应该根据教育心理学、儿童行为发展理论来制定。年纪越小的学生，需要越具体细微的行为指令（规则），否则他们在实施行动时极易感到困惑。例如，美国的《小学生守则》采取的就是一种具体化规则：（1）总是称呼老师职位或尊姓。（2）按时或提前到课堂。（3）提问时举手。（4）可以在你的座位上与老师讲话。（5）缺席时必须补上所缺的课业，向老师或同学请教。（6）如果因紧急事情离开学校，事先告诉你的老师并索取耽误的功课。（7）所有作业必须是你自己完成的。（8）考试不许作弊。（9）如果你听课有困难，可以约见老师寻求帮助，老师会高兴地帮你。（10）任何缺勤或迟到，需要出示家长的请假条。（11）唯一可以允许的缺勤理由是个人生病、家人亡故或宗教节日，其他原因待在家里不上课都是违规。（12）当老师提问且没有指定某一学生回答时，知道答案的都应该举手。受此规则影响长大的美国人，往往习惯于行为规范化，善于遵守具体规则。

我们来看中国的《小学生守则》（2017 版）：（1）爱党爱国爱人民。了解党史国情，珍视国家荣誉，热爱祖国，热爱人民，热爱中国共产党。（2）好学多问肯钻研。上课专心听讲，积极发表见解，乐于科学探索，养成阅读习惯。（3）勤劳笃行乐奉献。自己事自己做，主动分担家务，参与劳动实践，热心志愿服务。（4）明礼守法讲美德。遵守国法校纪，自觉礼让排队，保持公共卫生，爱护公共财物。（5）孝亲尊师善待人。孝父母敬师长，爱集体助同学，虚心接受批评，学会合作共处。（6）诚实守信有担当。保持言行一致，不说谎不作弊，借东西及时还，做到知错就改。（7）自强自律健身心。坚持锻炼身体，乐观开朗向上，不吸烟不喝酒，文明绿色上网。（8）珍爱生命保安全。红灯停绿灯行，防溺水不玩火，会自护懂求救，坚决远离毒品。（9）勤俭节约护家园。不比吃喝穿戴，爱惜花草树木，节粮节水节电，低碳环保生活。

与我国以前的《小学生守则》相比，新版《小学生守则》具体化多了，但与美国的《小学生守则》相比，新版《小学生守则》仍然偏重讲大道理喊口号，看起来是教育新一代胸怀远大目标，却没制定出实现目标的具体行为要求，也就起不到有效约束学生的作用。学生逐渐习惯于这种有目标没方法的形式，在行为规范的养成上可操作性就显得有所欠缺。可以看出，中美两国的文化差异及教育理念差异对孩子产生的影响肯定是不同的。

可喜的是，现在许多学校在养成教育方面能根据《小学生守则》《小学生日常行为规范》和各学段学生的特点，制定具体化的行为规范要求。例如，有一所学校把“尊敬长辈”的良好习惯训练具体化为：（1）听长辈讲话时要认真，不东张西望，不插嘴。（2）长辈批评时不顶撞，可以解释，但不许撒野。（3）和长辈谈话时要和气、礼貌，不高声大喊。（4）见到长辈要主动打招呼，会使用文明用语。（5）自己提出的要求父母没答应，不许撒娇、耍横。（6）有了好吃的知道先让长辈。（7）要帮助家长干力所能及的活。（8）长辈累了要知道热心照顾，如倒杯茶水、送双拖鞋、递条手巾。

此外，我们常讲的热爱祖国、热爱人民、热爱中国共产党的“三热爱”教育，对儿童来讲就显得有些空洞。我在考察台湾一所学校时，看到墙上挂着的“三热爱”是“爱自己、爱父母、爱家乡”，该校提出的感恩教育内容是“感谢父母养育，让我健康成长；感谢师长引导，教我知书达礼；感谢同学协助，伴我快乐学习。”这些才是具体可操作的教育目标要求！

（二）重视教育者的示范榜样作用

人类主要通过观察他人的行为学会新的行为反应。在养成教育中，教育者的示范榜样作用，使养成教育变得可见、可学、可仿、可行，把条例性的守则或规范变成学生看得见做得到的行为，成为一种可接受的行为。教育者的行为、形象乃至人格对学生具有重要的影响。苏联教育家加里宁说：“一个教师必须时刻检点自己，他应该感到，他的一举一动，都处在最严格的监督之下，世界上任何人也没有受着这样严格的监督。孩子们几十双眼睛盯着他，须知天地间再没有什么东西，能比孩子们的眼睛更精细、更敏捷，对于人心理上多种微妙变化更富于敏感的了，再没有任何人像孩子的眼睛那样能捉摸一切最细微的事物。”我曾阅读过一篇题为《一堆废纸的启示》的文章，这篇文章对我们还是很有启示的。具体内容是：

早读课，我推开教室的门，一堆废纸堆在门口。我看在眼里，气在心上。暗想，今天的值日生也太不像话了。我不说，看它放到什么时候！眼看一节课即将过去，还是无人问津。作为班主任的我，一腔怒火憋在心中，什么也没说就走出教室。第二节课，还是我的课。我来到教室门口瞥了一眼，废纸依旧。我走进教室，阴沉着脸，硬邦邦地甩出一句话：“写作文！”然后，就在黑板上写道：一堆废纸放在教室里已近两节课，大家熟视无睹，袖手旁观，请以《一堆废纸的启示》为题，写一篇作文，要说出自己的真情实感。

作文本交上来后，我仔细看了一遍，绝大部分同学都展开了自我批评，检讨自己不关心集体，不关心他人的做法。总之大话连篇，但其中有一位同学的作文没写一个字，中间却夹着一张纸条，上面写道：

老师：这堆废纸放在教室里，我们学生理所当然应倒掉它。但是，废纸就在讲桌旁，你整整看了两节课，在我们自习的时候，难道你就没有义务倒掉吗？你常说，你是班级中的一员，难道你不能身体力行？

胡　勇

看罢这张纸条，我愤愤地瞪了他一眼，继而陷入了沉思。学生的话，犹如针尖刺得我心里发痛，让我坐立不安。我的眼前，仿佛有几十双透亮的眼睛审视着我的一举一动。常言道：言教不如身教。讲的就是亲自实践，借以取信于人的重要性。教师在学生心目中的地位是完美的、崇高的，教师对学生的影响是最直接的、多方面的。而我们往往习惯于“言”的表达，却很少注重“行”的引导。一堆废纸，近在咫尺，我却把自己当成局外人，把怒气泼向学生，对于学生的“真情实感”我无言以对。再仔细回忆自己的一言一行，惭愧、内疚。此刻，我还能说什么呢？我慢慢转过脸来，静静注视着那一张张稚气的小脸，训斥他们吗？责怪他们吗？

儿童模仿性强，可塑性强，那种纯洁的精神世界“染于苍则苍，染于黄则黄”。“近朱者赤，近墨者黑”，教育者的示范榜样作用是多么重要啊！钱学森的长子钱永刚在《读懂父亲便懂得如何做人》里说，父母很少刻意和他们说一些大道理，或教他们某件事情该怎么做，以至成年后，他曾有一次向母亲抱怨：“你们怎么小时候不教我？”母亲非常奇怪：“看吧，大人怎么做孩子就怎么做。我们十几岁到国外，有谁教呀？”“父母对我们的影响是潜移默化的。比如下班回来大人都在忙工作，那我们也得学习，在一边歇着总不好意思。父母工作认真同样会影响我们的做事习惯。他们为我们营造了这样一种环境。”

儿童在成长过程中还总是自觉或不自觉地喜欢模仿自己的老师，如同植物具有“向阳性”，学生往往具有“向师性”。模仿教师的一言一行，就是学生“向师性”的具体表现之一。“喊破嗓子，不如做出样子。”在儿童心目中，老师是最可以依赖的人，老师的示范榜样教育对儿童来说是无声的命令。

（三）养成实践训练要坚持

实践是人们认识的基础和源泉，更是养成教育的重要途径。好习惯只有在严格训练后才能养成。

训练应从小事开始。行为习惯训练是让儿童按照一定的要求去做，所以提出的目标要小，要具体。好习惯要从小事、从身边的事做起，从学常规、讲常规、用常规做起，从说、写、坐、行训练做起，从洗脸、洗衣服、叠被子学起。正如魏书生所说的：“人的心都是从小事训练开始，改变人都是从小事开始改变的。”“定小目标，使大劲。”

训练应规范化。行为习惯训练得有个规矩，即达到一定的标准。例如，培养学生“用眼卫生”的习惯，一开始就应按“二要二不要”（读书、写字姿势要端正，眼睛和书本的距离保持 30 厘米左右；连续看书 1 小时要休息片刻或向远处眺望一会儿。不要在光线黑暗和直射阳光下看书、写字；不要躺在床上或在动荡中看书）进行规范训练。训练有目标，有标准，便于教师指导和检查，也能使学生学有要求，行有标尺，并可以此评价自己或别人的行为。

训练应序列化。例如，为使学生能“端端正正写字，堂堂正正做人”，北京市密云县东邵渠中心小学提出了“不求人人成为书法家，但求人人写好中国字”的口号。该校每周开设一节写字课，采取“讲解—示范—练习—辅导”的模式进行写字教学，保证每天下午上课前20分钟的写字时间，并针对不同年级学生的特点采用不同的辅导方法，使学生热爱中国字、热爱中国文化。

训练应情境化。教师应从不同的渠道、不同的养成教育内容为学生创设活动情境，通过借助或创设事件的真实场面，使学生自然而深切地受到感染和启示。例如，教育学生“遵守交通规则”，可先让学生观看有关交通事故的视频，使学生强烈地感受到“多危险啊!”一个个触目惊心的事例和“血的教训”，在学生的内心引起强烈的震撼，从而强化了学生的安全需要，促使学生自觉遵守交通规则。

好习惯，是一种文化，是一种修养，是一种终身受用的素质。习惯养成的最高境界是形成孩子的自身需求，而不是外在的强制。在养成一个好习惯的过程中，要让学生感受到“我特别希望有这个好习惯，好习惯多了，我才是一个好学生”。好习惯比分数更重要，办学要为学生的一生着想。习惯决定性格，性格决定命运。好习惯比学历重要。

最后用两位著名学者的名言作为本专题的结束语。

蔡元培：教育者，养成人格之事业也。

柏拉图：教育非它，乃是心灵转向。

专题 07

从少年犯罪话说学校德育工作

2005 年至 2009 年，我作为人民陪审员，先后参加过多起少年犯罪案的庭审工作，案情虽不算重大、复杂，但给我的震撼极大，留给我的思考很多。我从事教育工作 30 多年，对教育的研究、思考从未间断，也颇有建树。今天，从少年犯罪的角度来审视我们的教育，反思学校德育工作，又有一番新的思考与启示。

一、 少年犯罪典型案例

由于我是来自教育系统的陪审员，法院比较多地安排我参加少年刑事审判庭的陪审活动。在众多少年犯罪案件中，我选取下面几个比较典型的案件供大家了解。

案例一：被告人吴××，男，1988 年 5 月 8 日出生（注：犯罪时未满 18 周岁），汉族，初中文化，农民，莆田市涵江区人，在本市打工。2006 年 1 月 29 日晚，吴××与其他三个同案人共同策划抢劫作案。次日凌晨 1 时许，四人窜到涵江区一餐厅门口，看见王××（女）只身路过时，即将其抓住，持刀对其进行威胁和搜身，劫取现金 15 元。随后，吴××一伙提出要与王××发生性关系，王××因来月经拒绝，强奸未遂。

经法院审理，被告吴××犯抢劫罪，判处有期徒刑二年六个月；被告人吴××犯强奸罪（未遂），判处有期徒刑一年。两罪并罚，判处吴××有期徒刑三年。

案例二：被告人周×，男，1988 年 4 月 16 日出生（注：犯罪时未满 18

周岁），汉族，初中文化，农民，贵州省大方县人，在莆田打工。2006年1月18日0时40分，周×与许×等四人经策划后，在涵江区政府附近雇佣陈××驾驶出租车前往荔城区西天尾镇，途中采用持刀威胁手段，劫取陈××的手机一部及现金人民币200元。

经法院审理，被告人周×犯抢劫罪，判处有期徒刑二年六个月，并处罚金人民币2000元。

案例三：被告人卢×，男，1988年11月28日出生（注：犯罪时未满18周岁），汉族，初中文化，江西省修水县人，在莆田打工。2006年5月17日下午，卢×及另三个同案人途经一幢办公楼时，发现一楼办公室有很多电脑，遂生盗窃念头。次日凌晨1时许，四人窜到现场，见四周没人，撬开窗户防盗网入室，盗取电脑7部，总价值人民币32958元。

经法院审理，被告人卢×犯盗窃罪，判处有期徒刑三年，缓期四年执行，并处罚金人民币1万元。

案例四：被告人黄××，男，1991年1月19日出生（注：犯罪时未满18周岁），汉族，初中文化，无职业，城厢区霞林街道铁岭村人。2009年1月4日21时许，黄××和朋友郑××、欧××在城厢区南门心连心酒店301包厢喝酒，23时30分黄××酒后心情不爽，无故将包厢内的液晶电视点歌电脑、卫生间玻璃及一楼大门的玻璃等物品砸坏。经价格鉴定，毁损物品价值总计人民币9751元。

经法院审理，被告人黄××犯寻衅滋事罪，判处有期徒刑六个月，缓期一年执行，并处罚金人民币5000元。

二、少年犯罪原因剖析

根据城厢区人民法院少年刑事审判庭的调查报告，二十一世纪初期，少年犯罪数量总体呈上升趋势。如果抛开社会的其他因素，可以发现这些少年犯罪的原因有许多共同特点，主要体现在以下几个方面。

（一）学习成绩欠佳，过早结束学业

从近些年审判的少年犯罪统计数据看，多数人没有读完初中，初中及以下文化程度的罪犯占未成年犯罪的93.6%。少年犯大多数是农村孩子，成绩欠佳，他们很少得到老师与同伴的关注、关心和赏识，与师生相处困难，对

学习失去兴趣和自信，缺乏教育和管理，感到升学、就业无望。所以，他们过早辍学或初中毕业后没能进入高中阶段继续学习，成为无业人员或外出打工者。

（二）家长文化水平不高，家庭教育缺位

少年犯的父母文化水平普遍不高，基本上只有高中以下学历，有的甚至是文盲。他们大多是老实巴交的农民或打工者，虽然具有农民纯朴和憨厚的特点，但普遍缺少家教知识，又忙于生计，忽视或者说不懂得子女身心健康的有效教育，未能正确引导子女迈入社会。有的少年犯是留守孩子，父母外出打工，长期不在身边，爷爷、奶奶只管吃、穿、住，没有能力教育孩子，造成家庭教育严重缺位。有的家长对未成年子女的教育方式不当，他们只关心孩子的身体状况和学习成绩，而对其思想健康状况则不闻不问。有的家长溺爱子女，在物质需求上有求必应，要钱给钱，要物给物，而对其日常生活中出现的缺点、错误甚至违法乱纪行为视而不见，任其发展。与之相反，有的家长“老子作风”严重，对子女严厉过度，动辄打骂，坚信棍棒之下出孝子，久而久之，孩子有话不对父母讲，有事不敢说出来，缺少与父母的思想沟通，造成他们与社会上的一些坏人“扎堆”，结果走向犯罪。除此之外，家庭婚姻裂变也会导致家长对子女教育的缺位。

（三）法制意识淡薄，多属初犯、偶犯

小小年纪之所以犯罪，是因为他们缺少必要的法律知识，法制意识淡薄。他们往往在行动中我行我素，不计后果，有时甚至觉得作案“好玩”，不知道自己的行为已经伤害到他人的生命、财产等利益，触犯了法律。所以，这些人多数属初犯、偶犯，庭审时都后悔莫及。例如，案例一中的吴××等人在作案时根本不知道自己是在犯罪。四个小罪犯被抓是因为在案发一个星期后，被害人没有兑现被抢劫时答应给他们弄部手机的承诺，他们居然跑到被害人上班的 KTV 厅而被认出。曾有人在犯罪前专门向同乡咨询过有关法律问题，但得到的答案是：“万一被抓住了，只要不交代以前的犯罪行为，最多是拘留几天。”有一个少年犯结束了两个多小时的讯问，临走时问提审法官自己是第几个被提的，书记员说：“第一个。”他有些兴奋，说：“太牛了，第一个！”我们不禁哑然，都这时候了还惦记着自己是不是“老大”。正是法制观念淡薄，致使这些少年走上犯罪的道路。

（四）盲目结交朋友，导致误入歧途

喜欢结交朋友是青少年的一种心理需要。但未成年人阅历浅，涉世不深，思想单纯，大多数在结交朋友时，不分青红皂白，盲目性极大。有的少年犯在做笔录时称作案同伙是“朋友”，而这些所谓的“朋友”有的甚至是连对方姓名都不知道的一面之交。例如，案例二中的周×，当审判人员问他其他几名同案犯的姓名时，他居然说不出所谓“朋友”的名字，而是说这几个人是前几天他在与老乡玩时才认识的。有一次，我在审理一起摩托车盗窃案时，问被告：“同案犯（主犯）‘阿山牛’你是什么时候认识的?”答：“两个月前。”再问他：“‘阿山牛’是什么地方人?”他说：“不知道。”青少年在社会化过程中盲目结交一批品行不端的伙伴，他们聚集在一起，拒绝道德与法律的约束，沿着不良的心理发展轨迹，最终误入歧途，滑向犯罪的深渊。青少年逞强好胜，在进行违法犯罪活动时，常常带有很大程度的疯狂性、暴力性，因此恶性案件较多，多为暴力抢劫案件、盗窃案件、故意伤害案件。

（五）缺少吃苦意志，追求物质享受

当前我国未成年人受社会上不正确的拜金主义、享乐主义等价值观的影响，大多数情况下以满足物质欲望为目的进行犯罪。这些少年犯大多数是农村孩子，家庭经济普遍不富裕，有的甚至较为贫困，他们原本想外出打工赚钱来分担家庭经济重任，尽快改变生活条件，但又缺少吃苦耐劳的意志，怕苦怕累，好逸恶劳。当他们见到那些“富人”吃、喝、玩、用样样都比自己强得多，自己理想中的消费目标和那些“富人”比起来相差甚远时，他们便想通过“捷径”获得更多钱财，于是转向靠拳头、靠凶器实施抢劫、盗窃甚至出卖自己的人格等犯罪活动，最终走上犯罪道路。案例一中吴××等人的犯罪动机就是“想弄部手机玩玩”。

三、学校德育工作对策

立德树人是教育的核心和本质要求。但在升学指挥棒的高压下，许多学校把德育工作视为软任务，其重要性更多的是体现在书面上、会议讲话中。“说起来重要，做起来次要，忙起来不要”是学校德育工作的现状和不争的事实。面对青少年的犯罪事实和成因分析，学校的德育工作必须寻求相应的改进对策。

（一）整合德育资源，开设法制课程

当前许多德育工作游离于课程总体设置之外，很少在课程设置中列入整体规划。要么为完成上级的专项任务，开展专题活动，如“关爱留守儿童”“学雷锋活动月”；要么问题出现了，再来进行空洞说教；要么放任自流，任其发展。目前学校法制教育力度不大，有些学校的法制教育只是走过场，流于形式，学生没有学会应有的法律知识。为了提高学校德育工作的规范性、系统性、实效性，必须对德育课程资源重新整合。品德课、班队课、心理咨询课、综合实践活动等都是实施德育的主要阵地和途径，学校要主动研究，加强实践，设计出适合少年儿童学习需要的德育课程。学校要开设法制课程，把法制教育作为学生的必修内容，分层次、有重点地针对不同年龄段学生的特点和接受能力，提出学校法制教育的内容、方法、标准和具体要求，逐步把学校法制教育引入规范化、制度化的轨道。通过法制课矫治未成年人的不良行为，预防其犯罪，让其感受到法律的威慑力，例如，城厢区筱塘小学除开设法制课程，还经常组织法制宣传教育活动，开展“做遵纪守法好少年”签名活动等。法制课程可以合理使用地方课程或校本课程的时间。

（二）重视道德实践，促进道德体验

当前学校德育工作普遍重视道德信念的教育和道德知识的传授，这些道德认识是培养道德情感的前提，是引起道德行为的向导，同时也是强化道德意识的理性力量。但学校德育工作的最终目的是要把学生培养成一个道德实践者，能自觉履行道德义务，自觉遵守公共道德规则，自觉维护社会道德秩序。所以，我们更应该重视道德实践，促进学生的道德体验。例如，上海市2008年高考作文满分获得者黄莎同学，平时非常关注前沿的社会热点问题，如三农问题、城市老龄化等。黄莎的父亲在接受记者采访时说：“黄莎的这份社会责任感，与学校重视德育实践密不可分。学校每年组织志愿者到社区敬老院服务，从不会做家务的女儿特地回家学习包饺子、搞卫生。学校还组织学生去农村调查实践、去宝钢和‘南京路上好八连’等参观学习，打开学生视野，引导学生观察社会，融入社会，思考问题，承担责任。”而我们目前的学校教育，把学生当宠物，圈养在学校围墙内，不敢把学生带出校门半步，我们怎么能组织学生进行道德实践呢？一些非常好的传统道德实践活动取消了，如春游、秋游、清明节祭扫革命烈士先辈……在《儿童养成教育》专题中，我提到一篇题为《令中国妈妈吃惊的日本幼儿园》的文章。文中提到，

日本孩子上幼儿园要带好多装毛毯、装餐具、装备换衣服、装鞋子的包，大包套小包，早晚接送孩子的时候，这些大大小小的包都由孩子们自己肩背手拿着，家长手里一律空着。日本就是这样引导孩子进行道德实践与体验的。

（三）摆事实讲道理，引用案例教育

长期以来，许多学校在德育工作上所花的时间、精力、物力也许不算少，但效果并不佳，形式单一、内容空洞、教条说教是重要的原因。我们在进行思想道德品质教育时，老是谈理想啊、抱负啊，我们为什么不去训练学生从身边小事做起，从养成良好的生活习惯、学习习惯做起，从点点滴滴做起？著名教育家魏书生曾说："人的心都是从小事训练开始的，改变人都是从小事开始改变的。"学生的道德规范教育实践要"定小目标，使大劲"。

未成年人的情感带有很大程度的具体化，极易受具体事物的感染和外界条件的影响，所以，学校的思想品德教育应最大限度地顺应孩子的天性，从学生的心理特点出发设计活动内容和形式，要摆事实，讲道理，以理服人，使学生提高修正错误的自觉性。可以通过英模人物、身边正面典型开展榜样教育，把道德规范具体化；通过旁听庭审或听取少年犯现身说法，请司法人员到校进行案例分析、模拟法庭等方式，实施案例教育，以案释法，抢占学生心理空间的早期道德世界。文献中学经常开展"同在蓝天下，携手共成长"等普法案例教育，组织模拟法庭活动，请法官做少年犯罪案例分析与预防教育，学生身临其境，收到了良好的教育效果。面对学生缺乏社会生活经验，辨别是非的能力差等现状，学校可以选取《法治在线》《今日说法》《与法同行》等电视节目的视频材料，帮助学生在课本理论学习中结合现实生活中的问题进行反思，触动内心世界，从而学会认识、评价生活事件，正确对待、解决生活问题。

（四）关爱"留守儿童"，挽救"问题孩子"

当前，留守儿童的问题层出不穷。据福建省一些派出所提供的数据，因打架斗殴、小偷小摸等不轨行为被送到派出所的孩子中，有60%是留守孩子。一份来自广东三大监狱的调查显示，八成犯罪新生代农民工在幼年时留守农村无人看管。前面列举的案例二、案例三两位少年犯，均因"留守"后辍学外出打工而走上犯罪的道路。

为留守孩子撑起一片蓝天，最大限度减少留守孩子教育中的问题，是新时期学校德育工作的重要任务。根据留守孩子的教育缺陷和心理特征，学校、

教师要实施爱的教育，给留守孩子爱的温暖，弥补家庭亲情教育、人格教育的缺陷。抗震救灾英雄、甘肃省陇南市礼县祁山乡中王小学六年级学生童世强，在接受中央电视台记者采访时说了这样一句话："我有两年多没有见到爸爸、妈妈了，我很想见到爸爸、妈妈，我要让他们早点回家，爷爷、奶奶都老了。"在讲这句话时，童世强眼里含着思念父母的泪花，看得出他太需要亲情了。学校要与留守孩子的父母和临时监护人密切交流，协同教育，要建立留守孩子档案和联系卡制度，要加强对留守孩子的心理健康教育。

对有不良行为或有越轨行为的留守孩子要进行耐心的教育、感化，不能采取简单的标签化措施，否则会极大挫伤孩子的自尊心和学习积极性，使他们在极强的挫折感、自卑感、孤独感等心理状态下走向犯罪。对轻微违法被法院判了缓刑的未成年人，学校不能拒之门外，要让其重回学校学习，接受教育，帮助他们悔过自新。前些年我参加过一起故意伤害案件的审判，罪犯何××与另一同案犯分别是在1988年和1989年出生的，他们曾经同于2006年3月在南门单面街拱桥犯抢劫罪分别被判处一年六个月和两年有期徒刑，缓期两年执行。第二年，他们在缓刑期间又犯故意伤害罪被检察机关起诉。当时我就在想，如果这两个少年被判缓刑后，能够回学校学习，学校和老师能加强教育、感化，家长能积极配合挽救，也许就不会再走上违法的道路。

作家雨果说："多建一所学校，就少建一座监狱。"《中国青年报》曾就某地因城建规划遭遇大规模拆迁后，30多所打工子弟小学被关停或即将关停事件以题为《每关闭一所学校，就可能增加一所监狱》进行报道。《国家中长期教育改革和发展规划纲要（2010—2020年）》强调，"坚持以输入地政府管理为主、以全日制公办中小学为主，确保进城务工人员随迁子女平等接受义务教育。"关爱留守儿童，预防未成年人犯罪是政府、学校、家庭的共同职责，需要各方密切配合，形成合力，共同担当。

（五）加强家教指导，提高家教水平

学校只管教育学生，不管教育家长是当前普遍存在的客观事实。多年来，各校都把"家长学校"的牌子挂在学校显眼的地方，但真正为家长上过几次课，做过几场家教专题报告呢？我想各校都心知肚明。家长是孩子的第一任老师，家长自身的文化修养、道德认识、言行举止和家庭文化熏陶对孩子人格的塑造是极为重要的。例如，前面案例三中卢×的母亲在开庭审判时，不是去教育孩子，而是在法庭上大哭大叫，想通过这种形式求得法官的同情。

更可怕的是，卢×居然有一个把亲生大儿子杀死的父亲，父亲杀死大儿子仅仅是因为一张手机卡的事。所以，加强家教指导，提高家长素养、家教水平，应当成为当前学校德育工作的重要组成部分。

首先，学校要办实办好家长学校，通过家长学校帮助家长树立“父母是孩子的第一任老师，家庭是预防未成年人犯罪的第一道防线”的意识，明白立德树人、孩子成才先成人的道理。通过家长学校引导家长对孩子进行正确的家庭教育，教育家长对孩子从“管吃、管用”向“管教、管导”过渡，由“重智轻德”向培养整体素质转变，特别要注重法律、道德规范方面的教育，注重对“合法的”与“非法的”辨别能力的培养。其次，学校也可以组织家教知识测试或竞赛，努力创建亲子学习型家庭。第三，学校要规范家长会，建立家校联系卡，加强学校与家庭的联系和沟通，为家长解答有关家庭教育方面的疑难问题。比如，有位老师通过家校联系卡给一对离异夫妻写了一段温馨的寄语：

作为抚育子女一方的父或母，本应尽早从离异事件中走出来，认真安排新的生活，稳定情绪，振作精神，用更多时间考虑如何肩负教育子女的重任，不要将父母之间的矛盾延续到孩子身上。任何情况下，孩子都希望同时拥有一个关爱自己的爸爸和一个关爱自己的妈妈，孩子是离异父母以往和谐相处的结晶，父母共同关心孩子的成长，效果要比单亲抚育好。作为孩子的父母，应该共同协商，努力为孩子创造一个和谐幸福的成长环境，以利于其心理疾病的治疗及今后的健康成长和心智发育。希望父母双方遇事冷静处理，多从孩子健康成长的角度去考虑和解决问题，将离婚对孩子的影响及伤害降至最低。

（六）实施意志磨砺，增强抗诱能力

随着社会和经济的发展，现在很多孩子生活在“蜜罐”中，饭来张口，衣来伸手，缺少吃苦耐劳的意志磨砺。有些孩子单纯的灵魂世界过早地被一些不良社会现象入侵，以至于现实中出现以下现象：小学生为表达友谊随便赠送同学百元钞票；小学生毕业留言本上写着“将来做大官，赚票子，娶靓女，一个都不能少呀”；小学生作文竞赛写婚外恋，“她低头走进车厢，木质的地板发出呻吟……”“只有这时候她才能贪婪地看他。”“男孩给心仪的女孩写情书，然后一起在挣扎中甜蜜。”“她忘记了自己美不美，忘记了自己可不可爱，忘记了一切，却忘不了他。他已经成为她心中的一切。”……

据城厢区法院少年刑事审判庭统计，60%至70%的少年犯罪案件属于团伙作案，多数犯罪少年意志薄弱，容易被外界诱惑。案例一的被告吴××，就是在网吧中听从一同伙提起去抢一部手机玩玩才走向犯罪的。所以，学校要加强学生意志的磨砺，在形式多样的实际锻炼中培养学生的自我控制能力，提高修养水平。学校在推行赏识教育、成功教育，让学生在体验成功喜悦的同时，有必要对学生进行挫折教育。可以模拟生活中的逆境，培养学生胜不骄、败不馁的品质，让他们认识到人的一生会遇到很多挫折，关键在于自己如何正确地认识和对待它，要有战胜挫折的勇气与信心。文章《令中国妈妈吃惊的日本幼儿园》中说，“日本幼儿园的孩子，冬天无论多么冷的天，都穿短裤上学。田田刚入园时，三天两头就冻病了。我向日本妈妈抱怨，结果人家说：‘送孩子到幼儿园就是来让他们得病的。’看看一个个像小炮弹一样冲到我面前说‘你好’的日本孩子的结实劲儿，我觉得我们不能太金贵孩子了。”中国工程院院士钟南山总结教孩子做人的六条科学方法，其中有一条是“培养孩子的抗挫能力”。学校可以结合实践活动课程，通过社会实践与研究性学习，让学生认识到现实世界和理想世界间总是存在着差距，要在具体实践中锻炼意志。

孩子是父母生命的延续，更是民族的希望与未来，为了千千万万家庭的幸福，为了社会的和谐发展，每一位教育工作者都要把未成年人的思想品德教育作为第一要务。

千教万教教人求真，千学万学学做真人。

模块三

教师教学技能

多年来，粉笔字、钢笔字、毛笔字、简笔画、普通话一直被认为是教师教学的首要基本功，提到教师的教学技能更多的就是指“三笔一画一话”。不可否认，高水平的“三笔一画一话”对教师的教育教学工作可谓有百利而无一害，但好教师不一定要具备“书法家”和“播音员”的专业水准。时代发展和教育改革需要教师具备更加全面、深厚的专业素养，现代社会背景下，教师的教学技能、教学基本功被赋予许多新的内涵。福建省教育厅明确提出，中小学教师岗位练兵主要内容包含口头表达与书写、实验操作、教具制作和课件制作、教学设计、课堂教学、说课、评课、试题研究、教育教学研究、德育工作等十项。而当前市面上有关教师培训的书籍多是重理论轻实践、重教学轻方法，具有实战性、实练性、实用性且“接地气”的内容不多。所以，这几年我针对中小学教师教学技能训练项目做了系统的专题研究，本模块就教师如何评课、说课、片段教学、做课题研究、撰写教育教学论文等五项内容，结合典型案例，进行有针对性的、比较系统的分项阐述与引领。

专题 08

评课的实践与思考

不管是过去还是现在，听课、评课均是教师参与最多的教研活动。听评别人的课和被人听评课几乎伴随每一位教师的专业成长，现在也是中小学教师中级职称晋升教育教学能力测试必考的内容。因此，研究如何听课、评课，提高其助推教师专业发展的有效性，实在是一个很值得深入探讨的课题。

听课、评课，既属于教学活动性质，又属于教研活动范畴。从教学活动层面讲，它与备课、上课联系起来，构成一个完整的教学活动体系：备课—上课—听课—评课。备课是教师的课前准备和计划，上课是教学预设的实施过程，听课是观察课堂教学活动状况，评课（自我分析）则是教学实施后的反思与评价。从教研活动层面讲，评课与听课联系起来，是听课的继续，是在参与者共同感受和搜集课堂教学信息的基础上，围绕大家共同关心的问题进行对话、反思和探讨，构成“听课—评课”教学研究活动系列。

一、 评课的主要功能

很多老师会有这样的体会：参与了评课分析，听课后的点滴感悟会更加清晰，甚至豁然开朗。同行聚在一起，各抒己见，收获自然比个人听课、独立思考多得多。

对上课、听课、评课三方不同的活动主体来说，评课的功能有所不同。

（一）对执教者的主要功能

1. 得到中肯评价——激励功能。

无论在什么场合，执教者辛辛苦苦上课给大家看，一般都会发自内心地希望得到中肯评价，这是人之常情。评课应充分肯定教师的教学努力与优点，发挥其激励功能，有时，它对稳固某些教师的专业思想，唤醒其胜任内驱力，也具有一定的功效。

2. 引发回顾分析——反思功能。

当局者迷，旁观者清。课前考虑再周全，课中应对再稳妥，执教者仍可能有尚未意识到的地方、没有觉察的纰漏。评课常常能唤起执教者再现课堂场景与教学事件，体悟得失，可以起到帮助执教者反思教学的作用。

3. 吸取有益建议——集思功能。

评课者对教学设计与实施提出种种不同的处理方式或应对方法，执教者可能从中获得许多宝贵的启示。

（二）对听课者的主要功能

1. 感悟教育理念——理解功能。

评课在很大程度上是一种教学案例分析。评课者在案例分析过程中恰如其分地渗透教育理念，用鲜活的感性事例来阐述原本抽象、空洞的教育理念，这对于多数教师理解教育理念是非常有帮助的。要使普通教师真正感悟一些前沿的教育理念，产生移植成功经验的欲望，光凭说教、号召，效果甚微。结合评课阐明，则容易使听课者入耳、入心，听课者也更容易将其转化为自己的教学行为。

2. 启发研读教材与研究学生——启示功能。

教材内容是经编者浓缩后的知识载体，具有简练性。对于相同的课题，不同的教师在解读、处理时会有不同的见解。不管是观摩课、公开课，还是家常课，只要听课者不是抱着挑剔的心理，而是以研究、学习、反思的心态去观摩，则都能获得很多启示。

3. 借鉴成功的经验与有益的教训——吸纳功能。

虽然整节课的师生活动不可能再在其他班级中完全复制、重现，但是教学方法和策略还是可以观摩并共享的。执教者的成功与失误、经验与教训，都值得吸纳、消化，成为丰富自身教学经验、提升自身教学智慧的鲜活案例。

（三）对评课者的主要功能

1. 引起深入思考——思辨功能。

有了评课的意愿或任务，听课自然更加投入，边记边想，联想、分析、评价。听课时的一系列思考，对于评课者而言，无疑是一种“思辨体操”。

2. 促进整理归纳——梳理功能。

为了理出评课的头绪，必须及时整理、归纳要讲的内容，还应当尽可能地概括、提炼执教者执教的特点、亮点，找出欠缺，如哪些问题值得商榷，怎样表达等。这个过程能促进评课者及时梳理听课材料。

3. 提高专业水平——提升功能。

一次次的评课历练，对于提升评课者的专业素养，尤其是专业的观察能力、分析能力和评价能力，具有显著的功效。对于教学管理层面的评课者来说，还具有获得指导教学的发言权和提升课程教学领导力等功能。

以上分类只是为了便于展开讨论而搭建的一个框架。事实上，针对一方主体而言的功能，另外两方主体同样能够获益。

二、 评课的主要形式

评课的形式有很多，我们要根据实际情况确定评课的形式。

（一）个别面谈式评课

个别面谈式评课，就是一两个听课者与执教者面对面地单独交流。这种方式更容易进行双方沟通，有利于保护执教者的自尊心，探讨问题也会更直接、深入。

（二）小组评议式评课

这种方式一般适用于教研组或学校举行的研究课、展示课之后的评课，也算是小范围的评课。

（三）对话互动式评课

对话互动式评课，就是执教者、听课者、评课者三方在尊重、平等、融洽的氛围中，通过对话分析课堂教学，在思维碰撞中互相交流，共同研究解决问题。这里有执教者与听课者之间的对话、执教者与评课者之间的对话、听课者与评者课之间的对话。

（四）师生评议式评课

这是一种师生互评的方式，执教者评议学生的学习态度、学习方式、参与程度、学习效果和知识技能掌握情况等，学生则评议执教者上课的精神面貌、教学效果、自己学的情况等。

（五）自我剖析式评课

评课作为常规教学活动，它与备课、上课构成一个完整的教学活动体系。现在流行的说法是“经验＋反思＝专业成长”，就是说课后反思是教师专业成长的必经通道，教师要常做课后分析，剖析得失，总结提高，修正优化。

（六）问卷调查式评课

即用问卷的形式评价执教者的课堂教学效果，可以向听课者，也可以向学生调查。组织者一般要事先设计好问卷调查表或课堂教学情况评价表。

（七）书面评课

口头评课受时间、空间、人员等多种因素的影响。有些不便在公开场合进行的课堂教学评价，可以通过书面形式表达听课者的见解。这种评课方式在教育教学能力笔试、教学技能比赛中尤为常用。

（八）现场短信、微信评课

即听课者在现场听课过程中将自己的所思所想、碎片化感悟，形成简短的文字，利用现代化信息技术即时发送到手机短信、微信平台上进行交流分享。

三、 评课的基本策略

（一）充分挖掘亮点

法国著名雕塑家罗丹说：“生活中从不缺少美，而是缺少发现美的眼睛。”课堂教学也是这样。评课是教师的一种专业对话与合作研究活动，评课者理应抱着虚心学习、理解和共同探讨的态度，用心观察，体悟课堂，发现教学及其执教者的独特性，挖掘闪光点；应以学科教学的专业眼光，审视教学的真实过程与师生行为，发现其价值与原因，充分发挥评课的激励功能。

评课时主要可从两方面挖掘课堂教学的亮点：

1. 教师的亮点。

评课历来比较关注教师的教，因此对于教师的亮点，比如教学设计中某些环节、某项活动、某种方法手段的独到之处，突破难点的招数以及教师的课堂调控、个人特色等，一般都能给予肯定并展开分析。例如，一位老师教学“求一个数是另一个数的几倍”时，在简单导课后，进行了下面的一段教学：

屏幕上出示排列整齐的6只兔子和12只猴子（猴子平分为两排）。

师：谁能用一句话来表示这12只猴子和6只兔子的关系？

生：猴子的只数比兔子多6只。

生：兔子的只数比猴子少6只。

生：猴子的只数是兔子的2倍。

师：猴子的只数是兔子的2倍，你是怎么知道的？

生：我是看出来的，兔子一排6只，猴子有两排6只。

教师跟随学生的回答，在屏幕上把6只兔子和每6只猴子分别圈一圈，并说：这位同学是用"看"的方法，直接看出来的。

接着，教师把屏幕上的猴子换成无序排列的18只。

师：现在猴子的只数是兔子的几倍呢？还容易看出来吗？

生：不容易看出来。

师：那怎么办呢？请用你喜欢的方式表示出来。

学生在练习纸上独立做了片刻，教师组织反馈。

生：我是6只猴子圈一圈，圈了3圈，所以猴子的只数是兔子的3倍。

教师跟随学生的回答，在屏幕上把每6只猴子排成一排，排了3排，每排圈一圈，圈了3圈。

生：18÷6=3，所以，18是6的3倍。

师：要求18只猴子是6只兔子的几倍，其实就是求什么？

生：要求18只猴子是6只兔子的几倍，其实就是求18里面有几个6。

师：刚才求18是6的几倍，有用"圈"的方法，也有用"算"的方法，你喜欢用什么方法？（学生有选择"圈"的方法，也有选择"算"的方法，教师并没有肯定哪种方法好。）

教师再把屏幕上的猴子增加成无序排列的48只，说：现在猴子的只数是兔子的几倍呢？请用你喜欢的方式表示出来。

师（二十几秒后）：有答案了吗？

大部分学生举起手，只有两三个学生没举手。教师问没举手的学生：为什么不举手呢？

生：还没画完。

教师问举手的学生：你们是怎么得到答案的？

生：48÷6＝8，所以猴子的只数是兔子的 8 倍。

师：如果猴子的只数是 480 只，你们还会用画圈的方法吗？（众生摇头）

针对以上片段，评课时一位老师概括出三个亮点：一是在自主探索中突破教学难点。学生画圈的过程是感知“倍”的过程，通过画圈初步建立了“求一个数是另一个数的几倍”的表象，画圈的策略很好地突破了教学难点。二是在认知冲突中内化提升策略。随着猴子数量的逐步增加，问题情境的逐步复杂，画圈的方法出现了局限性，诱发了学生探索解决问题新策略的内在需要，从而促使学生主动优化，认识用除法“算”问题的优势。学生在经历由“看”到“画”、由“画”再到“算”的过程中，逐步内化、提升解决问题的策略，完成了数学模型的建构。三是利用现代手段提高教学效度。借助课件化静为动、化无声为有声、化抽象为具体，帮助学生直观地理解“求一个数是另一个数的几倍”其实就是“求一个数里包含有几个另一个数”。

2. 学生的亮点。

课堂教学常常不是因为老师的出彩而精彩，而是因为学生的出彩而精彩。很多情况下，掌声不是送给老师的，而是送给学生的。课堂上，每一个学生的学习表现，不管是倾听、回答、质疑，还是实验演示、习题解答，都有可能向我们展示一幅幅充满个性色彩的生命画卷，关键在于教师要善于去发现、去欣赏。

例如，一位教师在执教“平均数”时，出示一张城市交通拥挤堵车的照片，提出问题：我市市民早上上班平均每天堵车 20 分钟，猜一猜，近三天每天可能分别堵车多长时间？根据学生的猜测，教师分别板书几组数据：10、10、40；15、20、25；20、20、20；18、20、22；10、20、30。接着教师问：“你们猜测的平均每天堵车是 20 分钟吗？能解释吗？你要怎样向大家解释清楚？请你们在纸上表示出来。”几个学生用图 8-1 所示的不同形式做了解释：

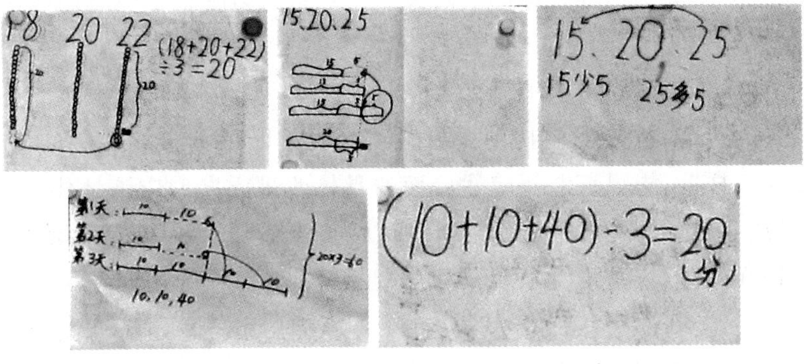

图 8-1

学生凭借自己的生活经验和认知方式，个性化地解释了对“平均数”含义的理解，并在阐述、交流中共享智慧，特别是很多学生借助几何直观形象地渗透并理解了“移多补少”的数学思想和“先合后分”的解题策略。学生的亮点点燃了教学相长的火花，听课的教师无不受益匪浅。

示范课、观摩课、公开课都是经过精心预设的，亮点比较多，评课时可能赞声一片。学校平时的听课、评课活动和普通教师的家常课，虽不可能课课都有出其不意的惊喜，但也应该并且可以透过平淡无奇挖掘出一些值得品味、分析、借鉴的亮点，实现各方共赢共享。

（二）中肯提出意见

充分挖掘亮点，并不是要让评课成为“捧课”“唱赞歌”，“捧课”不利于教师正确地认识自己，改进教学。强调评课的激励功能，并不排斥评课时坦诚不足、探讨问题。友善地、有理有据地指出不足和问题，合情合理地出主意、给建议，能真正帮助教师发现问题、认识问题、解决问题，增加听课、评课的研究价值。

1. 真诚对话。

评课应该是一种沟通、交流的专业对话。提意见、给建议要让教师听得进，愿意接受、采纳。强调对话，不仅是消除评课时专家、领导的“话语霸权”，创设民主、平等教研氛围的需要，也是外显教师“内隐思维”，相互沟通、消化意见的需要。只有让教师能够不断地发表自己的想法、见解和困惑，暴露课堂教学行为背后内隐的观念、假设，才能在追问、质疑等过程中，达成不同主体间的“视界融合”，形成共识或相互理解。城厢区小学数学教研活动近年开设的短信、微信评课平台，就是要让更多的教师有参与“言说”与对话的机会，消除面对面评课的心理障碍，通过只言片语实现真诚对话。

2. 透彻号脉。

对普通教师来说，需要有人点拨方向，更需要有人指明路径。所以，评课要透彻号脉，剖析问题要切中要害，就是说，既要分析该课例的实然层面“现在是什么样”，指出该课例应然层面的具体改进方向“应该是什么样”，更重要的是还必须从操作技术层面解决“可以怎么做”，并从教学本源层面揭示“为什么这样做”。这是最受一线教师欢迎的理论联系实际的评课。

例如，一节新课“认识几分之一”，老师们在充分肯定该课亮点的同时，也普遍认为“巩固练习”有走过场的感觉（“病症”），指出：练习设计过于追求多变、多样（“现在是什么样”），为完成预设项目，练习实施时只能匆匆忙忙赶进度（“病因”）。还有教师深入剖析了其中的一道练习（“病灶”）：折纸，涂上阴影表示$\frac{1}{4}$。学生出示各自作品后，可惜教师没有加以小结、概括。最后，组织者进一步建议（“处方”）：可以删减一些题目，在概念本质、练习深度上提升（“应该是什么样”）。例如，可以在黑板上贴出学生的作品（如图 8-2），再通过跟进追问（“可以怎么做”）：为什么不同的图形、不同的等分方法，都表示$\frac{1}{4}$？从而突出图中阴影部分都占图形整体$\frac{1}{4}$的共同特征。这样一来，学生对$\frac{1}{4}$的本质理解得会更透彻（“为什么这样做”）。

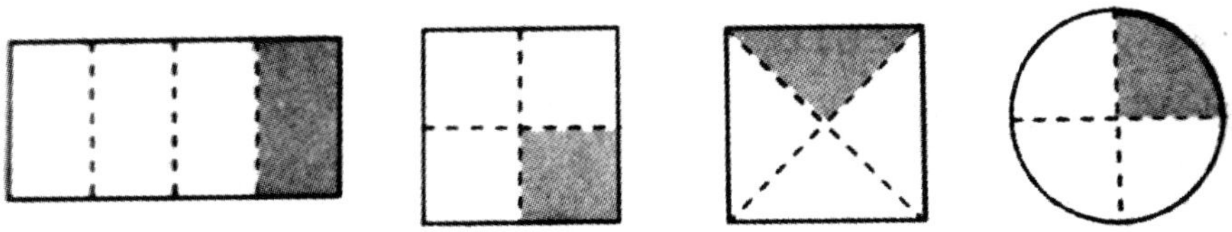

图 8-2

可见，针对具体问题，讲清“现在是什么样”“应该是什么样”“可以怎么做”“为什么这样做”并不十分困难。这个案例，也让我们感受到了“真诚对话”与“透彻号脉”的必要性与可行性。

（三）注意突出重点

评课注意突出重点与课堂教学突出重点是一脉相承的。

任何一节课，都会有很多值得分析、探讨的优点与不足，但是一次评课不可能解决所有问题，因此，每次评课都应当注意从实际出发，选择若干切入点，突出评课的重点。例如，探究与接受、预设与生成、认知与情感、群体与个体、现实情境与学科本质等，都是目前评课时经常讨论的热点话题，教师可以选择其中的某些作为切入点。传统的话题，如因材施教、温故知新、教学对话、练习设计与实施等，在课改背景下，也可以与时俱进，增添新内涵，作为展开分析的切入点。又如，针对福建省第二届中小学教师教学技能大赛评课项目，不同的学段就有不同的切入点要求。高中要求从教学理念、教学实施（教学设计）、教师教学基本功三个方面进行评析，初中要求从教学目标、教学实施、教学效果三个方面进行评析，小学则要求从教学设计、教学效果、教师教学基本功三个方面进行评析。

评课时的畅所欲言，常常会令我们赞叹教师群体所蕴藏的想象力和创造力是无穷无尽的。所以，即便每个评课发言的个体都注意了突出重点，但你一言我一语汇集在一起，仍然可能出现众说纷纭、莫衷一是的情况。这就需要评课组织者加以适当调控，也需要执教者和其他评课参与者正确对待各种不同的意见、看法。

就是说，一节课应有所取舍。有所为，有所不为，或以后再为，本是教学的自然之道。你的课堂，你做主！

（四）力求深入浅出

深入浅出是教学的基本原则，也是评课的基本策略，它是指分析见解深刻，语言表达浅显易懂，这样的评课才能深受教师的欢迎。

用数学教师的语言来说，“深”不妨理解为未知的、抽象的、理性的，“浅”则可理解为已知的、具体的、感性的。于是，“深入浅出”就相当于数学中的“转换”或“化归”，即换个角度或跳出来思考问题，从而实现化未知为已知、化抽象为具体、化理性为感性的合理转换。数学教师用于问题解决的转换策略，也可迁移用来评课。

四、 评课通常存在的问题

（一）模式化的评课

有的教师背一些条条纲纲，不管听什么类型的课，谁上的课，教学效果如何，全套用这些条条纲纲。例如，套用“数学问题情境化”“教学内容生活化”“突出学生的主体地位”“注重数学的应用性”等放之四海皆准、形式雷同的观点。又如，一位老师在评厦门李鹏老师执教的“集合”一课时，写了以下六个亮点：一是教学思想新颖深刻，二是教材处理准确恰当，三是教法选择科学合理，四是教师语言亲切幽默，五是师生关系和谐融洽，六是教学效果显著高效。粗看，评课稿内容全面、观点鲜明、结构合理；细读，通篇评课内容比较空洞。比如，第五点“师生关系和谐融洽”的具体内容是这样的：“李老师重视学生在课堂教学活动中的主体地位，充分放手让学生操作、讲解、演示，努力创设了宽松、民主、平等的课堂教学氛围，使整节课师生关系和谐融洽，体现了他较高的教学艺术。”显然，这几句话放在不同学段、不同学科都可以，缺少针对性，有说没说没什么区别。

评课要提炼要点，但不能机械套用，教师要根据课的特性、教学内容的特点和教学实施的具体情况，进行有针对性的评价。

（二）有理论没分析的评课

评课需要一些理论的支撑。评课要对课堂教学实践进行必要的总结、概括与提炼，能为教师有的放矢地反思教学行为提供认识依据，对理性思考有启迪作用。但是，有的教师片面地理解评课中理论的作用，总喜欢在评价每一个具体教学事件的前后引经据典，套用一些理论、拿出一些名人名言、喊一些口号，通篇下来光谈大道理，常常让执教者摸不着头脑，问题无从解决，不足也无从改起。要知道，老师喜欢的是就课论理，既依据理论，又基于学科，把普适性理论置于具体学科、具体课堂教学背景中，这样的评课分析也能更加深入、生动，大家的收获也会更大。

（三）面面俱到的评课

一节课要评价的方面是很多的，有教学目标的制定、教学内容的确定与呈现、教学方法的选择、教学结构的设计、教学目标的达成等。如果每一方面都说一些，结果说了七八点，不痛不痒，反而没有什么用处。有的老师又喜欢按照一节课的教学顺序来评，开头怎样引入，中间怎样展开，怎样组织练习，最后怎样小结，一直说到课的结尾布置作业，结果听的人不明白这节课的亮点到底在哪里，问题在哪里。评课时要找准切入点，选择有研究价值的三四个方面来展开，归纳要点，突出重点，以点带面，揭示令人深思之处。评课优点以三四点为宜，问题与建议以一两点为好。

（四）吹毛求疵的评课

教学是遗憾的艺术，真实的课堂总会留下些许缺憾。教学中出现一些弯路、插曲，甚至失误等，都是常态，无伤大雅。但是，有些老师评课时喜欢抓住一个字、一个符号、一句话、一个动作的不当或失误大做文章，甚至抓住一个细节问题，进而提升到“我们追求什么样的教育”及“我们培养什么样的人”之类的高度来论述，给执教者扣高帽，这是不可取的。我们追求简约大气的课堂教学，教学评价也应该宽容、大气，以学习、欣赏的心态来看待每一节课。

此外，现实中还常存在没有明确观点或蜻蜓点水式的评课。

五、怎样撰写书面评课稿

近年来，在教学技能比赛或教育教学能力笔试中，大多采用书面评课的方式，就是先看一节现场课或视频课，然后写一份评课稿。所以，写好一份评课稿是教师的一项重要专业素养。写好评课稿需要一定的技巧。

（一）先写总述

就是在具体剖析课堂教学的优缺点前，言简意赅地写几句导语，对课的大体情况做一个概述。一般100—200个字较合适。例如，一位老师在撰写徐斌执教的“解决问题的策略——列表”的评课稿时，是这样总述的：“纵观徐斌老师的整节课堂教学，可谓别具一格、独具匠心。徐老师能根据学生的认知规律，立足学生的发展，精心设计教学活动。教学过程既关注学生知识的理解和技能的掌握，也重视思想方法的渗透、活动经验的积累和良好习惯的培养，注重整体课程目标的落实。”

（二）再写亮点

阐述课的亮点是评课稿的主体部分。评课者要纵观全局，认真体悟执教者的教学特色，选择合适的视角与切入点，概括、提炼课堂教学的亮点，站在理论的高度，结合具体实践，深入分析课堂教学，有理有据，切忌空谈。阐述的观点要鲜明，概括性要强，论据要有说服力，切忌笼统。一节课的亮点写三四点为宜。

（三）后写缺点

要想增加评课的研究价值，就不应回避听课中发现的问题。指出一节课的不足应该有所选择，不宜多，一两点即可，最多三点。缺点非说不可的必说，可说可不说的不说，切不可吹毛求疵。阐述缺点后，最好提出解决问题的建议。

（四）评课稿标题的拟定

评课稿的标题也是有讲究的，好标题能起到吸引读者、打动读者的作用，可以直截了当，如《评“××”一课》或《观“××”一课有感》，也可以用主副标题的表达方式，概括性地表述评课的视角与切入点，例如《在动手操作中完成知识的建构——评“三角形的特性”一课》《从“四基”目标落实的角度来解读——评“圆的面积”一课》或《自主·快乐·扎实——“祖父的园子”评课》等。

评课比赛（包括看视频）的时间一般是60至70分钟，在有限的时间内怎样写出一份完整的评课稿呢？最基本的策略就是边听边记边想，边梳理边概括边提炼。在听的过程中，将触动你的亮点上升到理性层面进行认识，形成鲜明的观点，对存在的问题即时想出该怎么做会更好，这样撰稿时就有了基本思路。

课堂教学评价，是一项科学性、专业性很强的工作。它需要有一定的教育理论、学科专业素养和教学实践作为支撑，又在一定程度上要依靠经验、感悟与直觉，更多的是需要体悟的默会知识。同时，评课是一种说服的艺术，说服是一种技巧，说服是一种智慧。善于说服别人，首先应善于说服自己。所以，只有深入实践，反复尝试，才会做出比较切合实际的教学判断与评价，在这里，需要细心、耐心、入心。

专题 09

说课的实践与思考

说课是教师针对某一特定的教学内容，在备课之后或上课前后，把自己在备课过程中对教材的理解、教学目标的制定、教学重难点的确定、主要教法与学法的选择、教学活动设计的基本思路及其理念与依据，告诉同行。说课能很好地反映出说课教师的专业能力和综合教育素养，反映出教师对教育理念的落实、教材的理解、教学法的选择、教学活动的设计和执行能力。所以，说课作为一种重要的教学研究方式，近年来得到了广泛的运用和发展。

一、 说课的类型区分

说课，作为教学研究活动的一个有机组成部分，因其活动的目的、要求不同，常有不同的分类方法。从服务于课堂教学的先后顺序区分，分为课前说课（预测型说课）和课后说课（反思型说课）。从实际情况看，课前说课是主要的说课方式，本专题主要谈及的是课前说课。从选题的角度区分，可以分自选课题说课和规定课题说课。自选课题说课就是由说课教师自由挑选说课内容进行说课；规定课题说课则是由某一方为说课教师指定某一教材内容进行说课，一般多用于招聘、考核等场合。从选用媒体的角度区分，可以分为选用多媒体说课和不选用多媒体说课，招聘、考核等场合一般不选用多媒体说课。从准备时限的角度区分，有长时间准备说课和短时间准备说课两种形式。

二、 说课的内容与策略

说课应该说清楚“教什么”“怎么教”和“为什么这样教”。“教什么”就是说教材内容（教学内容），“怎么教”就是说教学过程，“为什么这样教”是说教学理念，说教学方法、学习方法的选择与依据，说各个教学环节设计的意图。不管是哪种类型的说课，一个完整的说课通常都应包括以下几个方面的内容：

（一）说教材内容

说教材内容，就是说课者要读懂教材，明确教材的编写意图、教材内容的知识点和知识结构，具体到较系统地阐述本节课教学内容在教学单元乃至整本教材中的地位和作用，以及与其他单元或其他教学内容乃至其他学科的联系等，围绕课程目标对教学内容的要求以及学生具体情况制定教学目标，确定教学重难点以及课时的安排等。一般说来，说教材主要包括以下几项内容：

1. 分析教材。

（1）教学内容是什么，包含哪些知识点。要求先具体交代教材内容是什么版本教材第几册第几单元第几节，课时是什么，再说明在教材第几页，例题有哪几道，相应的练习题是哪几道。（2）教学内容在教材中的地位、作用、意义和前后联系，即所教的教材的基础是什么（联系以前，“来龙”），学了本节内容对以后有什么作用（“去脉”）。（3）教学内容在编写上有什么意图与特点，即对教材体系的把握，要说说编者的意图，准备题、例题、习题的设计意图，编排的思路以及本部分知识本身有什么联系。（4）教学内容的重点、难点、关键及其根据。

2. 学情分析。

如果说分析教材属于分析认识的客体，那么当然也要对认识的主体——学生进行分析。教师教学应该以学生的认知水平和已有经验为基础，因此进行学情分析是十分必要的。

3. 制定目标。

教学目标是教学活动的出发点和归宿，是优化课堂教学的前提和保证。说目标，要从“四基”的角度，就学习内容的教与学的目标要求进行分层化解。目标要具体、全面、明确、切实可行，体现课程目标的整体性。

4. 课时安排。

根据教材的编写思路和结构特点，充分考虑学生的认知水平、生活经验和年龄特征，对所选内容或课题提出合理的课时安排并阐述这样安排的依据。

5. 教具、学具（略）。

说教材内容是说课中必须具备且重要的一个基本环节，但是必须简要地说。对于知识点的分析、前后知识间的联系、教学目标和重难点等内容，简明扼要地介绍即可，没有必要占大篇幅、花大力气。为了节省时间，我们有必要将其中众多的环节进行整合，例如对知识点、知识结构和学情分析综合阐述。所以，说教材内容要注意适当整合，努力做到简洁。如果有多媒体，建议适时将教材原文、原图呈现，说课中再辅以文字说明，既能有效达到说好教材内容的目的，又能节省大量的时间，事半功倍。

（二）说教法选择

说教法，就是根据本节教学内容的特点、教学目标和学情，说出选用的教学方法和教学手段，以及采用这些教学方法和教学手段的理论依据。

教学方法的选择往往受教材内容、学生特点、教学媒体、教师教学风格和授课时间的制约。教学方法是多种多样的，但始终没有通用的方法，“教学有法，教无定法，贵在得法”就是这个道理。在说课中，教师有必要把采用哪些教法、为什么要运用这些教法、有什么理论根据等说出来。

小学数学常用的教法有启发谈话法、启发讲解法、启发引导法、尝试法、发现法、探究法、师生合作法、直观演示法、动手操作法、类比法、分层推进法、分层归纳法、迁移法、转化法、创设情境法、故事激趣法、游戏激趣法、悬念激思法、设疑解惑法、目标导控法、图解分析法、反馈法、练习法、竞赛法等。

（三）说学法选用

教学方法实际上包括教法与学法两个方面。所以，学法的选择同样受教材内容、学生特点、教学媒体、教师教学风格和学习时间的制约。说学法，就要认真分析并把握学生已有的认知水平（含学习方法和技巧）和生活经验，说出学习过程中应重点关注、指导学生掌握哪些学法，为什么要指导这些学法及理论依据是什么，学法指导的具体安排及其实施途径如何，在最大限度调动学生的学习积极性与主动性方面有哪些设想。选好学法有助于解决“怎样学”的问题。

小学数学常用的学法有自学迁移法、自学尝试法、指导自主法、发现法、动手操作法、观察法、实验法、讨论法、分类比较法、综合分析法、列举（枚举）法、练习法、推理归纳法、不完全归纳法、游戏学习法、合作学习法、验证法、转化法、假设法、归谬引证法、筛选法等。

教法与学法是教师组织教学和学生开展学习的两种不同活动的反映，它们既相辅相成又相互促进。教师是教的主体，学生是学的主体。说教法与学法，实际上就是解决教师的“教”如何为学生的“学”服务的问题。

教法与学法的选择一般是一节课以一法为主，多法为辅。教法和学法如果只用一种就显得单调，太多了，又觉得老师在耍魔术，搞花样，故通常以两三种为好。

对于教法和学法的描述，通常先要写出具体名称，再写选用各自方法的理论依据，也有先对理论依据、教学内容特点、学情等做简要表述，再说出具体用哪种方法。各种方法怎样运用在说教法、学法环节不要说得太具体，否则会占用过多的时间。说课的重点要放在说教学过程中，结合教学过程再叙述该怎样运用某种教法与学法。

说教法选择与说学法选用有时也可以合并成一个基本环节。

（四）说教学过程

说教学过程是说课的核心内容，是说课的重中之重，要说清楚每个教学环节的安排及其理论依据，体现各自的教学特色。先要突出、鲜明地阐述教学过程的整体设计思路，例如，探究发现式的教学设计思路一般可以表述为：创设情境—提出问题—猜想与假设—实验验证—解释与结论—巩固运用。说好教学过程要解决下面几个问题：（1）先要备好课。备好课是说好课的基础，没有备课的说课是空中楼阁。好的说课一定是建立在教学设计好、教学实践好的基础上。新颖的设计加上精彩的叙述，一节好的说课就具备了雏形。（2）讲细讲透教学过程。要通过对教学过程的精细解剖、细微描述，呈现给听者一个丰满、具体、真实的教学场景。具体来说，要说清楚围绕本节课知识点，创设了怎样的教学情境；根据教学目标，设计了哪几个典型的问题；针对主要的教学环节，设计了什么样的教学活动，采取了何种组织教学形式等。要避免如说教案一般，过程像流水一样，缺乏细节支撑，显得空洞、干瘪。但在讲细讲透的同时要注意把握时间，注意取舍。（3）要制造现场感。说课，就是要把想上的课活灵活现地说出来，让听者有身临其境的感觉，要通过直观、通俗的描述来营造一种逼真的虚拟教学场景。在教学内容的呈现上，注重原文、原图的原生态呈现。在教学过程的描述上，要将教学活动特别是重要的学生探究活动，从活动的要求、活动的组织、活动的效果到具体讨论问题的设计等，从细微处讲述清楚，力求营造出真实的现场感。

教学过程的层次要分明，条理要清晰。例如，新授课的教学流程可以这样安排：

第一，复习铺垫。可以只讲复习的知识点，不说具体题目，但要说一说复习的意图什么。

第二，导入新课。本部分的技巧性很强，要根据教材内容、学生年龄特点选择教法，如故事激趣法、游戏激趣法、迁移法等。

第三，进行新课。本部分是说教学过程的重点，不能简单化。要讲清楚怎样呈现例题，怎样指导学生操作、观察、自主学习，运用什么手段来突出重点、突破难点、抓住关键点等。要注意有些例题讲完不一定马上做题。

第四，巩固运用。“做一做”后，就是巩固练习，有些题目要说明其作用或意图，也可以说你是怎么组织学生练习的。此环节可安排学习质疑。

第五，课堂总结。既可以老师总结，也可以引导学生总结。

第六，布置作业。

在整个说课活动中，说教学过程是重中之重，是主体部分，它往往决定说课的成功与否。所以，我们有必要了解听者（评委）评价教学过程重点关注的是哪几个方面。一是教学过程的设计是否围绕教学目标展开，所安排的各项学习活动能否有效地为既定目标服务。二是教学内容的安排是否结合教材资源，是否富有创造性，是否贴近和联系学生生活经验，做到科学正确无差错。三是教学结构、教学节奏的安排是否合理，学习重点是否突出，难点是否得以突破。四是教法与学法的选择能否有效地调动学生学习的积极性，是否处理好教师的讲授与学生自主学习的关系。五是教学媒体的选择是否有效、实用，能否真正发挥辅助教学的作用。六是教学过程流畅，条理清晰，环环相扣，逐步深入。

大家可能已经留意到了，我在讲新授课教学过程的几个主要环节时，已经强调了说每个环节的教学设计时要说一说设计意图、价值等，也就是说，说教学过程其实包括说清“怎么教”和“为什么这样教”两件事。说课与上课相比，一个很大的不同就在于，说课除了要说清楚上课内容和怎么上课外，还要说清楚“为什么这样上”，也就是要说清楚教学行为背后的理念支撑。说教学理念，要把握好说理念的时机和频率：一是在说教学过程前或说教学过程后来说教学理念；二是在说教学过程的过程中，结合自己的教学设计，进行教学理念的阐述。说教学理念一定要简洁、直接，表达力求通俗易懂，让人一听就明白。

三、说课与备课、上课的联系与区别

（一）说课与备课的关系

不管是备课还是说课，其目的都是为上课服务，都属于课前的一种准备工作。备课和说课所涉及的主要内容基本上是一致的，教师进行教学活动前都要花费一定的时间来研究课标、教材及学情，并结合有关教学理论，选择确定合适的教学方法，设计最优化的教学过程。所以，写说课稿与普通教案都必须对教材进行分析，制定教学目标，确定教学重难点，选用合适的教学方法，设计科学、合理、可操作的教学过程。但说课与备课又存在着些许不同。

一是内涵不同。一般来说，备课是教师个体独立进行的一种静态教学研究行为，而说课是教师集体共同开展的一种动态教学研究活动，说课显然要比备课更深入、透彻、细致。

二是对象不同。备课一般是教师独立进行教学设计，不直接面对学生或教师，而说课是说课者直接面对其他教师。

三是目的不同。备课以全面提高教育教学质量和不断促进学生发展为最终目的，而说课除了具有与备课相同的目的外，还兼有提高教师队伍素质和实现教师专业化发展的目的。

四是要求不同。备课的关键是能为上课提供可操作性强、条理清晰的教学设计，一般只需要写出“教什么”和“怎样教”就可以了；说课不仅要求教师说出“教什么”和“怎样教”，还要从理论角度阐述“为什么这样教”。

所以，普通教案与说课稿有一定的区别。一是普通教案一般是直截了当地提出教学目标、教学重难点，对教学过程的设计要具体、可操作，便于上课时使用；说课稿则需要写出对教材与学情的分析，说教学过程时要有一定的理论根据，要体现每位说课者的教育教学理论水平。二是普通教案的教学步骤具体、详细，每个环节的教学内容要明确；说课稿在这些方面一般比较粗略。三是普通教案没有把教法与学法的选择单列写出，而是渗透在教学过程中；说课时一般把教法、学法的运用单列出来并进行描述，说明选用哪几种教法与学法及其选择根据。四是写教学过程时，普通教案一般只写出有关的教学内容及怎样教即可；说课稿则还要写出为什么这样教、有何依据及体现什么理念。

撰写说课稿，没有僵化的模式，不要求包罗万象，而应该详略得当，有所侧重。一般说来，说教材、说教法、说学法这三项内容要简明扼要，干净利落；说教学过程则要合情合理，切实可行。整个讲稿要前后呼应，处处体现教师教育教学理论的素养。

（二）说课与上课的关系

说课与上课有很多共同之处，但说课与上课毕竟是两种不同的活动过程，它们存在着一些本质的区别。

一是要求不同。上课主要解决“教什么”和“怎样教”的问题，让学生听懂、学好；而说课不仅要解决“教什么”“怎么教”，还要解答“为什么这样教”的问题。

二是对象不同。上课的对象是学生，而教师说课的对象是具有一定教学经验的同行和领导。

三是时空不同。上课要受时间、空间的限制；说课比上课更具有灵活性，它不受教材进度、人数的限制，大可到区域、学校，小可到教研组、备课组。

四、说课考核应注意的问题

（一）抽签定题，独立撰稿

说课考核、比赛一般是由某一方事先确定几种教材内容，参加说课的教师进行抽签。抽签后每位教师在规定的时间内（通常为40至60分钟）独立撰写说课稿，教师只能随身携带课程标准、教材（有时由组织者提供），不能携带其他材料。

（二）详略得当，灵活取舍

舍得，有“舍”才有“得”。说课考核或比赛一般是有时间限定的，说课时要主次分明，切不可平均用力、面面俱到，非要点内容要敢于、善于舍弃，要力争做到详略得当，重点内容重点说，难点突破详细说，理论依据简要说。说课时要处理好讲稿与“说”的关系，如果估计写出的说课稿内容在规定的时间内不能说完，那么教法与学法只要简单说，说清楚采用哪些方法就行了，然后在说教学过程中穿插说明怎样运用、为什么运用这些教法与学法。如果不放弃一些无关紧要的内容，说课的主体部分就没有时间呈现。如果写出的讲稿比较简单，那么在讲教学过程的时候，就要做必要的细化补充，呈现一个比较丰满、具体、真实的教学场景。一定要在规定的时间内呈现出完整的说课内容。

（三）切勿宣读，力求生动

说课不等于“读课”或“背稿”，一定要防止把“说”变成“读”，或者毫无表情地“背稿”。说课是说课教师为特殊听众（领导、同行或教学研究人员）唱“独角戏”，说课者不能按照自己写好的教案详细讲解教学过程。说课教师“唱戏”时，要求条理清楚、生动形象，语言得体、简练准确，精神饱满，尽可能脱稿，努力营造一个逼真的虚拟教学场景。

（四）虚实结合，边说边做

为了交代清楚设计背后的“为什么”，说课时需要寻找一定的理论做根基，但是，理论用多就“滥”了。我们需要慎重对待教学理念在说课中出现的时机和频率，处理好“怎么教”与“为什么这样教”的关系。为了营造逼真的教学场景，说课过程需要适当的板书，板书最好穿插在说课中进行，结合教学过程，做到虚实结合。重要的板书可以边说边写，不十分重要或突出时，可以不写。

只要围绕一个“课”字，突出一个“说”字，选准“说”法，找准“说”点，把握“说”度，相信各位教师就会把“课”说活说精彩。

专题 10

片段教学的实施策略

片段教学和说课都是对教师专业素养与教学技能进行考核或训练的形式，但两种形式的功能不同。说课重在考查或训练教师对教材的理解与思考、对教学的预设与意图；片段教学重在考查或训练教师实际课堂教学的操作能力，是截取一节完整课的某一部分来实施的课堂教学。

为了更加全面、客观地考查教师的教育思想、教学实际操作能力和教学基本功，近年来多数教育管理者在综合考虑考核的全面性、实效性、可操作性及各种成本等因素后，倾向于选择片段教学的形式。因此，研究如何有效实施片段教学，成为时下众多教育管理者和教师共同关注的话题。

根据实施教学时面对的不同对象，片段教学可分为实境式片段教学和虚境式片段教学。下面我就“虚境式片段教学”谈谈自己多年来的探索与实践。

一、 虚境式片段教学的内涵与特点

（一）虚境式片段教学的内涵

所谓虚境式片段教学，一般是截取某节课的某个局部的教学内容（体育学科可以是常态课完整内容的部分阶段），让教师面对其他教师或评委进行 10 至 20 分钟的虚拟课堂教学，以展示教师的教育思想、教学能力和教学基本功，是以考核或训练教师教学素养与教学技能为目的（如教师招聘、职称晋升、岗位练兵、技能比赛等）的一种特殊教学。它具有教研和考核的双重功能。

（二）虚境式片段教学的特点

具体来说，虚境式片段教学有以下一些特点。一是教学结构的相对完整性。片段教学也需要相对完整的课堂结构，导入、小结也是其重要的组成部分，是营造教学结构美不可或缺的要素。二是教学内容的指定性。片段教学不是将40分钟的教学内容浓缩成短课，而是由组织者选定一节课的某个局部内容进行教学。三是教学手段的聚拢性。片段教学的容量虽小，但不能因此忽视教学手段、方法的灵活性和多样性。不同教学手段的优化组合、灵活运用，是教学评价的重要指标之一。四是教学情境的准现场性。片段教学没有学生的真实存在，但要通过教师的虚拟回应和评价，使人产生学生似在现场的感觉。五是教学生成的预设性。虚境式片段教学的教学预设和生成是教师先知先觉，教师应该对学生的答案和可能的生成进行最切实际和尽可能充分的预设。

（三）片段教学与常态课教学的异同

一节常态课是一个相对完整的整体。根据系统理论，整体是由部分组成的，部分与部分之间是相互关联的，每一部分又是相对独立的。就是说，片段教学虽然是截取一节完整课的某个局部内容，但它本身又具有一个相对完整的结构，是相对独立的教学过程。所以，片段教学与常态课教学之间既有联系又有区别。

1. 相同点。

一是教学性质相同，都要进行教学预设、课堂教学实施（都有“教什么”和“怎么教”等问题）；二是教学过程相同，都具有课堂教学环节；三是师生作用相同，都是教师起主导作用，学生处于主体地位（已知场景、未知场景）；四是教学评价相同，都要追求最佳的教学效果。

2. 不同点。

一是教学目的指向不同，片段教学是为了教师的发展，常态课教学是为了学生的发展。二是教学内容选取不同，片段教学是节选一节课的部分内容，常态课教学是针对一节课的全部教学内容。三是教学方式不同，片段教学是虚拟的教学（不变数），常态课教学是真实的教学（变数）。四是教学活动不同，片段教学由教师自己完成，常态课教学由师生共同完成。五是教学时间不同，片段教学的时长通常是10至20分钟，常态课教学的时长是40至45分钟。

二、虚境式片段教学的常见误区

虚境式片段教学虽然也是课堂教学实施、课堂教学操作，但毕竟与真实的课堂教学存在明显的差异。虚拟的场景、臆造的学习活动，没有真实课堂情境的依托，没有学生真实的交往互动，常常使教师茫然失措。

（一）把片段教学与说课混为一谈

片段教学和说课是两种具备不同功能的教师专业水平考核或训练形式。说课考查教师对教材、学情的分析与教学设计，主要解决“教什么”“怎么教”和“为什么这样教”的设计问题，重在分析、说明。片段教学考查教师实际课堂教学的操作能力，主要解决“教”“学”“练”的实施问题，重在“教”的过程、“教”的效果，片段教学本质上仍然是教学。有些教师容易在片段教学中插入说课时要阐述的“我在教学中采取了什么样的教学方法”“我为什么采用这种方法”等内容。另外，片段教学与说课的对象不同：片段教学面对的是虚拟的学生，体现师生关系；说课面对的是同行，体现师师关系。

（二）教学内容选取不当

在自主选择教学内容时，部分老师把一节完整的常态课教学内容压缩到十几分钟内完成，即误认为片段教学是一节完整课的压缩。

（三）忽视师生双边活动

虚境式片段教学没有学生主体的真实参与，有些教师进行片段教学时，干脆就淡化或放弃了师生双边活动，自己一“教”到底，演变成典型的满堂灌。虚境式片段教学看似是教师一个人在唱“独角戏”，但它并非是教师在“读”或“背”教案，教师应当努力创设一种虚拟的场景，展现师生的交往互动，让听者如入真实课堂。

三、虚境式片段教学的实施策略

实际课堂教学必须密切关注学生的学习活动，以学生的学习活动来推进教学。因此，处理好虚拟与真实的关系是虚境式片段教学实施策略最核心的问题。

（一）合理虚拟活动，精心预设教学方案

有效的教学活动是教师教与学生学的统一，虚境式片段教学同样是师生共同参与、交往互动的过程。虚境式片段教学没有学生参与，教师必须通过虚拟学生的存在、虚拟学生的学习反馈来推进教学，并且要在虚拟中追求真实的课堂感。所以，教师既要关注教师的教，又要考虑学生的学。学生的学

习必须由学习任务、教师评价、教学辅助媒体（教学资源）这三个要素激发。教师在预设教学方案时，必须充分重视这些要素，使所虚拟的学生活动、应答、反馈显得真实合理，展示出自然流畅的教学过程。

请看我在进行人教版教材五年级下册“体积和体积单位”片段教学时，对“认识体积”环节的教学预设方案：

师：同学们，知道“乌鸦喝水”的故事吗？（学习任务）请你来说说这个故事。

师：这个同学故事说得真好！（教师评价）我们现在一起来看大屏幕（教学辅助媒体），一边看一边思考：乌鸦是怎样喝到水的？为什么？（学习任务）

师：谁来回答这个问题呢？请你来。

师：聪明的乌鸦往瓶子里放小石子，瓶子里的水为什么会升高呢？（学习任务）请这位同学来说一说。

师：哦，你是说，石子沉到瓶子的下面，瓶子里的一些位置被小石子占了，水位就升高了。真的会这样吗？我们来做个实验。（学习任务）

师：请同学们认真观察讲台上的两个杯子。（出示教学辅助媒体：两个水杯）这是两个同样大小的杯子，1 号杯子里倒满了水，2 号杯子里放了一块鹅卵石。猜一猜：如果此时把 1 号杯子里的水往 2 号杯子倒，会出现什么情况？（学习任务）

师：请你猜一猜。请你也说一说。

师：哦，你们都认为 1 号杯子里的水还没倒完，2 号杯子就满了。这是为什么呢？（学习任务）

生$_1$：（教师虚拟学生的回答，下同）因为 2 号杯子里的一部分位置被鹅卵石占了。

生$_2$：因为 2 号杯子里的一些空间被鹅卵石占了，剩下的空间当然比 1 号杯子的空间小，所以，能装的水也就少了。

师：刚才这两个同学讲得非常棒（教师评价），他们用了“占”和“空间”这两个词。的确是这样的，2 号杯子里的空间被鹅卵石占据了一部分，剩余的空间就会比 1 号杯子的空间小，能装的水当然就少。也就是说，1 号杯子里的水还没倒完，2 号杯子就满了。

师：我们现在来验证一下这两位同学的猜测。（教师虚拟演示）

师：结果果然与你们的猜测一样。

师：通过实验，我们发现鹅卵石这个物体是占有空间位置的，同样生活中的其他物体也是占有空间位置的。现在，请同学们认真观察屏幕上的电视机、功放机、影碟机和手机，哪个物体占的空间大？（学习任务）

生$_3$：电视机占的空间大。

师：电视机、功放机、影碟机和手机占有空间位置，讲台、课桌、我们每个人以及其他物体也都占有空间位置，仅仅是它们所占的空间大小不同而已。我们把物体所占空间的大小叫做物体的体积。（板书概念）

师：看一看，比一比：屏幕上的四个物体，哪个物体的体积最大？哪个物体的体积最小？（学习任务）

师：想一想：怎样比较功放机和影碟机（预设的资源）这两个长方体体积的大小呢？

在实际课堂教学中，对于学习任务的提出、评价的运用、教学辅助媒体的选择，多数教师都能把握自如，但在虚境式片段教学中，有些教师会出现不适应的现象。因为这些要素的虚拟，既要顾及常态课教学的需要，又要顾及虚拟教学的特定场景需要。学习任务（通常是供学生思考的问题或要求学生完成的操作）的选择要紧紧围绕与教学目标密切相关的重难点，学习任务的提出应该注意层次性和逻辑性，要能体现教师把握教学重难点和驾驭课堂的能力。教师的评价要根据课堂教学展开的需要使用，紧密指向学生的回答反馈。评价应准确、合理，彰显教师的教学智慧和语言功底。教学辅助媒体的虚拟应精当形象，要让听者听得明白。经验不足的教师容易忽略虚拟教学媒体资源的运用，使得片段教学单调空洞，缺乏真实感。

（二）追求真实效果，彰显课堂教学艺术

追求真实效果是片段教学实施策略的核心问题之一。如何在虚拟的课堂教学中让听者获得真实感，打动听者的心，获得较高的评价，这需要借鉴课堂教学艺术，做些适当处理。

1. 详略得当，促使教学过程跌宕起伏。

鉴于片段教学的时间有限，主要学习任务提出要快，重点要突出，一般一两分钟的教学导入后，就要以主要学习任务为中心组织开展层次清晰的教学，把多数时间留给教学的主要内容，并确保能在规定的时间内完成教学任务，使听者对片段教学能有一个比较完整的印象。

请看上面案例中片段教学导入的艺术处理：

师：同学们，知道“乌鸦喝水”的故事吗？（问题 1）请你来说说这个故事。

师：这个同学故事说得真好！（教师评价）我们现在一起来看大屏幕（教学辅助媒体），一边看一边思考：乌鸦是怎样喝到水的？为什么？（问题 2）

师：谁来回答这个问题呢？请你来。

师：聪明的乌鸦往瓶子里放小石子，瓶子里的水为什么会升高呢？（问题 3）请这位同学来说一说。

师：哦，你是说，石子沉到瓶子的下面，瓶子里的一些位置被小石子占了，水位就升高了。真的会这样吗？（问题 4）我们来做个实验。

教师连续提出 4 个问题，前两个问题都没有正面回答，而是分别用一句评价语和提新问题时的隐性回答做了简化处理。“问题 3”起着承上启下的作用，它的反馈不可省略，必须表达出来，教师在转述学生的应答后紧接着提出新问题，转入下一环节的教学。教师仅用 1 分钟左右的故事导入，唤醒学生的生活经验后，快速进入主要学习任务的教学，节奏把握准确。

不少教师在进行虚境式片段教学时容易受平时教学的影响，提出的问题面面俱到，或在学生活动环节停留时间过长，导致主要教学内容的时间不足，教学过程匆匆忙忙，重点不突出，难点没突破，甚至没能完成既定的教学任务。因此，在教学节奏的把握上，必须详略得当，确保教学节奏流畅，教学过程起伏有致。

2. 从容机智，自然转换师生双重角色。

在特定的考核或比赛场景下，要求教师教态自然不算太困难，但如何说出学生的回答，避免出现不自然的教学现象，这需要一定的技巧，需要教师从容机智地转换师生双重角色。一般来说，对于学生的应答，教师可采用以下两种方式来处理。

处理方式一：教师通过转述，将学生的答案清晰地表达出来。例如：

师：请同学们认真观察讲台上的两个杯子。这是两个同样大小的杯子，1 号杯子里倒满了水，2 号杯子里放了一块鹅卵石。猜一猜：如果此时把 1 号杯子里的水往 2 号杯子倒，会出现什么情况？

师：请你猜一猜。请你也说一说。

师：哦，你们都认为 1 号杯子里的水还没倒完，2 号杯子就满了。

处理方式二：教师模拟扮演。即类似单口相声，自问自答，答的时候应适当变换语气语调，做出必要的停顿，以示区别。例如：

师：哦，你们都认为1号杯子里的水还没倒完，2号杯子就满了。这是为什么呢？

生[1]：因为2号杯子里的一部分位置被鹅卵石占了。

生[2]：因为2号杯子里的一些空间被鹅卵石占了，剩下的空间当然比1号杯子的空间小，所以，能装的水也就少了。

对于上述两种学生应答、反馈的表述方式，教师可以根据教学活动的场景需要、自身表达的习惯等灵活机智地选用。两种表述方式也可以从容交替使用，就像平时人与人间的交谈会采用不同的句式一样，这样能够使片段教学的氛围更丰富灵动。

3. 拓宽思路，充分预设资源及其应答。

课堂教学是以课程资源和学生的应答、反馈来推进教学活动的。片段教学没有真实的学生存在，教师要在虚拟情境中与学生交往互动，体现课堂教学的真实感，所以教师要尽可能预设好符合教学需要的课程资源，以此来推进片段教学的进程。比如前面讲到的“体积和体积单位”片段教学，教师在课程资源的预设上可谓用尽心智。教材只提供电视机、影碟机和手机三种生活中的物体作为直观材料，教师添加了功放机。这样做，一方面可增加直观材料，帮助学生认识“体积”；另一方面在引出“体积”的概念后，引导学生比较电视机、功放机、影碟机和手机四种物体的体积大小时，学生凭直觉就能看出电视机体积最大，手机体积最小，而对于功放机、影碟机这两种形状相同、体积相近的物体，则难以准确比较体积。到底该怎样比较呢？这样就自然过渡到体积单位的学习（教材是直接提出比较两个长方体的体积大小），更容易激发学生进一步学习的欲望。

片段教学的备课时间有限，在有限的时间里教师应该拓宽思路，精心安排学习材料，尽可能设计丰富多元、精彩的学生应答，作为课程资源推进教学进程。我们来看一位语文老师在《“精彩极了”和“糟糕透了”》片段教学中，设计的一个小练笔部分：请联系母亲对小巴迪的夸赞，想一想，小巴迪在等待父亲回家的时候，想象父亲可能会怎样夸赞他。对学生的当场练笔，教师做了如下丰富多元的预设与展示。

师：有的同学这样写——爸爸一边读，一边高兴地冲我大喊：“巴迪，太棒了！真不愧是我的儿子！”爸爸喊完，用力把我高高举起，就像小时候那样。此时，我的心高兴得都快跳出去了。

师：还有同学这样写——我紧张极了，只见爸爸拿起我的诗，看了又看，紧锁的眉头忽地展开了，最后他竟朝我弹了一声响指，说："亲爱的，你的前途充满希望!"顿时，一股巧克力的甜味涌进我的全身。

师：还有同学这样写——爸爸津津有味地读着我的诗，还情不自禁地转起圈来，迎面碰上妈妈从厨房出来，他们高兴地拥抱在一起，也紧紧地把我围在他们中间。我觉得没有什么比得到爸爸妈妈的赞扬更幸福的了。

师：大家都替小巴迪想了很多很多，小巴迪是多么渴望得到爸爸的赞扬啊，他得到了吗？他的心情你能理解吗？请继续读课文第 11 至 14 自然段。

前面已经讲到片段教学有"教学生成的预设性"，就是说，备课时教师还可以预设一些生成性资源。例如，"整数乘法运算定律推广到小数"的片段教学，一位老师在简算 $1.8\times2.4+2.6\times1.8$ 时，有意写成 $1.8\times(2.4+2.6)=1.8\times4=7.2$，待课末梳理、总结运用乘法运算定律进行小数乘法简算要"一看、二想、三算、四查"时，指着上面的错误板书说："你看，老师有时也会犯错的，把 $2.4+2.6=5$ 算成等于 4，算完要是不检查，这道题就错了，那多可惜啊!"精心创设如此意外但合理的生成性资源，使课堂更富有灵气，既避免片段教学的单调乏味，也展现教师随机应变的调控能力，彰显教师的教学智慧，它往往成为片段教学的亮点。

4. 真心投入，努力营造真实教学氛围。

虚境式片段教学没有学生参与，如何营造生动活泼的真实课堂教学氛围，是每位教师都必须思考的重要问题。为此，教师应该真心投入，借助课堂教学的艺术和自身的专业功底，努力做到声情并茂地展开教学。一般来说，营造课堂教学的真实感可以从几个方面着手：一是利用教师自身语言表达素养，恰到好处地描述虚拟的场景和课程材料；二是通过交替使用学生应答的两种表述方式和适度转换学生的学习方式，改变沉闷的、单一的讲述形式；三是结合教学进程，适时自然地穿插板书，给教学留下适当的安静空间，同时也展示教师的书写基本功；四是恰当、自然地使用体态语言，努力营造与"学生"交往互动、生动活泼的真实课堂感。

（三）追求完美表现，展示个人素养魅力

要提高听者对教师的评价水平，教师就要在片段教学展示过程中将自身最优秀的一面表现出来，打动听者的心。

1. 关注形象美。

人的形象是有隐性分值的，评委或多或少会留意教师的整体形貌和着装。

要提高形象分，一是要大方，着装得体。片段教学考核不是选美大赛，也不是闲暇逛街，教师要认清自己的气质，穿适合自己的衣服，穿符合学生心目中教师审美标准的衣服，用衣着来展示职业。二是要亲和，体态自然。教师的体态语言是教师教育学生的一种工具，是教师应当具备和合理运用的一套除口头语言和书面语言之外的语言。这是非语言交际中重要的一种，包括基本姿态（姿势和身势）、基本礼节动作以及人体各部分动作（如头部动作、眼神交流、面部表情等）提供的交流信息。体态语言是人们表达的重要方式，心理学研究表明，人的表达靠55%的面部表情和体态语言、38%的声音和7%的单词。可见，如果一位教师不能使用体态语言来配合片段教学，用视觉形象来丰富所要传达的信息，只是一动不动、面无表情地站在讲台上滔滔不绝，那就显得苍白无力，难以打动评委的心。所以，要善于适时、合理地使用辅助语言进行表达交流，努力使自己成为一个“声情并茂”的多面手。师生之间的情感交融，和谐、平等的师生关系亦应在这种如沐春风般的体态语言中展示出来，这样才会悄悄地感染评委，获得高分。

2. 展示语言美。

苏霍姆林斯基说：“教师的言语修养，在很大程度上决定着学生在课堂上脑力劳动的效率。”从某种意义上说，片段教学因为学生的缺席而更像是一种语言艺术，如同单口相声一样。语言美，这里指的是口头语言得体。一是准确，恰如其分。精当简练的语言，能给评委留下清晰而深刻的印象。二是生动，富有情趣。如果一位教师拥有独特的幽默和智慧，能把复杂抽象的教学内容用生动有趣的形式表现出来，那么他就成功了一大半。语言的生动形象还体现在语言的节奏感上，语调高低要适宜，语速快慢要适度；容易处，快节奏；重点处，慢节奏；语言要富有感染力。

3. 凸显特色美。

在片段教学中，教师要充分展现个人特长、个人风格，扬己所长，避己所短。比如，运用歌谣、版画、板书等帮助学生理解学习内容，呈现学习思路，将抽象的知识形象直观地表示出来。

在片段教学的准备与实施过程中，如果教师能紧抓课堂教学的本质，读透教材，精心预设，做到突出重点、把握节奏、从容转换、营造氛围，处理好虚拟与真实的关系，借助课堂教学艺术充分展示个人的素养魅力，那么就一定会获得良好的教学效果。

专题 11

课题研究的实践与思考

随着社会和教育的发展，社会期望和教育实践对教师素养提出了更高的要求。人们已不再仅仅满足于教师能够上好课、教好书，更进一步要求教师能够从事教育科研、做课题研究。向教育科研要质量，走科研兴教之路，“教师成为研究者”逐渐成为必然，成为现实。现在，教师在职称晋升、获得奖励等方面，大都需要有主持或参与课题研究的经历与成果。例如，《福建省中小学教师水平评价标准条件》（闽人社文〔2016〕142 号文件附件 3）第十七条第 1 款提出（任“高级教师”的教科研工作要求）：“作为核心成员完成县级以上教育教学研究课题 1 项。专职从事教研、电化教育工作人员主持并完成市级或作为核心成员完成省级以上教育教学研究课题 1 项。”《福建省教育厅关于加强中小学教师专业技术职务聘后管理的意见》（闽教人〔2014〕22 号文件）要求在职在岗的高级教师聘任期内“参与完成 1 项及以上教育教学课题研究”。为什么教育行政管理部门在教师队伍管理中要提出这些要求呢？这是因为能够申请到课题，主持研究、完成课题，是教师具备较高教育科研能力和水平的标志，是科研兴教的需要。

一、什么是课题

《现代汉语词典》（第 7 版）对“课题”的解释是：“研究或讨论的主要问题或亟待解决的重大事项。”但不是所有的“主要问题”或“重大事项”都是课题，成为课题的问题应该满足以下条件：问题应该具有专业性，是有价值的，是需要探究的，是能够解决的。满足这些条件的问题，才能成为课题。

就是说，教育科研课题，是针对教育领域中具有研究价值的特定问题而确定的，具有明确而集中的研究范围、研究目的和任务的研究题目。

二、课题的基本类型与级别

了解课题的类型与级别，有助于中小学教师准确地申报课题和明明白白地研究课题。根据不同的标准，课题有不同的类型划分。

从研究行为是否受课题公布者约束的角度，课题可分为自主课题和立项课题两大类。自主课题是基于兴趣，在日常教育教学实践中自主、自然、自发产生的问题，涉及的问题一般比较小，是一种自下而上的研究。其实，教师每写成一篇比较有质量的论文，就是一个自主课题的研究过程。例如，我撰写的论文《小学数学科学化命题应关注的几个问题》和《基于教材的命题策略研究》，都是多年来我自主进行小学数学命题实践与研究的成果。立项课题是基于任务，经申报、评审，由有一定行政权力机构公布的自上而下的课题。

从研究内容是否受课题公布者约束的角度，课题又可分为规划课题和自选课题。规划课题是课题立项单位在发布课题申报通知时，在通知附件“课题指南”中列出具体要研究的问题，课题申报者可以直接从中选择相关课题进行申报。例如，莆田市文件《关于开展莆田市教育科学2016年度课题申报立项工作的通知》的附件《莆田市教育科学2016年课题指南》中列出9大类173个课题，申报者可以从公布的“课题指南”中直接选择一个进行申报，立项后就是规划课题；有的“课题指南”列出的课题并不具体，课题申报者可以据此细化、深化、具体化到某个方向或范围内，选择自己想研究的问题进行申报。例如，我申报的全国教育科学“十二五”规划2013年度教育部重点课题“小学教学内容改革及其对教学影响的深化研究”，就是根据当时列出的“课程改革类”进一步具体化的课题，这样申报立项的课题也是规划课题。自选课题是相对于规划课题而言的，它是指申报者不在“课题指南”范围内选题，或课题立项单位没有公布“指南”，申报者可根据自己的研究积累和研究兴趣选择的课题。例如，我为了研究、实践自己的教学主张“有效课堂从研读教材起步”，于2013年申报了福建省教育科学“十二五”规划课题“研读教材策略与高效课堂教学的研究”。

根据课题公布者的行政机构级别，立项课题分为国家级课题、省级课题、市级课题、县（区）级课题和校级课题等不同的级别。

国家级课题是指由教育部全国教育科学规划领导小组、中央电教馆、课程教材研究所等单位立项的课题，其中全国教育科学规划领导小组立项的课题是最具权威性的，统称为全国教育科学规划课题，具体分为国家重点课题、国家一般课题、国家青年课题、教育部重点课题、教育部规划（一般）课题、教育部青年课题等。

省级课题是指由省教育厅及所属的省教育科学规划领导小组办公室（省教育科学研究所）、省普教室、省电教馆等单位立项的课题。其中省教育科学规划领导小组办公室立项的课题是最具权威性的，分为重点课题和一般课题（最近几年基础教育类不分重点课题和一般课题）。省普教室和省电教馆立项的课题一般不分类。

市级、县（区）级课题就是指由市、县（区）教育局及直属的教研机构立项的课题。

近些年，课题立项的途径有很多，一些部门出于经济利益或功利考虑，只管立项、做材料，缺少求真务实的过程管理，课题研究没能达到促进教师专业成长和提高教育质量的目的。鉴于此，《福建省中小学教师水平评价标准条件》（闽人社文〔2016〕142 号文件附件 3）明确规定了课题研究要求，第三十二条这样表述："国家级、省级、市级、县级指各级教育行政部门及所属教育教学研究机构（含教科所、普教室、进修院校、研究院、电教馆等），校级指中心小学、普通中学以上。"第三十四条这样表述："教育教学研究课题必须为主课题，不含各类子课题，课题须通过成果鉴定或已结题。课题需是申报学科相关课题或德育、教育管理类课题。"

所以说，现在做课题必须要做教育行政部门及所属的教研机构立项的正规课题，并且级别越高的越好。

三、课题研究的基本过程

课题研究是一项有计划、有组织、有过程、有方法的科学探索过程，是一项有序的系统过程。一个完整的课题研究过程可划分为三个阶段、九个步骤，可以概括描述如下：

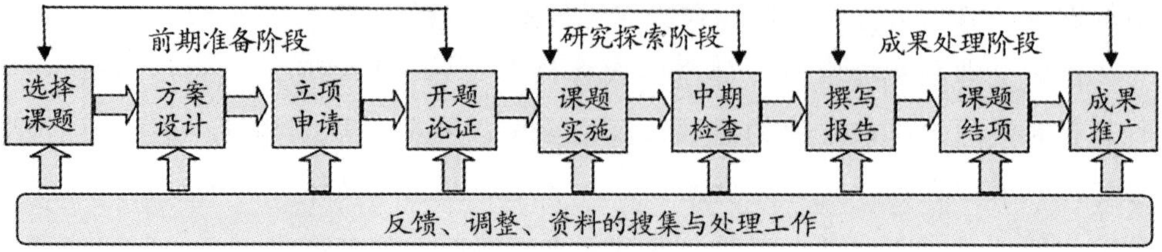

四、 课题选题的基本原则

（一）立足教学原则

2013 年我成功申报了教育部重点课题“小学教学内容改革及其对教学影响的深化研究”，上级有关部门要我总结成功立项的经验，我觉得第一要素就是选题要有现实价值，与教学实践紧密结合。从研究目的的视角来讲，中小学教师研究课题的目的是解决教育教学实践中的问题，解决自己教学实践中所面临的个别问题和广大教师教学实践中所面临的共同问题。因此，应该从教学实践中选题。从研究资源优势的视角来讲，中小学教师的课题研究拥有教学实践的资源优势，这是专家课题研究所不具备的。从研究可行性的视角来讲，中小学教师对教学实践问题比较容易把握，而且可以在自己的教学实践中展开研究，教学过程与研究过程可以合二为一，不必另辟蹊径，在研究时间、研究精力等方面更有保障，从而使得研究更具可行性。

（二）大小适中原则

课题的“大”与“小”是相对的，因研究者的身份、研究水平和课题的发展状况及客观环境而不同。做大小适中的课题有两层含义：一是选题适合教师，二是选题适合研究领域。例如，“中国青少年非智力因素研究”就不适合中小学教师的研究领域；“有效的自主学习、合作学习和探究学习研究”，涉及新课程改革倡导的三种不同学习方式，其中每一种学习方式都包含很多需要研究的内容，在一个课题里面是不可能解决这么多内容的，所以，这个课题就存在选题太大的问题。再如，“小学教学内容改革及其对教学影响的深化研究”，它既适合小学教师的研究领域，又适合我的工作岗位；城厢区第一实验幼儿园书记申报立项的一个市级课题是“构建幼儿园和谐德育环境的实践研究”，这个课题选得特别好，她选择的研究内容既是幼儿园工作的一个重要问题，又在她的工作范围内。如果是由普通幼儿园的班主任来做这个课题，那么班主任的位置就决定了这个课题很难做好。

（三）基础积累原则

研究基础、经验积累是选题需要思考的重要问题，研究课题必须是在研究者自身水平和能力的“最近发展区”。申报级别越高的课题，基础积累越重要。课题申报论证的其中一项重要内容是要求你阐述“已取得相关研究成果和社会评价（引用、转载、获奖及被采纳情况）”。教育部重点课题“小学教学内容改革及其对教学影响的深化研究”获得立项的另一个重要因素是我们有深厚的研究基础。因为从新世纪基础教育课程改革开始，我所在的团队就关注、思考、研究这个问题，2008 年该课题立项为莆田市教育科学规划课题，随后我们发表了很多相关论文。例如，我在《小学数学教育》和《福建教育》等杂志发表了《继承·改革·创新·发展——谈从“应用题”到“解决问题”的变化》《“用教材教”从研读教材起步》等文章，课题组成员唐少雄老师在《福建教育》（小学版）发表了《人教版第一学段“探索规律”内容分析与教学建议》等文章。2011 年该课题结题时，获得课题研究优秀成果一等奖，后来又在教育部中国教师发展基金会举办的全国“十一五”教育科研优秀成果评选中荣获一等奖。结题后，团队成员并没有停止这方面的研究，又相继在许多刊物上发表新的成果，且文章质量明显提升。例如，我在《教学与管理》发表了《数学课堂需要追求有效练习》，唐少雄、范国强老师分别在《福建教育》（小学版）发表了《线段图缺失现象分析与改进建议》《给语文知识教学一个合理的定位》等文章。围绕这个课题，我们陆续发表几十篇文章，其中有 6 篇被人大书报资料中心全文转载。同时，课题组部分成员又做了分支课题研究，例如，语文教研组分别在省教育科学规划办立项“新课程实施与语文教学内容的适切性研究”和福建教育学院立项“现行小学语文教材中教学内容的构建研究”两个课题，并都顺利结题。2013 年 5 月，我为了实践自己的教学主张“有效课堂从研读教材起步”，向省教育科学规划办申报分支课题“研读教材策略与高效课堂教学的研究”又获准立项。这些丰厚的研究基础是课题获得教育部立项极其重要的因素。再如，上海市静安区教育学院附属学校张人利老师的课题“后‘茶馆式’教学的发展研究”，早在上海乃至全国都有极大影响，2010 年已经获得全国基础教育课程改革优秀成果一等奖，2013 年该课题申报教育部重点课题，获批立项也就顺理成章了。

（四）力求创新原则

没有创新，就不需要研究。教育课题研究的创新之处，不一定多，也不可能多，有那么一两点创新，都是非常宝贵的。课题选择的创新，可从研究领域、研究角度、研究方法、研究材料等方面考虑，只要有一项新内容加入，就可能带来创新。例如，福建省 2014 年中小学教师基金课题，有位老师申报了“农村小学乡土资源在数学教学中的运用”课题，这个课题围绕乡土资源在数学教学中的运用展开，创新点就比较明显。我在评审时写了这样的评语：该课题能从学校和师生发展中的问题选题，有一定的特色创意和可研究性，核心概念界定较明确，研究目标指向明确，研究内容具体化，主攻方向明确；预期创新点较多，研究团队基本能保证课题完成。但缺少研究过程的阶段目标、阶段研究内容、阶段时间划分和阶段性成果的表述，与选题相关的已有成果也不多。

五、课题申报的基本要求

（一）熟悉课题申报程序

课题申报程序一般包括获取课题申请信息、确定申报的课题（选题）、填写课题申报书、提交课题申报书。

获取课题申请信息：课题管理部门会定期或不定期地通过纸质通知和网络通知公布申请信息，包括课题申请指南、课题申请要求、申报表格等。

确定申报的课题：从指南中选题或根据自己的基础、兴趣等选题。

填写课题申报书：这是课题申报最关键、复杂的环节，要按要求逐项填写。

提交课题申报书：按要求将纸质与电子稿送达课题立项机构。

（二）把握课题申报要求

一是研读相关要求，包括阅读“申报须知”“课题指南”和“填写说明”等。二是注意申报限制。课题申报对申报者的资格、申报填写等有一些条件限制，必须加以注意，例如有年龄限制、职称限制、字数限制（含标题字数和论证字数）、日期限制等。

（三）填写课题申报书

申报书内容一般包含课题基本信息、相关研究成果、相关研究课题、课题设计论证（最核心的内容）、可行性分析、预期研究成果、经费概算等。

六、课题研究的开题论证

级别高的课题，在获得立项之后，还需要做开题论证。开题论证，也称课题论证，是有组织地、有系统地鉴别研究的价值，分析研究条件，完善研究方案的评价活动，是课题研究必不可少的环节。

开题论证的方式一般有两种：个别咨询交换意见和举行开题论证会集体讨论。开题论证要做的两件主要工作：一是撰写开题论证报告；二是举行开题论证会。

（一）撰写开题论证报告

根据全国教育科学规划办的要求，开题论证报告主要包括四个方面的内容。

一是开题活动简况：开题时间、地点、主持人、评议专家、参与人员等。

二是开题报告要点：题目、研究目的与价值、研究内容、研究方法、组织管理、研究分工、研究进度、经费分配、预期成果等。

三是专家评议要点。待开题论证会结束，根据专家的评议进行整理。

四是重要变更。对课题申报时预设的内容有重大变化的，在开题报告中要做出变更并说明，有的还可以根据专家评议意见做出变更。

（二）组织召开开题论证会

开题论证会，除了常规会务工作外，主要有两件工作：一是聘请开题论证专家；二是召开论证会。开题论证专家的聘请一般需要由课题管理部门和课题组协商确定。专家的聘请要考虑专家的专业结构、知识结构、经验、职称等因素，一般需要有教育实践者、教育管理者、教育理论工作者。开题论证会上，课题组负责人或课题组成员代表需要向专家组、旁听者介绍课题的基本情况，介绍内容最好做成课件边播放边介绍，这个过程也就是课题组进行再论证的过程。课题组介绍情况后，专家组会针对课题的情况做出评价、提出问题，课题组成员应对专家组提出的问题做解释性回应，也应该允许、欢迎旁听人员发表自己对课题论证的看法。

开题论证的过程是一次课题组、专家组、旁听者共同交流与研讨的过程，是一个使课题方案不断科学、合理、完善的过程。组织开题论证会确实很费神，但开题论证会让课题研究方法、思路等更加清晰。

（三）完善开题论证报告

开题论证会过后，要整理专家的评议要点并写入开题报告，要侧重于专家对课题的可行性评估，并把专家的意见和建议都写进开题报告。最后，还要对照课题申请书，并根据评议意见，对原定的研究计划进行必要的调整，有重要的变更要说明清楚。

七、课题研究的实施过程

（一）建好研究团队是课题研究实施的保障

一项课题研究往往需要一个团队共同完成，组建好研究团队是课题研究顺利开展的保证。团队成员应该是有实践经验、有研究能力、有事业追求、积极向上、乐于思考的志同道合者。要坚持双向选择、互惠多赢原则，对于一些专业水平较高、底蕴相对较深、但不乐意参加的老师，不要强求。课题负责人要根据每个人的具体情况，适当分工并适时调整任务，激发每个成员的研究热情和劲头，使每个人都知道自己该做什么，应该怎么做。课题研究过程中还可以适当调整研究团队成员。

（二）做好过程规划是课题研究实施的前提

在申报课题时已经从宏观上规划好研究的目标和内容等，开题时还必须拟定课题研究实施方案，从微观上规划研究的过程与步骤，提出具体研究的分阶段目标和内容，使参与者明确方向、任务，做真研究。

（三）注重实践活动是课题研究落实的核心

有活动才有生命力，才能构筑平台、凝聚人心，研究才能得以落实、深入。实践活动是课题研究得以落实的核心环节，实践活动要根植于教育教学中，根植于课堂教学中。中小学教师的主要任务是教育教学，所以课题研究要做好“四个结合”：课题研究与日常教学相结合，课题研究与常规教研相结合，集中研讨与分散研究相结合，研究成效与教师绩效考核相结合。但是，课题研究又不等同于日常教学与常规教研。

在做课题研究的推进过程中，要努力做到以下几点：课题研究以日常课堂教学需要为切入点，常规教研以课题研究内容为载体，日常教学效果为课题研究提供动力，课题研究成果指导日常教学。课题研究的目的是促进教师专业成长和教学质量提高，只有让课题研究在教育教学实践中有效实施，才能提高课题研究的实效性。例如，莆田第十八中学根据农村中学的生源条件和办学实际，申报了莆田市教育科学规划课题“提高农村中学生规范字书写水平的探究”。课题研究根植于教育教学中，结合学校日常的规范字书写教育，提高了学生的汉字书写水平，培养了一批书法爱好者，课题研究成果获得一等奖，后来学校被教育部授予首批“国家级规范汉字书写教育特色学校”。现在有些课题研究重在做材料，停留在纸上谈兵，缺少在教育教学中的实践研究，课题研究与课堂教学成了两张皮，这违背了教育课题研究的初衷，是不可取的。

（四）归纳提炼成果是课题研究成效的标志

在做课题研究的过程中，要注意把研究的相关成果及时加以整理、总结、提炼，并把它们转化成文字成果，包括研究论文、教育案例、教学课例、经验总结等。主要参与者在课题结项时必须要有文字成果，特别是论文，否则参与课题研究就没有留下有价值、可保留的东西，他人也就难以分享研究成果。这些文字成果要尽量在公开刊物上发表，例如，我们在做教育部重点课题“小学教学内容改革及其对教学影响的深化研究”的过程中，发表了近百篇相关论文，后来我们从这些论文中筛选了 47 篇，又从近百个优秀课例中筛选了 18 个典型课例，整理出版了一本 30 多万字的成果集，这样我们的研究成果就能与更多的教师分享，得到更大范围的传播，产生更为广泛的影响。文字成果若在公开刊物发表有困难，至少也要形成课题研究成果汇编本。

（五）搜集处理资料是课题研究结项的基础

课题研究过程中要树立很强的“资料意识”，有针对性地、随时随地搜集与课题研究过程有关的资料，包括文字资料、音像资料、图片资料、数据资料等。这些资料要及时整理、科学分类、保存归档，日后整理结题送审材料时佐证就充足了。例如，我们在做福建省普教室课题“在数学问题解决教学中增加教师驾驭问题能力的研究”时，研究资料按以下项目进行归类：（1）课题立项申请表、实施方案；（2）主要研究活动通知文件与签到、活动记录；（3）活动信息报道；（4）全区性研究活动照片；（5）研究活动大事记；（6）课题组成员公开发表的成果；（7）课题研究主要参与者的获奖材料；（8）研究成果推广讲座稿与课件；（9）优秀课例教学设计、反思、点评；（10）优秀课例视频；（11）问卷材料与统计分析等。研究资料整理归类后，如果需要的话，还要分析研究资料所反映出来的问题。分析研究资料的过程，可能就是出现成果的过程。例如，2010 年 12 月，我们举行了一场课题研究教研沙龙，我对材料进行分析后，梳理撰写了一篇论文《用好随机评价 演绎精彩课堂》，很快在《福建教育》（小学版）发表，后来被人大复印报刊资料全文转载。

（六）抓好跟踪管理是课题研究实施的关键

课题研究需要进行跟踪管理，只有管理措施规范、到位，研究活动才能得以落实、深入。重点要抓好以下几项内容：抓活动计划与组织落实，抓阶段总结和措施改进，抓研究材料的整理保存，抓常态研究任务的落实，抓研究成果的归纳总结，抓经费保障与激励手段。在课题跟踪管理过程中，必须争取学校主要领导的支持，把课题研究列入学校议事日程，给予一定的经费支持和荣誉激励机制，这是课题研究顺利开展的必要保障。

八、 课题研究的结题工作

结题是相对课题立项而言的，是课题研究必须完成的终结性工作。一般由课题负责人向课题管理部门提出结题申请，课题管理部门组织专家进行课题成果鉴定，成果通过鉴定后，准予结题。课题通过结题鉴定才算研究暂告一段落。结题要做好以下几项工作：

（一）填写鉴定申请

结题时，有的要分别填写结题申请表和结题鉴定表，有的是两表合一。不管是两表还是一表，都要按要求规范填写。

（二）撰写结题报告

结题报告也称研究报告，它是课题研究所有材料中最主要的部分，是结题验收最主要的依据。所以，写好结题报告是结题准备的最主要工作。课题研究报告一般包括以下几个部分：（1）课题研究背景；（2）课题研究的意义；（3）课题研究的界定；（4）课题研究的目标；（5）课题研究的内容；（6）课题研究的方法；（7）课题研究的步骤；（8）课题研究的过程（步骤与过程可以合在一起陈述）；（9）课题研究的成果；（10）研究反思与后续研究设想。当然研究报告也没有固定的格式，可以根据课题管理部门的要求来撰写。

（三）准备结题材料

结题材料的准备需要课题组全体成员共同参与，而不是由一两个人去做。

课题组成员一起准备材料，不但可以让大家有共享成果的感觉，而且可以集思广益，把材料整理得更全面更好。

1. 结题材料的整理。

整理结题材料，即要对材料进行科学合理的分类整理。从课题研究材料的性质看，可分为基本工作材料、原始材料、成果材料和影响性材料四类。

基本工作材料，主要包括课题立项申请评审书、批复文件、课题立项证书、课题研究方案、开题论证报告、开题论证记录、课题活动大事记、阶段总结等。

原始材料，即在研究过程中通过观察、调查、实验等方式采集的所有与本课题研究相关的有保存价值的材料，如调查问卷、访谈提纲、各种检测数据以及研讨活动的记录等。

成果材料，包括主件与附件，主要有结题报告、论文等文字资料，以及音像、图片等非文字资料。成果主件只能是一件，其余材料可作为对成果主件进行补充说明的附件。

影响性材料，主要是社会对课题成果的反响情况、与课题效益有关的材料等。成果发表后引发争鸣文章、转载转摘、引用等都属于这类材料。

在上述结题材料中，要特别重视成果材料的准备。因为成果材料是结题的核心材料，课题鉴定在很大程度上是对课题研究成果的鉴定。

2. 结题材料的要求。

对课题研究材料的要求是真、精、齐、清、定、美。真——材料真实；精——材料精练；齐——材料齐全；清——文本清楚；定——文本定稿（一定是定稿的材料，不能拿初稿、修改稿）；美——装帧美观。各种材料归类整理后，要列出清单。

（四）递交结题材料

准备好结题所需的各种材料后，要按照指定的时间、方式、数量，准时、准确地向课题管理部门递交结题申请的相关材料，包括纸质材料和电子稿。

最后，我想用苏霍姆林斯基的一句话作为本专题的结束语：如果你想让教师的劳动能够给教师带来乐趣，使天天上课不至于变成一种单调乏味的义务，那你就应当引导每一位教师走上从事研究这条幸福的道路上来。

专题 12

教育教学论文写作技巧

1987 年，我国开启了中小学教师职务评聘工作，在当时的评聘工作中出现了一个比较突出的问题，就是申报中级或高级职务的教师，按要求需要提供能反映本人教育理论水平和教学成绩的教学论文或经验总结，以供评审委员会审核。可是，有很大一部分教学经验丰富、教学成绩突出的老师却拿不出像样的教学论文，也拿不出有鲜明观点的经验总结。这不但使教师职务评定工作缺少一项重要依据，而且也不能使教师自己宝贵的教学经验提升为教育理论，不能给后人留下有价值、可借鉴的文字资料。三十多年过去了，随着中小学教师职务评聘工作的不断深化和教育教学改革的深入，教师已经意识到教育教学论文写作的重要性，注意总结、梳理自己的教学经验。但总体而言，中小学教师教育教学论文写作的水平仍然有待提高，下面谈谈多年来我在教育教学论文写作方面的经验与体会，供大家参考。

一、 论文写作的意义和目的

古典文学中常见“论文”一词，谓“交谈辞章”或“交流思想”。当前，论文常用来指进行各个学术领域的研究和描述学术研究成果的文章。它既是探讨问题进行学术研究的一种手段，又是描述学术研究成果进行学术交流的一种工具。

教育教学论文写作就是教师把自己的教育教学实践与研究成果（包括做法、想法、观点等）用文字的形式表述出来。教育教学论文写作的过程也是教师运用先进的教育教学理论梳理、提炼、评价教育教学实践活动，总结和交流教育教学改革经验的过程。

写论文是教学研究的需要，是社会交流的需要，也是自我发展的需要。它的目的可以概括为以下四个方面：一是把教师的教育研究成果、教学经验作为一种永久性的资料保存下来，有助于先进教育教学经验和研究成果的推广、交流。二是论文写作有助于教师自身专业的成长。三是论文写作是分析、归纳、概括、抽象、优化、储存的过程，可使教师本人澄清一些似是而非的模糊概念，使知识系统化、条理化，便于更好地形成知识信息而储存起来，达到再学习、再创造的目的。四是教师把教育教学实践中的做法、想法等形成论文，便于研究成果的交流、申报和评议，有利于专业水平的考核认定。

教育教学论文水平实际上反映了一位教师的教育思想、认识能力、研究水平、道德情操的追求和文化知识素养。现在，论文往往作为反映一位教师教育教学能力、综合素养的窗口，是检验教师能否晋升职称、获得某项荣誉称号，能否担任某种岗位职务的重要标尺和条件之一。比如，职称、教学名师、学科带头人、骨干教师等的评审与考核认定都要有论文作为硬性条件。

二、 教育教学论文的类型

按教育教学论文的内容分，教师撰写的论文主要有四类：

一是教育教学理论类。例如，《福建教育》2017 年第 1 期中的《学科融合之溯源》，《小学数学教育》2016 年第 12 期中的《学生发展核心素养视域下的小学数学核心素养》。

二是教育教学经验类。例如，《小学数学教育》2016 年第 12 期中的《落实核心概念　发展运算能力——“数的运算”教学实践与思考》。

三是教育改革实验类（包括课题研究报告）。例如，《福建教育》2003 年第 1 期中的《寓理念于实践　化压力为动力——福州实验小学两年课改实践的回顾与思考》。

四是教学辅导类，包括备课辅导、案例分析、教学反思、教学设计与评析等。例如，《福建教育》（小学版）2013 年第 11 期中的《准确把握知识本质　全面落实教学目标——〈平均数〉课例教学赏析》。

写好这四类论文必须具备两个前提条件。一是要将正确的、先进的、科学的教育教学理论作为指导。那种只有教学过程的描述，只有例题、习题的解答，不体现教育思想、教学原则的稿件，只能称为教学资料，而不能称为教学论文。二是要将多次成功的教育教学实践研究作为基础。那种主观臆造的教学过程，没有产生实际教学效果的教学方案，只能称为假说，而不能称为经验与成果，比如“课题开题报告”就不能叫做论文，它只是一种规划、预设。

三、 论文写作的材料积累

（一）积累材料的重要性

巧妇难为无米之炊。写作首先必须要有材料，没有材料积累，就无法创造。《实践论》中说：“只有感觉的材料十分丰富（不是零碎不全）和合于实际（不是错觉），才能根据这样的材料造出正确的概念和论理来。”论文不是光“论证了什么”就可以了，还要解决“用什么事实论证”与“怎么论证”的问题，要摆事实讲道理，要善于用事实说话。

材料是论点确立的依据，材料是论文的血肉。文章写得好不好，很大程度上取决于材料是否充实。

（二）积累材料的类型

材料分直接材料（事实资料）和间接材料（文献资料）两种。

直接材料（事实资料）来源于生活，是个人的实践和调查结果，是教师教育教学的亲身经历、体验和感受，是个人的研究成果。

间接材料（文献资料）来源于书本和网络，或他人所言，可以通过与同伴交流获得，也可以从报刊、书籍、文献的学习中获取。间接材料可以给作者启发的价值，可以充当论据。论据可以是别人的，但论文的论点一定要是自己的。当然，“抄”不能是剪刀加糨糊，大段大段地拷贝、粘贴。众所周知，现在论文送审时都需要经过检测，若重复率超过规定则会被认为是“学术不端”。

（三）搜集材料的途径与方法

1. **两类型：**日常积累、专题积累。

2. **四渠道：**个人实践（研究）、听课记录、阅读书刊、学（教）后反思。

3. **六方式：**做卡片、做读书笔记、剪报、调查与观察实验、复印、网络检索。

（1）做卡片。用做卡片的办法积累资料，是一种行之有效的方法。大多数人喜欢采用这种方法。做卡片时，我们不要把所有的东西都记到卡片上。一般性的知识，比如小学数学中有关的运算定律、法则、公式等，最好用脑子熟记。万一有时忘记了，查阅有关的工具书即可。为使卡片内容准确，最好摘录原文，若要摘编大意，就必须忠实于原文，不能想当然地掺杂自己的看法。如果硬要写上自己的感想、心得，那么应该用记号区别开来，否则，就没有使用的价值。

做卡片还要注意书写规范。最好用买来的有格式的卡片，要在某一固定处注明作者、书名、卷次、页码、出版日期等。否则，一旦乱记或漏记了，查考时就会有困难，也会降低它的使用价值。

卡片积累一段时间后，就要分门别类整理一下。例如，可以按课程改革、学校管理、队伍建设、教学案例等类别进行分类。除分类整理外，还要注意内容的新旧交替整理。如果前一段时间做的卡片内容陈旧了，与目前所发现的内容相比用处不大，就要及时地处理掉。

（2）做读书笔记。做读书笔记，有助于理解、记忆和应用所学知识，是积累知识的好方法，也是很多学者都采用过的方法。读书笔记一般有以下几类：

摘要笔记：把书刊中的主要论点、主要内容做摘要记录，也可记录一些精彩的段落或典型的例子。

心得笔记：记读书、读报刊时的心得体会、质疑、批评与补充等。做这种笔记的难度较大，它要记下个人的思想观点。如果没有一定的学识水平，就很难提出创见。

索引笔记：把书名、文题、出版日期、作者、页码等写在一张卡片上，以备日后查找。

（3）剪报。我们订阅的报刊，不一定每一篇文章都适合当前的研究领域，这时，我们可将自己需要的文章剪下来，分门别类地贴在预制的本子上。剪报要注意及时分类整理，最好是一篇文章贴在一张白纸上，便于日后使用。

剪报与做卡片、做读书笔记相比，是一种省时、省力的资料搜集方法，但也存在局限性，因为要剪的报刊必须是自己订阅的。

（4）调查与观察实验。论文是研究的反映，没有研究就无所谓论文。调查与观察实验是论文写作的第一手资料，是个人的实践与研究。

（5）复印。对于借来的报刊、书籍，若我们无时间做卡片、做笔记，就可以把需要的资料复印下来，这是一种快速有效的方法。

（6）网络检索。利用现代信息设备在网络上检索资料，更加简便。

（四）搜集材料应注意的问题

一是要围绕主题中心。搜集材料一般是以选题为中心的。一个很小的问题，往往要占有很多材料，有时甚至是几万字。材料不够，便写不出好的论文。例如，要写一篇有关“教学评价”的文章，不仅要弄清课程标准对教学评价的建议，还应该弄清评价的目的、评价的功能、评价的原则、评价的形式、评价的作用、学生需求、社会舆论、可操作性等。

二是要避免贪多求全。在搜集材料时，一些人容易犯的毛病，是贪多求全，想不遗漏。事实上这是不可能的。我们从事某一专题研究的时间和精力总是有限的，所谓“充分占有材料”，也只能抓住一些最重要和关系最密切的材料，就是要尽力去抓住一些有典型意义的、主要和有用的材料。另外，搜集材料是一个日积月累的过程，我们还要避免出现急于求成的毛病。例如，2015 年 7 月我发表在《福建教育》（小学版）的论文《合理使用数学教材弹性内容的实践与研究》中，引用的案例是我在长期教材研究中积累下来的。

三是要尽可能搜集第一手材料。教师处在教育教学第一线，每天都在进行研究，第一手材料是非常丰富的。把自己在教育教学中遇到什么问题、怎么遇到这个问题和怎样解决这个问题的整个过程叙述出来，对教学中成功的经验和体会、失败的教训和感想进行反思并记录下来，这样就会产生许多精彩的教学案例和第一手材料。生动的、鲜活的教育事例是教师的宝贵资源，若能长年累月地坚持积累，大家就不会觉得材料贫乏了。

四、论文文本的撰写

（一）选题立意，确定内容

选题有以下三个基本要求：

一是选题宁小勿大。小切口，好挖掘。在拟定教育论文选题时，采取宁小勿大的策略，是取得成功的一种重要且基本的前提。初学写作者选择一个合适的小题目来做文章，方向就会看得准确，问题可以说得深刻，结论可以下得透彻。例如，《小学数学教师》中的“教学一得”栏目，每篇文章几乎是一事一议，如《我们需要什么样的课堂小结》。

跟小题目易写深的状况相反，大题目往往难以写透。现在大多数教师撰写论文的一大通病就是选题过大。比如《如何在小学数学教学中落实核心素养》，选题过大，必然显得内容空洞，不但写起来力不从心，而且容易半途而废。就算勉强成事，也不能取得满意的结果，给读者以大题小做之感。

二是对象就近避远。通常说来，近的熟悉，远的生疏。因此，就教育教学论文的探讨对象而言，应当就近避远，宜由近及远，切不可舍近求远。从自己的实践中，从自己的研究中，从自己的亲身经历、体验、感悟中，找到一个适合的选题，并非难事。例如，要写关于“改变学习方式”方面的文章，可以围绕新课程倡导的“自主、合作、探究”等某方面的学习方式展开，更贴近些可以是“课前预习”“课中自主”或“作业自主”中的某项内容。

三是探索由浅入深。教育研究或问题探索的程度，当然是越深入越能显出水平，写出来的文章越好。然而，饭要一口一口吃，路要一步一步走。深从浅中始，有浅才有深。由浅入深，自低而高，从易到难，这是人类认识事物的基本规律。遵循这种认识规律，我们可以办好事，上好课，同样能够选好题，写好文章。在初学写作者面前，刚开始就摆出难题，结果会怎么样？要么吓跑，要么难倒。例如，关于“小学课程设置问题的思考”这样的选题，根本不是普通教师研究的问题；又如，有位老师在参加莆田市骨干教师培训时，将“小学数学单元复习教学模式的探究”作为选题，就比较切合自己的教学工作和研究能力，选题又有独特性。

（二）提炼材料，编写提纲

着手写论文之前，大量地占有材料是十分重要的，但在广泛搜集材料的基础上，动笔时，初学写作者常会有材料过多的苦恼。全部用上的话，文章篇幅太长，几万字都写不下来；舍弃一些，又难以割舍。这时，就应冷静地判断，哪些材料是论文中心主题最需要的，哪些材料是读者最容易接受的，哪些材料最具有典型性和代表性，即对搜集来的大量材料进行去伪存真、去粗取精的加工提炼。提炼材料的基本方法之一，就是把材料联系起来做比较，同中求异，异中求同。

在搜集来的许多材料中，有些思想观点恰好是自己要表述的，但别人早就写过了，并且写得比自己考虑的要深刻得多，这是经常出现的情况。那么自己有没有继续写的必要呢？我认为完全有必要。一是可以根据自己的独特感受，用不同的思考方法、不同的表达方式重新论证，进一步丰富别人的思想观点；二是可受别人思想的启发，在原有观点的基础上有所发展、有所创新；三是把别人著述中所有相关的精湛论述有机地组织起来，形成新的观点并构想成文。

对搜集的材料进行提炼加工后，要形成文章的提纲。编写提纲通常有两种方式：一是标题式的写法，即只写出各个观点的要点，其特点是简明扼要，有效率；二是句子式的写法，即采用完整表述的方式，其特点是具体。

（三）谋篇布局，撰写初稿

1. 安排结构。

谋篇布局，即安排论文的结构。安排论文结构最好与编写文章提纲结合起来思考。

安排论文结构通常是“三步骤”：第一步，提出问题（引论），是什么——明确论文的方向与中心观点；第二步，分析问题（本论），为什么——运用论据，进行论证；第三步，解决问题（结论），怎么样——通过论证，得出结论。

安排论文结构一般应遵循以下原则：一是围绕主题选择有代表性的典型材料，根据需要加以适当安排，做到层次分明，前后连贯，逻辑性强，言之有序，言之有势，有较强的说服力和感染力。二是正确反映客观事物的规律，就是说，必须反映客观事物的实际情况、事物的内部联系，必须符合人们的认识规律。三是要适合文章的体裁，文章体裁不同，结构也会有区别。

2. 执笔撰写。

执笔撰写的顺序可分两种：一种是按编写的提纲顺序写，初稿要一气呵成；另一种是分步分段写。

著名语文教育家吕叔湘先生说过：“语文的使用是一种技能，一种习惯，只有通过正确的模仿和反复的实践才能养成。”对于初学写作者，一个主要的方法就是“照葫芦画瓢”，就好像练习毛笔字的临摹一样。学书法，写文章，都是从仿写开始的。“照葫芦画瓢”，首先是多看些“葫芦”，就是多看些相关的文章，不仅要看人家的文章“写什么”，还要剖析、琢磨它是“怎样写的”，如怎样立意、怎样选材、怎样布局、怎样开笔、怎样结尾、怎样使用语言等。但“照葫芦画瓢”不等于简单地、机械地抄袭别人的文章。现在有些教师整篇地下载、整段地抄袭，这是剽窃，是“学术不端”。“照葫芦画瓢”关键是要从别人的成熟作品中揣摩、领悟一些基本规律。刚开始，模仿的成分可能多一些，但看的“葫芦”多了，画的“瓢”多了，你的眼界、思路就会开阔起来，自然就熟能生巧，融会贯通，写出有自己特色的作品来。

论文写作犹如学游泳，必须敢于跳下水去实践，在实践中学，否则，站在岸上，听一辈子的游泳知识，还是学不会游泳的。论文写作要敢想，敢写，敢“抄”，要慢慢从“抄”到不抄，由我手写我口到我手写我心，让文章自然地从心田流露出来。达到这一境界，就像学开车，人车合一了，这样你就会发现写论文并不是什么高不可攀的事。

写得不顺手时，即写到某个地方展开不下去时，一般可停下来重新思考，直到把问题想清楚弄明白后再动笔。观点与准备的材料联系不紧或有矛盾时，要停笔重新比较鉴别筛选，理顺材料与观点的关系，或重新挑出真实典型、新颖生动的材料加以补充。执笔中突然有事需要中断，如有人来找你时，可先写出下文的思路要点或关键词。

3. 确定标题。

我们拿到一本刊物后，首先看的并不是一篇篇的文章，而是刊物的目录，通过阅读目录选出自己喜欢看的和需要看的文章。因此，我们在论文写作时，应该想到成千上万的读者中间，也许只有少数几个人会研读整篇文章，而多数人只浏览一下标题。一个好的标题是写作成功的一半，标题要精彩，能吸引编辑和读者的注意力。

好标题的标准是突出中心、简洁新颖、富有学术味。一般说来，写好标题必须注意以下几点：

一是标题的长短要适中。例如，“应用题教学研究”这样的标题，太简短，太笼统，读者就很难得到清楚明确的信息，到底要说的是哪种应用题，是应用题的哪一个方面，如果改为“例谈两步计算‘解决问题’教学”就清楚多了。标题太长也不好，虽实在一些，但不明快，令人望而生厌，如“课堂教学中如何充分发挥学生的主体作用，培养学生自主学习能力和创新能力”。

二是标题的内容要具体。标题的内容越明了、具体，对于读者，尤其是那些在教学研究中急于找具体案例或新观点的读者的吸引力就越大。例如，“引导学生参与阅读教学活动四策”和“他山之石　可以攻玉——数学教学与信息技术整合教学的尝试”，这样的标题就很具体，中心内容很明确。

三是标题要有确切反映论文中心的关键词语。例如，“开展数学学习记录袋评价的构思、实践与反思”，这个标题的关键词语是“学习记录袋”和“评价”，凡是需要参考这类文章的老师，就可以很快找出这篇文章进行阅读。

四是应根据准备投稿的杂志的特点选定标题的表现形式。杂志的创办宗旨不同，编辑的个人喜好也不一样。有的喜欢言简意赅、直截了当，有的喜欢有文学味，先取一个虚的、文学化的题目，再取一个实的副标题。作者要了解拟投稿杂志的特点，再给论文确定合适的标题。

在写作实践中，有些文章是先定下题目再行文，有些则是根据材料与主题写好文章后再拟题，并无一定的规则，最重要的是拟定一个贴近文章内容、突出中心、简洁新颖、富有学术味的标题。

（四）论文的语言与修辞

论文的结构是属于表现形式的一个方面，表现形式的另一个方面就是语言的表达。

语言是文章的材质，论文语言既不同于政治语言，也不同于文学语言。论文的语言是学者的语言，讲究客观、冷静、辩证，学术语言以理性说服人，常常不动声色，却如刀子一样，一层一层地剜进去，直抵事物的本质。论文语言表达的特点，概括起来是具体、简练、准确、易懂。

第一，要掌握比较丰富的词汇，做到具体。丰富的词汇靠平时的勤学苦练，日积月累。比如，“这份试卷共有选择题……以及应用题五大部分，计40道题目。其中考查基础知识与各种能力的题目分别占有相当大的分量。”这段话的最后一句说得就不具体。“相当大的分量”是多少？如果作者有较为丰富的词汇，那么就可以避免出现这种语病。最后这句话可以改为“这些题目力求考查学生的基础知识与各种能力”。

第二，学习并运用修辞，做到简练。初学写作者在这方面容易犯的毛病是空洞的形容词、短句甚至长句用得太多。比如，“当学生对两步计算的应用问题的句型结构了如指掌后，解决问题的能力就会如鱼得水，如虎添翼，较前会有一个认识上的飞跃。”这句话中，作者堆砌了许多风马牛不相及的形容词，把文章弄得不伦不类，其实只要一句话就完全能够表达清楚了：“当学生认识两步计算的应用问题的句型结构之后，他们的解题能力就会有较大的提高。”

第三，学习并运用逻辑，做到准确。要想把教育教学论文写好，最重要的一点就是语言要准确，符合逻辑思维规律。比如，“这是为了在讲解新内容之前，先帮助学生建立起感性支柱。”这句话中，“感性支柱”就表述不准确，会使人如入云雾之中。又如，“造成约分的步骤繁多，费时费力，还往往把分约错。”约分是一个完整的数学概念，不能拆开，也不能随便搭配。

第四，学习并运用语法，做到通俗易懂。一般来说，我们在语法和用词上应该注意以下几点：①用短词，不用长词；②说话要具体，不要抽象；③说话要直截了当，不要拐弯抹角；④不用那些听起来不错，但实际上无助于表现主题的词和短语；⑤选用形容词要小心谨慎，尽量少用，要避免用冷僻的词；⑥要尽量缩短句子的长度，避免用长句；⑦要少用复合句，避免烦琐；⑧用词要标准、规范，不要自己生造词。

（五）修改定稿

鲁迅说："写完后至少看两遍，竭力将可有可无的字、句、段删去，毫不可惜。"所以，初稿写成以后应再三修改，文章不厌百回改。

对于初学写作者，稿件完成后通常存在如下毛病：①信手写来，离题万里，偏又爱惜，舍不得割弃；②笼统抽象，有说理不分析，有叙事不具体；③说服力不强，缺乏例证或例证不符；④根据不足，就下断语，信不信由你；⑤大家皆知的说得很多，别人不知的说得很少；⑥随便拼凑，没有中心，层次不清；⑦前后脱节，缺乏呼应转折；⑧不讲究书面语言，口语化严重，啰唆重复；⑨面面俱到，平淡如水。

修改教育教学论文一般可搁置修改。因为人有思维定式，当时不易发现毛病，可以先放一放，停一段时间再来审视和修改。旁观者清，如果有条件的话，可以请同事、同学先读一读，看一看，对文章的观点、材料提出一些修改建议，再来修改的话，思路会更清楚更开阔。

修改文章常用的方法：一是删减，把与中心论点无关的内容删去；二是增加，充实有关的论据；三是调整，修改有些观点或论据材料。

修改文章可以从思路、内容、文字、标题等几个方面进行。例如，我发表在《福建教育》（小学版）2007 年第 5 期上的论文《留住教师主导的"根"》，文章的几个论点（小标题）就经过三次修改：第一次是"课堂开放更需教师调控、尊重学生并非迁就放任、自主探究不等放弃讲解"，第二次是"课堂开放不是放弃调控、尊重学生并非迁就放纵、自主探究不等排斥讲解"，第三次是"开放并非放弃调控、尊重并非迁就放纵、探究并非排斥讲解"。显然，经过推敲修改，第三次的语言表达更加简练、准确，更有学术味。

五、 论文的基本格式

论文的基本格式通常包括：①题目；②作者姓名、单位（也有放在文章后)；③摘要、关键词（有的刊物不用）；④正文，含导言［目的（问题或点题）］、本论（分论点、论据、论证）和结论（鲜明概括或引发思考）；⑤附注（可在文中、页末、文末等）。

六、完稿后应注意的几个问题

（一）校对

一般来说，稿件在录入过程中会出现一些错误（如错字、个别语法错误）。因此，稿件录入以后有必要再校对一遍。通过校对，可以最大限度地纠正自己论文中的错误。

（二）作者姓名、单位、联系方式等问题

这个工作可能是论文写作中最容易完成的一部分，但还是有必要说一说。通常出现的情况是，论文作者只有姓名，没有联系方式，这样论文发表或获奖后，编辑、读者无法与作者取得联系。如果论文是两人或两人以上合著的，那么谁是第一作者，谁是第二作者要写清楚，作者的顺序不同，其分量有异，搞不好会引起人际关系紧张。

（三）稿件交流或发表

如果你写的稿件准备参加某次活动的评奖与交流，那么你先要搞清这次活动的目的、稿件要求、投稿截止时间等问题。如果你写的稿件准备投到某刊物发表，那么以下几个问题需要注意。一要选择有效期刊。二要选择合适刊物。即要了解期刊特点，如《人民教育》和《福建教育》都是综合性刊物，《小学数学教师》和《小学语文教学》等是学科刊物。三要了解期刊级别。如期刊是由哪个单位主办的，是国家级还是省级、市级的，是核心期刊还是普通期刊。四要了解期刊的周期性与时效性。期刊都有编辑、印刷的周期，所以结合教学进度的文章，一般要提前三个月投稿，要讲究时效性。另外，投稿时最好写一封短信。在信中你可以说清楚你为什么写这篇文章以及个人简介等其他一些情况，使编辑明白你的意图，引起编辑对稿件的重视。

相信每位教师只要勇于实践，乐于研究，勤于积累，善于思考，敢于动手，终会修成正果，能写出“人无我有，人有我实，人实我新，人新我深”的好文章来！

模块四

课标与教材研读

课程标准是从国家层面规定某一学科的课程性质、课程目标、课程内容、实施建议的教学指导性文件，它具有法定性质，是教育管理、教材编写、教师教学的直接依据，是评估与考试的依据。教材依据课程标准编写，它在很大程度上反映国家意志，代表国家对学科教育的基本要求，它凝聚了课程专家、编者的集体智慧，是学科知识的浓缩和反映，是实现课程目标的重要载体，是教师实施教学的主要依据，也是学生获取知识的主要来源。因此，研读课标是把握正确教学方向的保证，研读教材是有效开展课堂教学的基础和前提，只有正确领悟课标精神，读懂、悟透教材内涵，才有可能将静态的教材内容转化为供学生学习的合理教学内容，才有可能实现教材普适性与具体教学实践特殊性的有机结合，才有可能提高课堂教学效益，实现“减负增效”。本模块立足教与学的实践层面，夹叙夹议，对《义务教育数学课程标准（2011 年版）》进行解读，对研读教材的常用策略和数学教材弹性内容的合理使用问题进行了阐述与引领。

专题 13

《义务教育数学课程标准（2011 年版）》解读

总结十年课程改革经验，2011 年底教育部正式颁布了《义务教育数学课程标准（2011 年版）》（以下简称“修订课标”）。与 2001 年颁布的《全日制义务教育数学课程标准（实验稿）》（以下简称“实验课标”）相比，修订课标有哪些变化？提出哪些新的理念？对今后的数学教育将产生哪些影响？这些问题直接关系到今后数学教育的导向，需要教师准确把握，深刻领悟，明了数学教育的本质价值，相应调整教学策略。

一、《义务教育数学课程标准（2011 年版）》整体结构体系

- 修订课标
  - 前言
    - 课程性质：基础性、普及性、发展性
    - 课程基本理念（共 5 条）
    - 课程设计思路（重点是 10 个核心概念词）
  - 课程目标
    - 总目标
    - 学段目标
  - 课程内容：分三个学段，每个学段都分四个知识领域
  - 实施建议
    - 教学建议
    - 评价建议
    - 教材编写建议
    - 课程资源开发与利用建议
  - 附录
    - 有关行为动词的分类：描述结果目标和描述过程目标
    - 课程内容及实施建议中的实例

二、修订后的数学课程标准变了什么

为了快速高效地把握课标修订精神，我们需要先了解课程标准总体上变了什么。修订课标对实验课标而言，既有传承，也有发展，它保持了实验课标的基本结构，但对课程基本理念、课程目标、课程内容等做了重要的修订。

（一）对数学的意义及课程性质做了修订

实验课标认为："数学是人们对客观世界定性把握和定量刻画、逐渐抽象概括、形成方法和理论，并进行广泛应用的过程。"修订课标将其修改，回归为传统的数学定义："数学是研究数量关系和空间形式的科学。"数学是一门科学，而非过程，无论是直接来源于现实世界的，还是来源于数学世界的，只要是数量关系和空间形式，都可以构成数学的研究对象。同时，修订课标还提出"数学作为对于客观现象抽象概括而逐渐形成的科学语言与工具，不仅是自然科学和技术科学的基础，而且在人文科学与社会科学中发挥着越来越大的作用"。"数学教育既要使学生掌握现代生活和学习中所需要的数学知识与技能，更要发挥数学在培养人的思维能力和创新能力方面的不可替代的作用。"

修订课标将"数学课程性质"表述为："义务教育阶段的数学课程是培养公民素质的基础课程，具有基础性、普及性和发展性。数学课程能使学生掌握必备的基础知识和基本技能，培养学生的抽象思维和推理能力，培养学生的创新意识和实践能力，促进学生在情感、态度与价值观等方面的发展。义务教育的数学课程能为学生未来生活、工作和学习奠定重要的基础。"

（二）对数学课程的基本理念做了修改

修订课标将实验课标 6 条基本理念中"数学的作用"和"数学学习内容"合并成"课程内容"，变成 5 条基本理念。将数学课程与教学的总体要求由三个"人人"整合为两个"人人"。数学课程基本理念是一个重点内容，本专题第三部分"修订后的数学课程基本理念变了什么"将对其做具体阐述。

（三）对学生培养目标做了修改

修订课标对课程目标的总体设计仍然保持总目标和学段目标的结构，且仍从知识技能、数学思考、问题解决、情感态度四个方面进行具体阐述。但它对课程总目标做了进一步拓展，更加注重学生的整体数学素养，明确提出

“四基”，把“两能”改为“四能”。总目标修改为：(1) 获得适应社会生活和进一步发展所必需的数学的基础知识、基本技能、基本思想、基本活动经验。(2) 体会数学知识之间、数学与其他学科之间、数学与生活之间的联系，运用数学的思维方式进行思考，增强发现和提出问题的能力、分析和解决问题的能力。(3) 了解数学的价值，提高学习数学的兴趣，增强学好数学的信心，养成良好的学习习惯，具有初步的创新意识和科学态度。

(四) 调整与补充了课程内容的核心概念

修订课标在“课程内容”中提出了与课程内容有关的10个核心概念：数感、符号意识、空间观念、几何直观、数据分析观念、运算能力、推理能力、模型思想、应用意识和创新意识。其中几何直观、运算能力、模型思想和创新意识是新增的4个核心概念，符号意识、数据分析观念分别是对原来的符号感、统计观念所做的修改。同时，修订课标对每一个核心概念都进行了较为明确的解释，以便教师正确理解核心概念的本质。

(五) 对体例与结构做了调整

与实验课标相比，修订课标在体例结构上更加完备、合理。“前言”部分除修改了对数学的意义与价值、数学教育的功能、数学课程的基本理念以及数学课程设计思路的表述外，还增加了“数学课程性质”。把实验课标中分学段阐述的“课程实施建议”合三为一，统一撰写了教学建议、评价建议和教材编写建议，减少了不必要的重复，使得广大教师、教材编写者、评价者更易理解和把握，并增加了课程资源开发与利用的建议。将“行为动词”和“实例”等统一放入附录。

(六) 课程内容结构的变化

本专题第四部分“修订后的数学课程内容变了什么”将进行具体阐述。

三、 修订后的数学课程基本理念变了什么

(一) 关于课程目标

修订课标指出：“数学课程应致力于实现义务教育阶段的培养目标，要面向全体学生，适应学生个性发展的需要，使得人人都能获得良好的数学教育，不同的人在数学上得到不同的发展”。“人人都能获得良好的数学教育”是实

验课标中“人人学有价值的数学，人人都能获得必需的数学”的一次概括、提升和拓展，体现了修订课标对数学课程有了进一步的认识。那么，怎样的数学教育才算是一种良好的数学教育？良好的数学教育应追求什么目标？数学课程的四个具体目标（“知识技能”“数学思考”“问题解决”和“情感态度”），不是相互独立和割裂的，而是一个密切联系、相互交融的有机整体。这些目标的整体实现，是学生受到良好数学教育的标志，它对学生的全面、持续、和谐发展有着重要的意义。

（二）关于课程内容

1. 课程内容的选择。

修订课标发展了传统的课程内容观，指出：“课程内容要反映社会的需要、数学的特点，要符合学生的认知规律。它不仅包括数学的结果，也包括数学结果的形成过程和蕴含的数学思想方法。”数学课程内容的选择仍然应当是“现实的、有意义的和富有挑战性的”，但并非“现实的”都是适合的，只有“贴近学生的实际，有利于学生体验与理解、思考与探索”的才更有教学意义，内容应为学习过程和结果服务。

2. 课程内容的组织和呈现。

实验课标没有对课程内容的组织进行表述，只对课程内容的呈现进行规定，指出“内容的呈现应采用不同的表达方式，以满足多样化的学习需求”。修订课标补充了课程内容组织的具体要求，强调“三个重视”和“处理好三对关系”，即“课程内容的组织要重视过程，处理好过程与结果的关系；要重视直观，处理好直观与抽象的关系；要重视直接经验，处理好直接经验与间接经验的关系”。“课程内容的呈现应注意层次性和多样性”，要适合不同年龄学生的阅读水平和个性化学习需求。

（三）关于教学活动

修订课标在教学活动方面做了比较大的修改和补充，主要从以下四个方面详细阐述了教学活动的相关理念。

1. 教学活动的概念。

实验课标没有给出教学活动的明确概念，只给出教学活动中学生和教师的角色定位。修订课标明确了教学活动的概念，指出：“教学活动是师生积极参与、交往互动、共同发展的过程。”表明教学活动需要师生参与、互动，实现共同发展。这里的“参与”是教学活动的前提，“互动”是教学活动的灵魂，“发展”是教学活动的目标。修订课标同时指出：“有效的教学活动是学生学与教师教的统一，学生是学习的主体，教师是学习的组织者、引导者与合作者。”把学生是学习的“主人”改为“主体”，明确了“双主体”的教学观。

2. **教学活动的要求。**

修订课标对数学教学活动提出两个方面的具体要求。一是“课堂教学应激发学生兴趣，调动学生积极性，引发学生的数学思考，鼓励学生的创造性思维”。让学生亲身参与活动很重要，但仅有活动是不够的，数学是需要思考的，数学在培养人的创造性思维方面具有不可替代的作用。学会数学思考，培养创造思维是数学重要的目标。二是“要注重培养学生良好的数学学习习惯，使学生掌握恰当的数学学习方法”。课标在课程总目标的具体阐述中明确提出“养成认真勤奋、独立思考、合作交流、反思质疑等学习习惯”。

3. **数学学习方式。**

对于数学学习方式，修订课标修正、补充了实验课标的表述，明确指出：“认真听讲、积极思考、动手实践、自主探索、合作交流等，都是学习数学的重要方式。”修正了课程改革过程中，部分教师因误解课标精神，一味追求自主、合作、探究学习方式的错误倾向。

4. **教师教学要求。**

修订课标调整、补充、发展了实验课标对教师教学的要求，指出：“教师教学应该以学生的认知发展水平和已有的经验为基础，面向全体学生，注重启发式和因材施教。教师要发挥主导作用，处理好讲授与学生自主学习的关系，引导学生独立思考、主动探索、合作交流，使学生理解和掌握基本的数学知识与技能，体会和运用数学思想与方法，获得基本的数学活动经验。”它修正了实验课标过分强调教师在教学中应该凸显学生的主体地位，忽视教师的主导作用，忽视我国传统优秀教学方法的传承等教学理念。

（四）关于学习评价

实验课标指出：“对数学学习的评价要关注学生学习的结果，更要关注他们学习的过程；要关注学生数学学习的水平，更要关注他们在数学活动中所表现出来的情感与态度，帮助学生认识自我，建立信心。”这种表述造成部分教师的误解，认为“要关注”和“更要关注”两个关联词中，后者更重要。事实上，在学习评价中，结果与过程、学习水平和情感态度都是有机关联的，它们在评价中同等重要，我们应该辩证地处理好这两个关系。因此，修订课标将原来的两个关联词改成了“既要关注”和“也要重视”。

（五）关于信息技术的应用

修订课标传承了实验课标提出的要充分考虑信息技术对数学学习内容和方式的影响，并强调“应根据实际情况合理地运用现代信息技术，要注意信息技术与课程内容的整合，注重实效”。既要致力于改变学生的学习方式，也要有效地改进教师的教学方式。

四、 修订后的数学课程内容变了什么

修订课标的课程内容在总体结构上仍然分为四个领域，“数与代数”和“统计与概率”两领域的名称保持不变，“空间与图形”改为“图形与几何”，“实践与综合应用”原来在几个学段的名称不一样，现在统一为“综合与实践”。四个领域的具体课程内容和教学要求增减变化不大，主要是理顺与调整，使得课程内容的系统性和渐进性更加完善。

（一）数与代数

修订课标“数与代数”领域在课程内容结构上没有变化，仍然分为数的认识、数的运算、常见的量、式与方程、正比例与反比例、探索规律等几个部分，但课程内容有所增加。在原有的基础上，加强课程内容与现实的联系，加强基本的数学知识，重视学生了解、掌握常见数量关系，注重发展学生的运算能力和代数能力，加强综合能力的培养。同时，经过调整、修正、补充，原有的一些教学要求更加明确、具体。具体可阅读《义务教育数学课程标准（2011 年版）》中的“课程内容”部分。

（二）图形与几何

修订课标将“空间与图形”改为“图形与几何”，保留了几何的表述，反映了课程要体现数学的本质。本领域第一、二学段内容的结构没有变化，仍然分图形的认识、测量、图形的运动、图形与位置四个部分。

“图形与几何”第一学段删移了部分教学内容，例如，将“体会并认识面积单位平方千米、公顷”“能在方格纸上画出一个简单图形沿水平方向、竖直方向平移后的图形”“能在方格纸上画出简单图形的轴对称图形”及“会看简单的路线图”移到第二学段，减轻了低年级学生的课业负担。第二学段删除

了“了解两点确定一条直线和两条相交直线确定一个点”“体会图形的相似”等教学内容，增加“知道扇形”，为认识扇形统计图提供基础。改变一些课程内容的要求层次或提出限制性要求（如在方格纸上），使教学目标要求更加合理、明确，可操作性更强。修订课标还更加强调借助学生的生活经验，结合实例（生活情境），通过观察、操作等活动进行教学。

（三）统计与概率

修订课标对“统计与概率”领域的结构做了较大调整，使三个学段内容学习的层次性更加明确。根据学生的年龄特征和认知规律，第一学段的课程内容和目标要求大幅减少，由原来的 11 条具体要求减少为现在的 3 条，并将下面这些内容全部后移至第二学段：

①通过实例，认识统计表和象形统计图、条形统计图（1 格代表 1 个单位），并完成相应的图表。

②通过丰富的实例，了解平均数的意义，会求简单数据的平均数（结果为整数）。

③知道可以从报刊、电视等媒体中获取数据信息。

④根据统计图表中的数据提出并回答简单的问题，能和同伴交换自己的想法。

⑤不确定现象（概率）的所有课程内容。

在第二学段的课程内容和目标中，删除了“能设计统计活动，检验某些预测”、“初步体会数据可能产生的误导”、“可能性”（概率）的具体要求以及与“中位数”和“众数”有关的内容。

“统计与概率”领域课程内容的大幅度变化，主要有三方面原因：一是更加突出了学生对数据分析的体验，鼓励学生用自己的方式呈现整理数据的结果；二是早期经验的多样化可以为以后学习“正规”的统计图表和统计量奠定比较牢固的基础；三是使得统计内容在各学段的要求层次更加明确。

（四）综合与实践

修订课标对“综合与实践”内容做了较大修改，明确它是一类以问题为载体、以学生自主参与为主的学习活动，是帮助学生积累数学活动经验、培养学生应用意识与创新意识的重要途径和有效载体。要求在学习活动中，让学生经历有目的、有设计、有步骤、有合作地综合运用“数与代数”“图形与几何”“统计与概率”等知识和方法解决简单的问题，体验发现和提出问题、分析和解决问题的过程，感受针对具体问题提出设计思路、拟定简单的方案解决问题的过程。第一学段的内容安排应强调问题情境相对简单、生动有趣、学生容易参与，可以把操作活动作为主要形式。第二学段可通过应用、探索和反思，加深对所学知识的理解，引发学习的兴趣和培养思考的习惯，通过交流，发展理解他人、团结互助的合作意识。

五、教学实施中的跟进策略

根据修订课标精神，在具体教学实施过程中，教师要认真研读修订课标第四部分“实施建议”中的“教学建议”，同时要思考、关注以下几个问题。

（一）关注课程变化，准确把握目标要求

修订课标对各个学段的数学课程内容有明确和具体的目标要求。教师在教学实施前，必须了解课程内容的变化点，明白课标加强了什么，淡化了什么，要把握好结果目标行为动词“了解（知道，初步认识）”“理解（认识，会）”“掌握（能）”和“运用（证明）”四个层次之间程度的差异，并注意它们之间的衔接。要明确每节课所教的内容属于哪个层次目标要求，前连与后延知识分别是什么；要明确多数学生现在的思维处在什么水平，通过教学要达到什么水平。例如，第一学段“数的运算”课程内容中，“口算简单的百以内的加减法和一位数乘除两位数”的结果目标行为动词由“会”变成“能”，教师在教学实施时，要相应地提高教学目标要求，使学生在理解算理、掌握算法的基础上，达到能正确地口算百以内的加减法和一位数乘除两位数的目标要求。又如，第一学段的“图形与几何”将“感受平移、旋转、对称现象”调整为“感受平移、旋转、轴对称现象”，意味着要删除人教版实验教材二年级上册第五单元《观察物体》中“初步认识镜面对称现象”的教学内容。

（二）注重核心概念，发展学生数学素养

为了适应时代发展对人才培养的需要，修订课标在“课程内容”中提出了10个核心概念，这些概念涉及学生在数学学习中应该建立和培养的关于数学的感悟、观念、意识、思想、能力等，是学生在义务教育阶段数学课程中最应培养的数学素养，即数学学科核心素养。这些核心概念是实实在在蕴含于具体的课程内容之中，或者与课程内容紧密结合的，往往是一类课程内容的核心或聚集点，本质上体现的是数学的基本思想。例如，与“数与代数”

知识内容直接关联的数感、符号意识、运算能力、推理能力和模型思想等核心概念就不同程度地直接体现了抽象、推理和模型的基本思想的要求。所以，这些核心概念都是数学课程的目标点，应该成为数学课堂教学的重要目标。教学实施中，教师要重视核心概念，通过课堂教学予以落实，并贯穿数学教育的始终，有机地发展学生的数学学科核心素养。

（三）关注数学思想，重视积累活动经验

修订课标把促进学生的全面发展体现在课程目标中，对学生的培养目标明确提出了“四基”的要求，凸显了数学对于学生发展的特殊作用，这是对十年课程改革成功经验的提炼和升华。因此，无论是设计、实施课堂教学方案，还是组织各类教学活动，教师不仅要重视学生基础知识与基本技能的获得，还要在数学知识形成 、发展和应用的过程中，通过独立思考、合作交流感悟数学的基本思想，引导学生在参与数学活动的过程中积累基本活动经验，整体实现课程目标，全面发展学生的数学素养。例如，学生在经历简单数据的收集和整理过程中，要让他们感悟分类的思想，获得基本的活动经验，包括基本的操作经验、数学思维经验、问题解决经验和思考的经验等；在平行四边形、三角形、梯形面积公式的推导过程中，要让学生感悟转化思想，获得剪拼、操作、未知化已知等数学活动经验。

（四）关注教学方式，有效实施数学教育

修订课标指出：“好的教学活动，应是学生主体地位和教师主导作用的和谐统一。一方面，学生主体地位的真正落实，依赖于教师主导作用的有效发挥；另一方面，有效发挥教师主导作用的标志，是学生能够真正成为学习的主体，得到全面的发展。”教学实施中，教师应该以学生的认知发展水平和已有经验为基础，面向全体学生，注重启发和因材施教；正确处理教师讲授与学生自主学习的关系、发现学习与接受学习的关系；要根据教学内容、教学对象、教学环境等选择适合的教学方式和学习方法，引导学生独立思考、主动探索、合作交流，使学生理解和掌握基本的数学知识与技能、数学思想和方法，获得基本的数学活动经验。

我们来欣赏吴正宪老师教学“两步问题”的一个片段。教师出示情境图引导学生观察，找信息提问题，引出一步计算的问题：“猴弟弟摘 4 个桃，猴哥哥摘 7 个桃，兄弟俩共摘几个桃?”进一步启发谈话，引出两步计算的问题：“猴弟弟摘 4 个桃，猴哥哥比猴弟弟多摘 3 个，兄弟俩共摘几个桃?”接

着教师通过启发式讲授，引导学生用分析法分析题中的数量关系，并板书（如图 13-1）。然后教师让学生闭上眼睛，把以上的分析过程自主讲述一遍，再根据分析图从下往上想（从条件到问题），即用综合法分析。最后才让学生自主用画图的方式表示“共摘几个桃”的推算过程，表达对数量关系的理解，并在交流讲述图意的过程中，共享智慧。

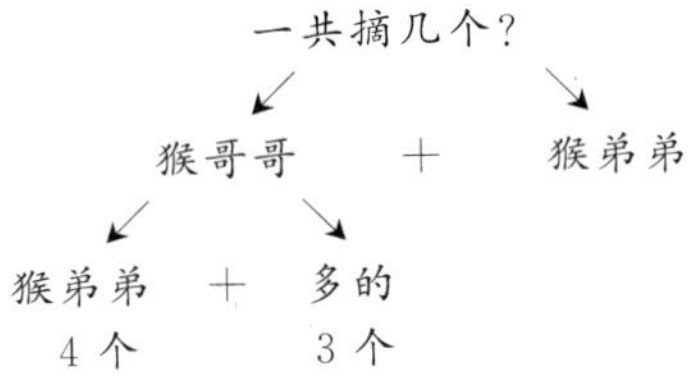

图 13-1

纵观整个教学过程，我们可以发现，吴老师不是在情境出现后，直接让学生进行自主探究，而是先设计问题，启发讲解，引导学生先用两种不同的思路（分析法与综合法）进行口头分析，再动手画图表示数量关系，自主探索、合作交流。这种教学策略谋求的是教师主导与学生主体之间的平衡，寻求的是不同教学方法之间的最佳整合状态，达到的是更加有效的课堂教学。

课程标准的修订变化，必然对一线教师的教学提出新的要求与挑战，我们只有准确了解课程标准的变化特点，明确各个知识领域的核心目标和教学要求，领悟变化实质，把握操作方法，才能及时调整教学策略，灵活应对改革与挑战，整体实现课程目标，使每个学生都得到良好的数学教育。

专题 14

有效课堂从研读教材起步

新课程改革后，教材（本专题专指狭义的教材，即教科书）不再是一份孤立的、封闭的、固化的材料，而是联系的、开放的、活化的课程资源。“一标多本”的教材开发政策，带来更加多样活泼的教材内容，这给教师将“教材内容”处理成“教学内容”留下更多的联想和创造空间。因此，读懂、悟透教材成为构建高质量数学课堂之本源，成为课堂教学研究的首要重点和基础性工作。

一、 明确教材的价值地位

从教学工作的视角讲，教材是最基本和最主要的课程资源。教材依据课程标准编写，并经过严格审查，它是课程标准直接而全面的体现，是实现课程目标的重要载体。与其他课程资源相比，教材具有相当大的特殊性，它在很大程度上反映国家意志，代表国家对学科教育的基本要求，为学科教育树立了一个统一的标杆和尺度，是政策性很强的课程资源。因此，教材在教学工作中具有主导性、核心性、权威性，这种地位是不可动摇的。

从学生学习的视角讲，数学教材为学生的数学学习活动提供了学习主题、基本线索和知识结构，是学生学习的主要客体，是学生与他人、生活、社会、自然等发生联系的桥梁和纽带。教好教材虽然不是教学的全部，但教材对学生的发展具有基础性和导向性的价值与作用，是学生的“一日三餐”。课堂教学的核心任务就是解决教材与学生间的矛盾，没有教材或不依据教材的课堂，教学就会失去内涵，失去方向，质量也就没了根基。以教材为本，用好教材，把教材内容教好，把教材任务落实好，把教材问题解决好，对“减负增效”

具有重要的意义。因此，教材对学生的学习和教学质量的提高具有基础性、导向性、工具性的作用。

从教师素养的视角讲，对数学教材的理解和把握从根本上影响和制约着数学教师的专业发展。教师读教材、研教材、用教材的能力是专业素养和教学水平的直接反映，教师的专业素养决定着对教材知识广度、深度、高度的把握，决定着能否挖掘出知识背后的思想方法、思维品质和育人功能等方面的内容，决定着能否做透、做厚、做深教材，最终在正确理解和灵活把握教材本身，不肢解、脱离、边缘化教材的基础上，超越和创新教材，实现真正意义上的“用教材教”和“创造性使用教材”。

从教学实践的层面讲，那些层次不清、重点不明、效果不佳的数学课堂，几乎都是教师对教材不熟悉、不理解所致；那些条理清晰、省时高效、课程目标整体实现的课堂，都是教师深刻理解、把握教材的结果。

研读教材，老师们都在做，为什么效果不一，甚至相差甚远？根据我的调查与思考，教师在研读教材的过程中出现的主要问题有：一是主体研读意识不强、方法不当，二是没有经历深层次研读的过程，三是没有对话沟通的交流平台。具体表现在：教师主体缺乏系统深入研究教材、读教师教学用书的习惯，一味依赖现成的教案集，“拿来主义”普遍存在，削弱了教师自身的主体性和创造性。许多教师备课时先看教案集，再读教师教学用书，最后翻翻教材，形成了与正常备课相反的研读顺序。我们在进行全国教育科学“十二五”规划教育部重点课题的问卷调查时，设计了“你备课时最主要的阅读材料是什么”这个问题，调查结果是：教材占10%，教师教学用书（教参）占67.1%，教案集占14.3%，其他材料占8.6%，“教材”仅排第三位。

现在，名牌学校、城区学校聚集着大量的优秀教师，他们凭个体经验研读教材的现象较为普遍。在学校组织的次数有限的集体备课中，主讲教师往往都是在宣读教师教学用书的内容，缺少个性化、有创见的解读，其他教师即便有一些疑惑也很少有人愿意提出来交流。同时，在学校的集体备课中，往往缺少高端引领，仅停留在低层次的交流层面。当前的农村学校，规模小，师资相对薄弱，基本没有集体备课的氛围，因此，农村学校的教师缺少有效研读教材的对话平台，只能凭经验和个人素养理解教材，实施教学。这些问题造成当前教师研读教材存在如下现象：一是过于“轻视”教材，导致部分课堂“浅尝辄止”；二是过于“迷信”教材，导致部分课堂“为教而教”；三是过于“创造”教材，导致部分课堂“雾里看花”。

基于这样的认识，结合自己多年的实践与研究，我认为，构建常态化、大众化、平民化的高质量课堂需要从研读教材起步，这也是我多年来的教学主张。

二、研读教材的主要策略

（一）整体观：把握数学知识的结构体系

整体观是指从全局考虑问题，用宏观引领的理念从整体的角度研读教材。它具体是指从联系整个单元内容、整册教材甚至全套教材的视角来揣摩教材、推敲教材、研究教材，了解教材的编排体系，把握数学知识的结构体系。

数学是一门系统性、逻辑性很强的科学，相关知识之间的内在联系十分紧密。根据小学生的认知规律，全套小学数学教材的编排思路、每册教材的编写安排、每个单元的知识内容，每项内容的具体呈现，无不体现出各部分内容在外部看来环环相扣和内部看来紧密结合的特点。所以，教师备课时，不能就事论事，坐井观天，必须纵览全局，整体研读教材，从宏观上掌握教材的知识结构、逻辑框架，明确相关知识的内在联系，把握好每个知识点的来龙去脉和纵横联系，明确每节内容的“前联”与“后孕”，理清学生的学习基础和贯通，利用结构体系组织教学内容，提高学生的学习效率，发展学生的智慧。没有对学科知识结构的整体把握与理解，有效教学就无从谈起。

下面以现行人教版教材三年级上册第6单元《多位数乘一位数》例3为例，谈谈怎样整体把握教材的知识结构体系。

首先，教师要知道本单元在本册教材中的地位和包含哪些教学内容。本单元是本册教材的重点内容之一，具体学习的内容有：整十、整百、整千的数乘一位数和两位数乘一位数（不进位）的口算，0的乘法，两、三位数乘一位数的笔算，两位数乘一位数的估算。笔算乘法又分不进位乘法、一次进位乘法、连续进位乘法、因数中间有0的乘法、因数末尾有0的乘法。例3“24×9”属于连续进位乘法。其次，要深入分析本节课内容承前启后的联系，搞清这项知识内容学习的逻辑认知起点是什么，能为学习哪些后续内容提供基础。“24×9”的计算过程是$4\times9=36$，$2\times9=18$，$18+3=21$，其中2×9与$18+3$是在学生头脑里连贯完成的，即$2\times9+3$。这样分析后，本节课所需的知识基础就清楚了：一是表内乘法，二是与表内乘法有关的乘、加两步口算。（有些乘、加两步口算在多位数乘一位数时是用不上的，如 4×5+7，因为 4 或 5 与一位数相乘，进位最多是 4，不可能进 7。）分析数学教材知识结构体系，既要逆向往前，找出所学内容与前面有关知识的联系，又要顺向往后，弄懂由本知识点延伸的相连知识。多位数乘一位数在后续学习中的作用主要体现在两、三位数乘两位数及相应的除法计算中。例如，425×36 和 672÷16，前者通常分解为两个三位数乘一位数，即 425×6 和 425×3（准确地说是 425 乘 3 个十）；后者在试商时，要用到 16×4 和 16×2 的口算。显然，如果多位数乘一位数的计算不够熟练，势必影响到两、三位数乘两位数及相应的除法计算。如果扩展到整数数系外，多位数乘一位数还是小数、分数乘除法计算的基础。

有效课堂首先要依赖于教师对教材内容的全面把握，没有这种全面把握和宏观视野，教学只能如“风中的蒲公英”随意游走，没有着陆的根。所以，《义务教育数学课程标准（2011 年版）》指出：数学知识的教学，要注重知识的“生长点”与“延伸点”，把每堂课教学的知识置于整体知识的体系中，注重知识的结构和体系，处理好局部知识与整体知识的关系。

要通晓教材的知识结构体系，就要把分散在前后几册教材中的相关内容集中整理出来，由此就可以明显看出，它们如何构成一个递进的知识结构体系。把每节课的教学内容放到相应的知识结构体系中去理解，把握每一个知识点在知识链中所处的位置，就能处理好教学中昨天、今天与明天的关系，设计出合理可行的教学方案。

整体把握数学教材的知识结构体系，要纵向分析，既找出所学内容与前面有关知识的联系，又弄懂本知识点“后孕”的相连知识；要从小学数学教材体系，甚至要从大数学知识背景中理清来龙去脉，明白它们怎样构成一个递进的知识结构体系。在研读所用版本教材的基础上，教师还要研读其他版本教材，横向读出相同知识的不同编排特点，并进行比较、借鉴。整体把握数学教材的知识结构体系，可以表示如下：

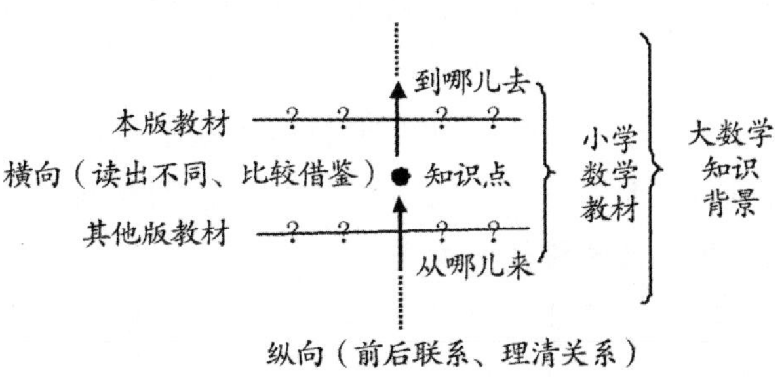

对学科知识结构体系的整体把握与理解是教师读教材、研教材、用教材最重要的基础性工作，是有效课堂教学的源头与起步。

（二）本质观：读透教材内容的核心价值

研读教材的本质观是指研读教材要关注数学教材编排的内容、认知、活动、表达等方面是怎样凸显数学学科的规定或数学活动的规律。当然，它不是要把数学学科凌驾于教育之上，凌驾于学生之上，而是为了在教学中体现数学教育应有的本质特征。

数学教材内容主要是通过文字、图片、表格、符号等载体向学生呈现事实、概念、公式、法则等信息资源，是学科知识的浓缩和反映，也是促进学生发展的工具和手段。所以，教师从宏观上整体把握教材的数学知识结构体系后，要从微观上深入研究每节教材内容涉及的图片与问题情境、素材与呈现方式、旁注与提示语等，深刻领悟每节教材内容所蕴含的知识、技能、思想方法、活动经验等层面上的内涵，这是教学的学科本质和核心价值。

1. 读懂课程材料的教学本质。

教师研读教材时必须明确教材内容是用什么素材、以何种形式呈现的，编排意图是什么，怎样教才能更好地体现教材意图，进而准确把握课程材料的精髓和教学本质，科学合理地把教材上的课程材料转化成教学内容，将静态的知识转化成动态的思维，在课程专家意图与学生思维活动之间搭起一座桥梁。例如，人教版教材二年级上册“不进位加”部分的编排，修订教材（指义务教育教科书）仍然采用了实验教材（指义务教育课程标准实验教科书）“参观博物馆”的情境图，但删除了两辆“准乘 70 人”的大客车和“哪两个班可以合乘一辆车”的问题，增加了“每个班由 2 名老师带队”的信息。从“有车”到“没有车”，从“没老师”到“有老师”，一“减”一“增”，对于这个情境的细微变化，修订教材的意图与本质是什么？删除与两位数加法算理无关的可否合乘一辆车的情境，减少繁杂情境的干扰，更加突出教学的本质与重点——怎样算两位数加两位数。增加“每个班由 2 名老师带队”，是为了便于引出例 1 计算“35＋2”，突出两位数加法的核心算理之一——相同数位对齐，再通过例 2 计算“35＋32”解决从个位加起问题。就是说，修订教材更加注重突出数学的学科教学本质。

数学教育的功能和任务主要体现在两个方面：一是给学生提供一种知识技术，以适应未来生活、工作和学习的需要；二是训练和发展学生的思维能力，提高科学素养。这两个方面的功能和任务是相辅相成的，训练与发展学生的思维能力应该是实现数学教育价值的核心内容，也是最重要的目标。正如日本数学教育家米山国藏所说："在学校学的数学知识，毕业后没什么机会可用，一两年后很快就忘掉了。然而，不管他们从事什么工作，铭记在心的数学精神、数学思想、研究方法和看问题的角度等，却随时随地发生作用，使他们受益终身。"数学探究活动的本质是引导学生进行数学思维活动，数学思维也是构建活力课堂的重要因素。所以，教师研读教材时，需要读透知识背后蕴含的思维价值，进而进行必要的训练。

例如，人教版教材六年级上册第 31 页例 2 "一个数除以分数"。教材根据数量关系列出算式 $2\div\frac{2}{3}$后，提出问题"怎么计算呢"，引导学生画线段图直观表示算式的含义，借助几何直观分析、推理 $2\div\frac{2}{3}$应该怎样算。学生画图、分析、理解算理的过程，是需要数学思考、逻辑推理的。教材在引导学生探究解决问题的过程中，进行了必要的逻辑思维训练，这是理解分数除法算理、掌握算法教学目标之外的重要教学任务，教师应该读透它的价值。之后，教材通过计算$\frac{5}{6}\div\frac{5}{12}$，在转化成$\frac{5}{6}\times\frac{12}{5}$后，用箭头方框提出问题"为什么写成$\times\frac{12}{5}$"，促使学生调动思维，深化对分数除法算理的理解。这个过程，是一个数学化的思考过程。教材脱离了几何直观，其思维是比较抽象、复杂的，隐含着抽象逻辑推理的成分。最后，教材又提出问题"通过上面的计算，你发现了什么？你会用自己的方式表示你发现的规律吗"，引导学生观察比较，用不完全归纳法概括出分数除法的计算方法，并用自己的方式进行表达。这一系列活动都是数学思维活动的过程，是比掌握算法更重要的教学任务。

2. 读活"教材空间"的创生取向。

根据课程标准编写的各版本教材都会为教与学预留自主探究和思考交流的空间，这些"教材空间"在一定程度上给部分教师理解和处理教材带来困惑和难度，同时给教师研教材、用教材留下了更多的联想和创造空间。教师在不偏离课程目标、不曲解教材本意的前提下，可以通过不同的方式，灵活地对"教材空间"进行有意义的补充、拓展、延伸，将自身对教材的理解融入教学活动之中，实现教材与教学的有机融合。例如，人教版修订教材五年级下册第 60 页例 2："怎样求 18 和 27 的最大公因数?"教材介绍了 3 种不同的方法。第一种是分别列出 18 和 27 的全部因数，再从中找；第二种是列出较小数 18 的因数，再从中找。这两种方法是课程内容规定的要求，即通过"列举"用"找"的方法，学生有这方面的经验（罗列或列举），故这两种方法适合全体学生的理解与接受能力，属于基本层次。同时教材又利用阅读材料"你知道吗?"介绍用分解质因数的方法（可简便写成短除法）求两个数的最大公因数。这种方法的过程比较烦琐，在实际约分时也很少运用，所以教材编排为选学内容。但这种方法直指数论的本质，具有科学性、规范性和普适性，把它介绍给学生能提高学生的数学学科素养。

细心阅读教材后，我们还会发现，教材在介绍两种基本方法后，又以小精灵提问的形式提出"你还有其他方法吗？和同学讨论一下"，表达了算法多样化、个性化的意图，这就是"教材空间"。所以，教师在教学中还要组织学生交流其他方法。比如写出较大数的因数，再从中找；也可以从较小数的最大因数开始筛选，即先看较小数的最大因数是不是较大数的因数，如果是，较小数的最大因数就是这两个数的最大公因数，如果不是，就看较小数的第二大因数，依此类推。这种方法简单快速，在约分中最好用，能有效提高运算速度，深受学有余力学生的青睐。如果教学时间和学生接受能力许可，可把这种"筛选法"也作为教学内容，能拓宽学生的知识面，提高运算能力，但这个阶段不宜做统一教学要求。

教师要怎样把握"教材空间"的创生取向，延伸教学内容，实现"教材"向"学材"的转换，提升教学品位与内涵，这需要教师依靠教育思想、专业素养、教学能力，使教材个性化、生命化。

3. 读透教材细节蕴含的意图。

数学教材内容是由许多个细节素材组成的，不同的细节有着不同的编写意图。对许多不起眼的教材细节编写意图的理解与把握，是教师个体智慧与灵感的展现，能彰显教师研读教材的功力。教师要赋予教材细节更深刻的知识内涵和更广阔的思维空间，让教材细节丰盈课堂，发挥以小见大的功效。例如，北师大版教材和苏教版教材"认识负数"都是以温度计为素材的。用温度计做素材蕴含的深意是什么？把温度计横过来就是一条数轴，0 是正数和负数的分界点，数轴上正数和负数分布在 0 的两边。温度计蕴含的这些信息对学生扩展数的认识具有非常重要的意义。

读透教材内容的本质与内涵，就是要从数学教育核心价值的视角来理解教材编写的内容。

（三）练习观：探寻教材习题的使用价值

在数学教育评价仍然以书面笔试为主的背景下，讲求练习效果，提高练习效度，发展学生数学思考力是有效课堂的重要指标。现行各版本教材都注意提供不同层次、形式多样的习题，即便在讲究问题情境、追求学习过程背景下的数学教材中，各种练习题仍然占据了过半的篇幅。然而，在现实中，教师备课有一个很大的误区，就是更多地关注教辅材料中习题的研究，忽略教材习题的研读，只把教材中高品质的课程资源当作供学生练习的普通材料而已，导致教材习题资源的价值难以有效发挥。因此，精细品析教材习题，实现其价值的最大化、最优化是研读教材的重要工作，是实现高效课堂、减轻师生负担的重要途径。教师可以从三个方面来探寻教材习题的使用价值：

一是弄清习题设置的目的性和层次性。教师要弄清每道习题设置的意图与作用，理清一组习题间难易、深浅的层次安排，分清哪些是巩固概念、公式、法则的基本题，哪些是促进理解、应用的变式题，哪些是需要综合运用知识、技能的综合题和提高题。

二是分析习题的呈现形式和学生的解题特点。教师要分析习题的呈现形式是否符合学生练习的心理需求，学生解答这些习题的思维过程有哪些特点。

三是探寻习题蕴含的思想方法和拓展空间。教师要分析问题解决过程中蕴含的数学思想方法，探寻哪些习题可以一题多变、一题多解（多法归一），哪些习题存在拓展、延伸的空间，怎样用好、用活习题。

例如，人教版修订教材五年级上册“平行四边形的面积”配置的一组习题（如图 14-1），可以按照以下方式进行整体研读。

从每道习题设置的目的性与整组习题的层次性进行研读：第 1 至 3 题旨在巩固运用公式，属于基本题和形成性练习，但第 2 题的最后一个小题要在多个信息中先判断对应的底和高，有不同的算法；第 4 题要先画出一底边上的高，测量出底和高的长度，然后计算，有一定的探索性；第 5 题除应用公式外，还要进行面积单位的换算和简单数量关系的分析；第 6、7 题旨在认识“等底等高的平行四边形的面积相等”；第 8 题是借助示意图或实物教具讨论长方形的长和宽分别与平行四边形相邻两边相等的情况下，两种图形周长、面积的大小分别有什么关系，属综合题；第 9 题是公式的逆运用；第 10 题借

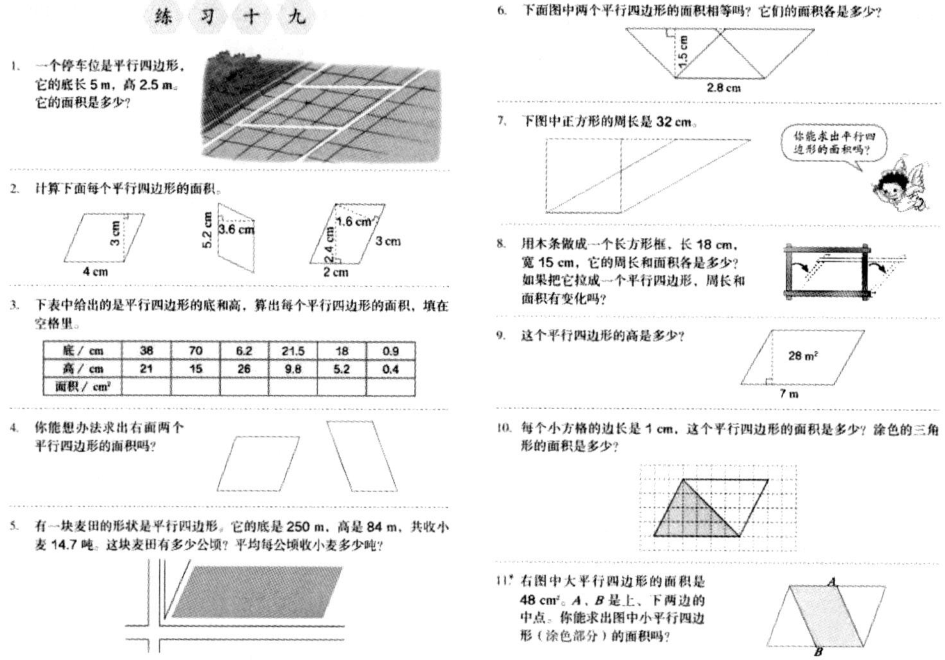

练习十九

1. 一个停车位是平行四边形，它的底长 5 m，高 2.5 m。它的面积是多少？

2. 计算下面每个平行四边形的面积。

3. 下表中给出的是平行四边形的底和高，算出每个平行四边形的面积，填在空格里。

底 / cm	38	70	6.2	21.5	18	0.9
高 / cm	21	15	26	9.8	5.2	0.4
面积 / cm^2						

4. 你能想办法求出右面两个平行四边形的面积吗？

5. 有一块麦田的形状是平行四边形。它的底是 250 m，高是 84 m，共收小麦 14.7 吨。这块麦田有多少公顷？平均每公顷收小麦多少吨？

6. 下面图中两个平行四边形的面积相等吗？它们的面积各是多少？

7. 下图中正方形的周长是 32 cm。

8. 用木条做成一个长方形框，长 18 cm，宽 15 cm，它的周长和面积各是多少？如果把它拉成一个平行四边形，周长和面积有变化吗？

9. 这个平行四边形的高是多少？

10. 每个小方格的边长是 1 cm，这个平行四边形的面积是多少？涂色的三角形的面积是多少？

11*. 右图中大平行四边形的面积是 48 cm^2。A、B 是上、下两边的中点。你能求出图中小平行四边形（涂色部分）的面积吗？

图 14-1

助方格纸，从直观上得出“三角形的面积是等底等高平行四边形面积的一半”；第 11 题是选作思考题。从习题的呈现形式与学生的解题特点来看：11 道习题中，除第 3 题用表格外，其余都以图文结合的形式呈现，突出几何直观，增加问题的直观性，符合学生的思维特点。第 4、8 题考查动手操作，第 4 题学生可能会先画出不同底边上的高再测量，第 8 题需要学生通过观察、比较、实验、猜测、验证、交流等数学活动，发现面积变化的规律，学生思维的逻辑性得到训练。从习题蕴含的思想方法与拓展空间来分析：这些习题都体现了数形结合的思想。第 11 题除了用推理的方法得到小平行四边形的面积是大平行四边形面积的一半，还可以运用剪割、平移的方法。例如，剪下其中一个小三角形，平移后拼成一个新的平行四边形，最终原图可看成由两个大小相等的小平行四边形组成，阴影部分的面积就是 $48\div2=24$（cm^2）。这个操作活动过程不仅渗透了转化的数学思想，更重要的是让学生初步感悟两个完全一样的三角形可以拼成一个平行四边形，结合第 10 题的解题发现，可为下节课探索三角形面积公式积累重要经验。第 6 至 11 题除第 9 题外，都有拓展使用的空间。例如第 6 题，在学生发现“等积变形”的特点后，教师可以提出逆命题让学生讨论：“当两个平行四边形的面积相等时，它们的底与高是否也一定相等?”整体研读教材设置的每组练习，能够使教师从全局角度驾驭习题，根据教学内容和学习目标的需要用好、用活习题，同时可以从实现整体课程目标的高度进行“二度设计”，提高练习效度，减轻学业负担。例如，在“平行四边形的面积”这组习题中，第 6、7 题有重复的嫌疑，教师可选择其中一道题进行练习，再拓展成三个同底等高的平行四边形，其中有一个可以是长方形。

再如，人教版修订教材五年级下册第 28 页“做一做”第 2 题，教师通常仅把它作为形成性练习，让学生数一数每个长方体是由几个棱长 1 cm 的小正方体拼成的，并求其体积是多少。这样的练习虽然能达到巩固学习体积单位的目的，但存在就题论题的情况，缺少必要的数学思考和思维能力训练。有一位老师根据练习的目的性和知识的前联后孕关系，对这道题进行了如下的跟进延伸：如图 14-2，在学生数出教材中两个图形的体积后，教师用课件出示图①（每个小正方体的棱长为 1 cm），让学生说出长方体的体积是多少；接着出示图②、图③、图④，让学生说说这几个长方体的体积分别是多少。然

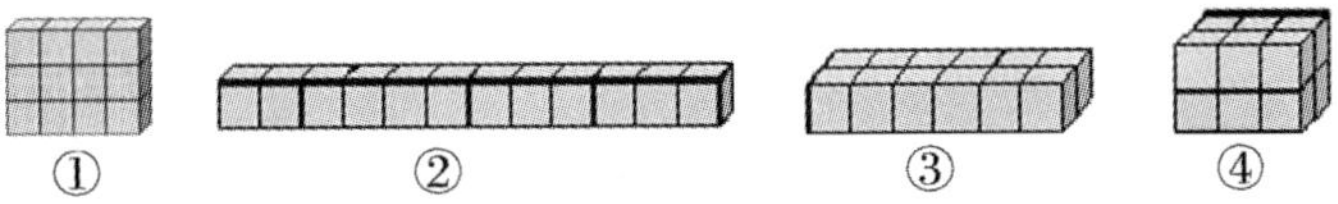

图 14-2

后教师追问：“这四个长方体的形状不同，为什么体积都是 12 cm^3 呢?”学生通过交流，知道长方体的体积等于所含体积单位的个数，而与形状无关。教师继续追问：“图④所含体积单位的个数是 12，你是怎么数出来的?”学生通过观察、思考、计算，发现“长方体的体积＝每排个数×排数×层数”。这样一题多变、多法归一的拓展，不但提高了练习效度，发展了学生的数学思考能力和空间观念，而且立足知识的“生长点”和“延伸点”，为探索长方体体积公式奠定基础、积累经验。所以，教师在深入研读、充分利用教材习题资源的基础上，有必要对习题进行适当的添加、删减、整合和分解。

研读教材除了要讲究策略，还要在研读的过程中融入自己的科学精神和教育智慧，这样才会上出有品位的课、有思想的课、有个性的课、体现数学本质的课。

专题15

研读教材的追问联想策略

如果说一个相对完整的教学行为过程分为研读分析教材、设计教学方案、课堂教学实施、课后总结反思四步骤的话，那么研读教材就是第一步，这一步可能决定后面几个环节的走向，决定教学的成效。研读教材是教学的理性分析阶段，是确定合理教学目标、构建合适教学内容的必需阶段，所以我提出的教学主张是“有效课堂从研读教材起步”。为了让教师们更加有效地读懂、读透、读深当前各种版本教材的意图、特色和价值等，最终实现高效课堂教学，服务学生的发展，我们在长期实践研究的基础上，梳理归纳出研读教材的一些基本策略。《小学数学教材研读与教学》一书中列出了几种基本策略，这里我给大家介绍研读教材的追问联想策略。

追问，就是追根究底地查问，多次查问；联想，是由于某人或某事物而想起其他相关的人或事物，或者是由于某概念而引起其他相关的概念。研读教材的追问联想策略，是指从教材内容的结构体系、呈现形式、素材选择、育人功能等方面进行追根究底地查问。在追问中了解某项知识的结构体系，在追问中理解某项内容以这个素材为载体的含义，在追问中弄清教材某项内容增减的缘由，在追问中明白教材某项内容呈现形式的本意，在追问中把握教材某道例题的全面教学目标等。追问联想可以让我们知其然并知其所以然，让我们对教材的理解更深刻，教学思路更清晰。

一、从教材内容结构上追问联想

数学是一门系统性、逻辑性很强的科学。教材编排首先要考虑数学知识的逻辑结构体系，同时又要遵循学生的认知规律，把每个知识模块的学习内容适当分阶段，由浅入深，由易到难，循序渐进，螺旋上升。每个知识模块的学习内容分成几个阶段，分别编排在哪几册，每个阶段是怎样递进的，这些都是教师研读教材时要追问的问题。例如，有关“分数、小数的认识”：为什么都要分成两个阶段学习？为什么是先学习“分数的初步认识”（三年级上册），再学习“小数的初步认识”（三年级下册），接着学习“小数的意义和性质”（四年级下册），最后学习“分数的意义和性质”（五年级下册）？又如，“最大公因数”和“最小公倍数”均属于“因数和倍数”知识体系，为什么要编排在“分数的意义和性质”板块？

随着社会的发展，人们对数学教育教学规律的认识也会不断更新变化，所以，不同历史时期教材的知识内容结构会有一些调整变化。新旧教材对比，知识结构体系有哪些变化？为什么要这样调整？它对教学会产生什么影响？这些问题也需要教师在研读教材时追问，搞清缘由，才能在教学实施中有效应对。例如，有关“单式条形统计图”的学习内容，人教版实验教材分别编排在一年级下册（1 格表示 1 个单位）、二年级上册（1 格表示 2 个单位）、二年级下册（1 格表示 5 个单位）、三年级下册（横向条形统计图、起始格与其他格代表的单位量不一致），分四个学期，每个学期安排一个单元一项内容，采取小步子分段教学，螺旋上升。人教版修订教材则把以上这些内容集中编排在四年级上册第七单元。那么，修订教材为什么要把这部分内容整合集中教学呢？它会对教学产生哪些影响呢？这就需要教师在研读教材时进行追问与联想。编者对这部分教材知识结构的调整，主要有以下几个原因。一是落实修订课标中课程内容和要求的变化。因为修订课标将“认识条形统计图”从第一学段后移到第二学段，教材必须对这部分内容的教学顺序进行重新调整。二是四年级的学生生活经验、知识积累更丰厚，对比较抽象的统计内容更易于理解与接受。三是集中编排教学，有助于学生即时迁移，系统学习，有利于进行比较、分析、归纳，渗透类比思想方法。四是节约教学时间成本。对于相同的学习内容，实验教材分四个阶段（单元），共设计 5 道例题，修订教材只安排 3 道例题，减少了教学时间。

又如，人教版教材三年级上册“两位数乘一位数的估算”知识模块，实验教材是编排在口算之后笔算之前，修订教材则是安排在笔算之后，以解决问题的形式呈现。教材编排为什么要这样变化呢？这也是基于课程标准关于估算目标要求的变化：修订课标把实验课标“能结合具体情境进行估算，并解释估算的过程”，修改为“能结合具体情境，选择适当的单位进行简单估算，体会估算在生活中的作用”。教材依据课标编写，修订课标强调“体会估算在生活中的作用”，所以，教材必然要对估算的呈现形式和教师的教学实施行为做相应的调整。

同一个知识模块的编排结构会发生调整变化，不同知识模块的编排结构也会根据以往教材在使用过程中，存在的某些知识结构不合理问题进行调整。例如，“有余数的除法”模块，实验教材是安排在三年级上册“万以内的加法和减法”模块学习之后。此时学生已经认识了三、四位数，学习了万以内数的加、减法，接下来学习“有余数的除法”只是涉及表内除法计算，容易造成“数的认识”与“数的运算”教学层次衔接不合理。“有余数的除法”是表内除法知识的延伸和拓展，它与表内除法关系密切，所以修订教材将其从三年级上册调整到二年级下册“表内除法”模块之后，更加符合小学生的认知规律，更好地处理了教学内容的前后衔接问题，构建了合理、科学的知识结构体系。同时，教材对“有余数的除法”内部学习内容的结构顺序也进行了调整，实验教材是先学习表内除法竖式的含义（例 1），再学习有余数的除法竖式及含义（例 2）、余数和除数的关系（例 3）；修订教材则是先学习有余数除法的含义（例 1），再学习余数和除数的关系（例 2）、有余数除法的竖式和表内除法竖式（例 3），并单独编排试商的例题（例 4）。修订教材为什么要对单元学习内容结构进行调整呢？首先，从刚学过的表内除法的平均分引入，学生在操作中出现平均分后还有剩余的情况，自然引出“余数”的概念。教材借助大量的操作活动帮助学生理解余数及有余数的除法的含义，理解余数和除数的关系，同时体会有余数的除法与表内除法的关系，这样的编排遵循了知识的发展规律，逻辑性更强。其次，将除法竖式的学习编排在理解了有余数除法的含义、余数和除数的关系后，更能凸显除法竖式的必要性和价值，也为试商教学做好准备。最后，单独编排试商的例题，突出试商的方法，为后续学习一位数除多位数分散难点。

二、 从教材呈现形式上追问联想

根据课程标准规定的课程内容和学生认知规律，在知识内容和结构体系确定后，知识内容的呈现形式就成了编者思考的重要问题。因此，教师研读教材时，在了解教材内容的知识结构体系后，要对教材知识内容的呈现形式进行追问联想，要常问自己：编者为什么要创设这个学习情境？为什么以这样的形式呈现问题？这种呈现形式对学生的学习有什么帮助？例如，人教版修订教材六年级上册第 37 页例 4（如图 15-1），这是一道结构完整的分数除法应用问题，离开图片，题目照样完整，数学语言的功能更加凸显。编者为什么要创设这个问题情境并用对话的形式呈现？这里的图片起到一个情景衬托的作用，会增加问题的真实感和活泼性，利于激发学生的学习欲望，增强数学的应用意识。当你揣摩透了教材情境图与呈现形式的作用和意义，教学中就能准确地根据编者意图，有效地实现课程目标。

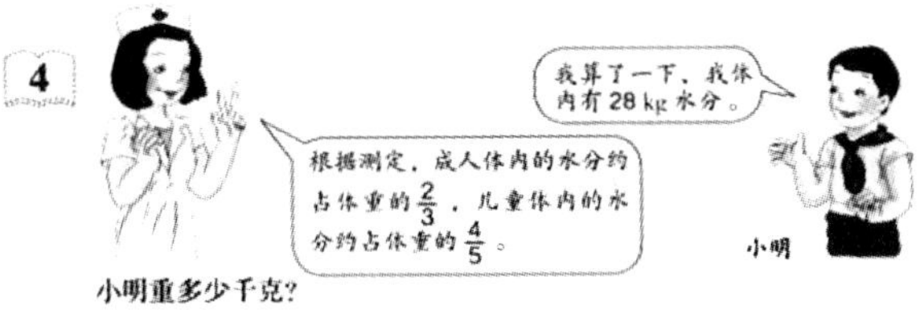

图 15-1

有些教材虽然保留传统的知识内容和素材，但其呈现形式却发生改变。教材知识内容呈现形式的变化同样有其自身的意图，对教师的教和学生的学一样会产生影响，教师必须准确把握变化的本意。例如，人教版教材五年级上册“平行四边形的面积”的内容，在用剪拼的方法探索平行四边形面积计算公式环节，修订教材（如图 15-2）与实验教材（如图 15-3）相比，其呈现形式就发生了不小的变化。在剪拼操作活动中，实验教材给了两句对话提示语：“可以把平行四边形变成一个长方形”“先剪开，再拼成……”修订教材则把第二句对话提示语改为“先沿高剪开，把三角形向右平移，再拼成……”，并根据操作活动顺序调整对话的顺序，还增加提示“转化成长方形就能计算面积了”。显然，修订教材在学生操作活动中给予必要的方法指导，给学生一个提示，减少无效探究。同时，在“观察比较发现”环节，修订教材把实验教材“观察拼出的长方形和原来的平行四边形，你发现了什么”改为“观察原来的平行四边形和转化后的长方形，你发现它们之间有哪些等量关系”并提供三个对话框让学生填写。一个看似简单的问题变化，实则使问题的指向目标更明确，减少学生不必要的瞎猜。学生通过填写三个对话框内的空格，有条理有根据地推导出平行四边形的面积公式，有利于逻辑思维能力的发展。

图 15-2

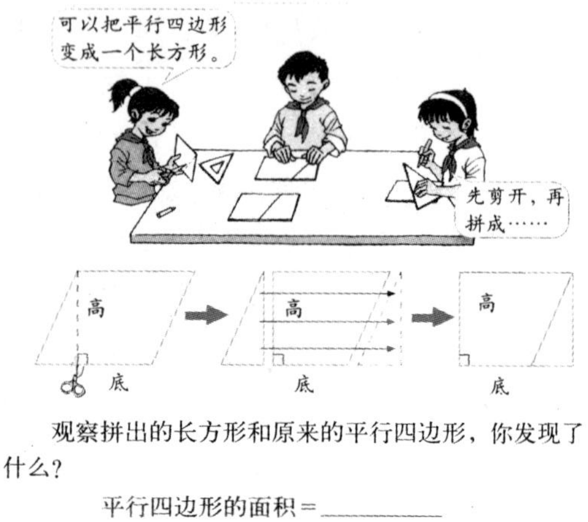

图 15-3

再来看前面讲到的“余数和除数的关系”，实验教材是通过“算”来认识（如图 15-4），修订教材则是通过“摆”来认识（如图 15-5）。学习内容的呈现形式如此变化的缘由：一是让学生在动手实践中经历知识发生的过程，感悟并发现规律；二是落实几何直观的课程理念，渗透数形结合思想，帮助学生更加形象地理解学习内容。

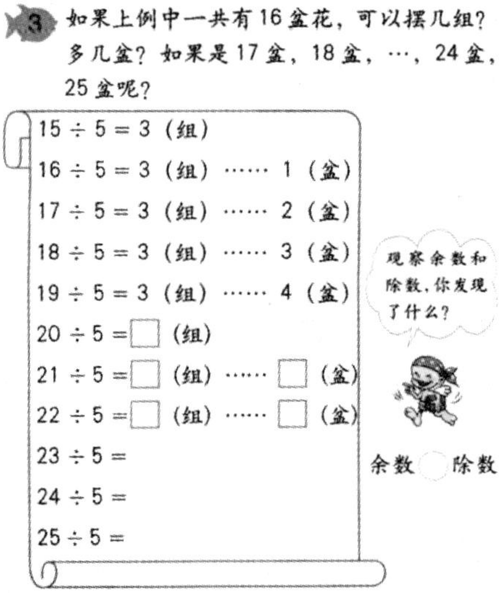

图 15-4

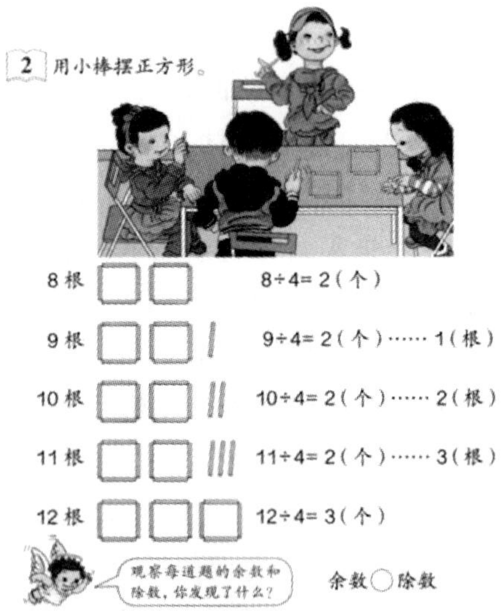

图 15-5

三、 从教材内容素材上追问联想

数学教材的内容素材指数学课本上的文本、图片等素材，是静态的、客观的、尚未形成数学思维的材料，它是数学知识的重要载体。如今的数学教材都非常注重联系学生的生活现实，选择最能体现所学知识内容的文本、图片、实例等作为学习素材，以利于提高学生对所学内容的兴趣、对数学本质的理解。例如，人教版修订教材二年级下册“除法的初步认识”，主题图选择糖果、橘子、酸奶、果冻、火腿肠等生活食品作为素材；三年级上册“时、分、秒”主题图的素材是新年钟声倒计时、人行横道红绿灯显时器、1 分钟跳绳、短跑用时 9 秒等。编者为什么要选择这些素材呢？首先，编者考虑到这些素材都贴近学生的生活现实，学生对这些素材的认识经验较多，容易体验到数学源于生活，生活中处处有数学。其次，这些素材与学习内容联系紧密，能起到揭示数学概念本质的作用。比如，糖果便于师生操作，学生通过简单的操作容易理解什么是平均分；学生平日经常等待红绿灯过马路，已经知道计量很短的时间用秒作为单位，初步体验、感悟、建立了 1 秒、几秒、十几秒的时间观念。第三，这些素材适合学生的认识水平。学生在第一学段感知的生活面比较窄，认识水平有限，学习素材的选择主要应该从他们身边熟悉的、有趣的事物中选取，便于他们接受。

《义务教育数学课程标准（2011 年版）》指出，教材所选择的学习素材应尽量与学生的生活现实、数学现实、其他学科现实相联系，应有利于加深学生对所要学习内容的数学理解。所以，修订教材选择的素材更加突出知识内容的本质属性，体现数学概念的核心价值。例如，“乘法的初步认识”，实验教材选择的素材载体是摆小棒（如图 15-6），修订教材则改为游乐场里小飞机、小火车、过山车乘载的人数（如图 15-7）。这是为什么呢？一是实验教材中例 1 的素材与主题情境图脱节，而修订教材中例 1 的素材来自主题情境图；二是实验教材中求每个小朋友摆出的图形所用的小棒总数并不都是相同加数的和，干扰了概念的本质属性；三是修订教材用解决问题的形式连续呈现求几个相同加数的加法算式，把发展学生的问题意识和揭示概念的本质有机结合，很好地落实课程理念。

图 15-6

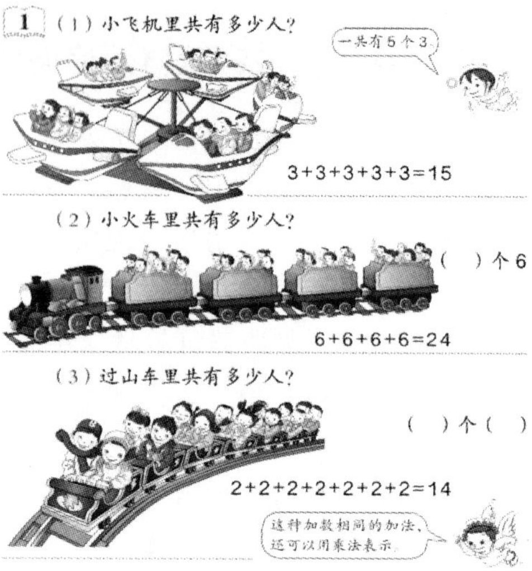

图 15-7

从编者的角度来看，现行数学教材选择的素材都与学生生活现实、数学现实相联系，但教材选用的素材都适合“我”所教的学生吗？这也是教师研读教材时需要追问的问题，并由此联想该怎样选择更合适的其他素材作为载体。例如，“公顷、平方千米的认识”，人教版修订教材在认识“公顷”时，选择体育场作为素材，并告诉学生：“400 米跑道围起来的部分的面积大约是 1 公顷。”大多数学生对体育场都比较熟悉，这个素材较好地利用生活经验，为学生建立“公顷”表象提供感性支撑；在认识“平方千米”时，教材则选择天安门广场作为素材，并告诉学生：“1 平方千米比 2 个天安门广场还要大一些。”该素材为到过天安门广场的学生建立“平方千米”的空间观念提供了极大的帮助，但对于没去过天安门广场的学生，这个素材就显得比较空洞。这种情况下，教师应从教材提供的素材中得到启发，联想当地有哪些资源、学生有哪些生活经验可供选择，用于替换教材中的素材，为建立“平方千米”表象提供更贴近、更适合的感性支撑。

四、 从教材内容增减处追问联想

编者在修编教材时，会根据课程标准对课程内容和目标要求的变化以及以往教材使用的经验和问题，适当调整教材内容，增加或删减部分知识内容。这些教材内容的增减意图、缘由是什么？对于教师的教和学生的学会有什么影响？这也是教师研读教材、备课时需要追问联想的问题。例如，人教版修订教材六年级上册“分数乘法”教学内容的变化，修订教材删除了实验教材的例 2（如图 15-8），增加了新的例 2（如图 15-9）。教材为什么做这样的改变呢？

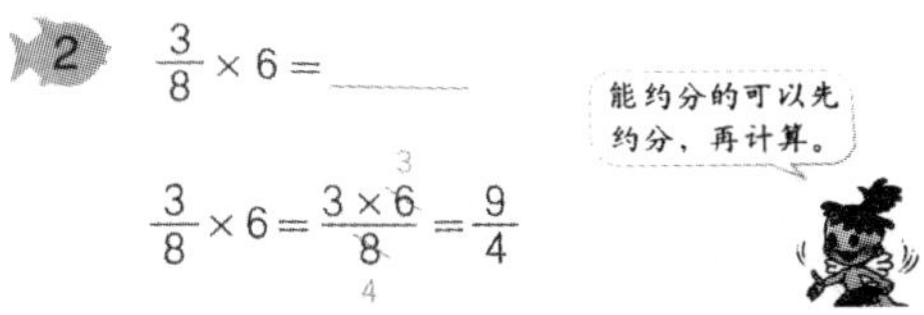

图 15-8

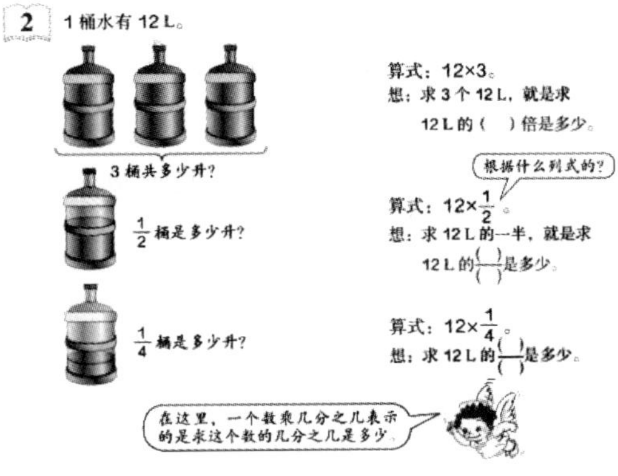

图 15-9

删减原例 2 是因为修订教材把“能约分的可以先约分”的学习内容整合到例 1$\left(\frac{2}{9}\times 3\right)$中。例 1 在学生理解分数乘整数的算理、探索出计算方法后，紧接着介绍了“能约分的可以先约分”，把一项并不难掌握的计算技能顺势结合在算理的理解、算法的探索中，加快教学节奏，节约学习时间。况且，教材还结合例 4“求一个数的几分之几”的计算过程，再次学习“能约分的先约分再乘”。“一个数乘几分之几”表示的含义历来是“分数乘法”的重要知识点，教材新增例 2“一个数乘分数表示的意义”教学，其作用、价值很大。实验教材没有安排学生学习“一个数乘分数表示的意义”，直接进行分数乘分数$\left(\frac{1}{5}\times\frac{1}{4}\right)$的教学，这样学生理解分数乘分数的算理就没了知识根基与依托，知识衔接断裂。教材给出的一句提示语，“想：$\frac{1}{4}$小时刷这面墙的几分之几，就是求$\frac{1}{5}$的$\frac{1}{4}$是多少”，则变成无本之木。修订教材设计新例 2，较好地利用学生对“求一个数的几倍是多少”的已有认知，帮助学生理解“一个数乘几分之几表示的是求这个数的几分之几是多少”的含义，将新知与原有认知衔接，为紧接着学习分数乘分数的算理和算法奠定扎实的知识基础，同时该题的教学可以将后续学习分数乘法应用问题的难点提前分散，以便后面集中精力探索解决稍复杂的分数乘法应用问题。

又如，人教版修订教材六年级下册“百分数（二）”第12页新增例5教学内容（如图15-10），其本意与作用是什么呢？教材通过对两个问题的研究与讨论，让学生综合运用所学的数学知识分析两个商场的不同优惠办法，得出究竟哪个商场优惠更多，体会数学在生活中的运用。显然，教材新增本例题具有现实意义。一是现实中，商家为了吸引顾客，常常会搞各种促销活动，消费者如何避免产生盲目、冲动的消费，需要学会理性分析；二是在此之前学生刚学习并掌握了折扣的含义及计算方法，且大多数学生都有购物经历，见过多种优惠促销办法，这节课可以运用所学知识解决实际问题，进一步体会数学与生活的密切联系；三是通过本例题的学习，学生可以较好地训练分析问题、解决问题的能力，用数学思维分析、思考、解决现实问题。

> **5** 某品牌的裙子搞促销活动，在A商场打五折销售，在B商场按“满100元减50元”的方式销售。妈妈要买一条标价230元的这种品牌的裙子。
> （1）在A、B两个商场买，各应付多少钱？
> （2）选择哪个商场更省钱？

图 15-10

五、 从学科核心素养上追问联想

一般地，教师研读教材时，对涉及教材内容的基础性目标——基础知识、基本技能容易把握，而对蕴含在数学知识形成、发展和应用过程中的数学思想，需要在数学活动过程中体验、积累的活动经验等隐性目标则比较难驾驭。然而，学生终身受益的、随时随地发生作用的恰恰是数学思想、数学思维方法、研究方法和情感态度等。所以，研读数学教材时，教师需要不断地追问自己：这节课除了显性的知识技能目标，还有哪些隐性目标？知识技能背后更为深入的核心价值是什么？例如，人教版修

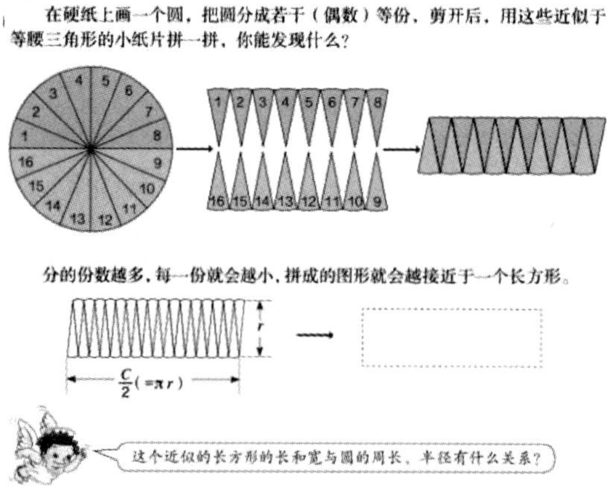

图 15-11

订教材六年级上册第 67 页“圆的面积”（如图 15-11），教材在圆面积计算公式的推导过程中，同时呈现两个不同等分的拼组图，先把圆 16 等分，拼成一个近似平行四边形，再把圆 32 等分，拼成一个近似长方形。在以往教材里，一般只出现一个等分拼组图，修订教材这样编排有什么深意呢？我们可以联想以前的教学，学生在学习圆的面积公式推导之前，已经涉及许多“无限”的概念，如自然数是无限的、直线可以无限延长等。在圆的周长教学中，有些老师也会让学生初步感知“圆内接或圆外切正多边形边数无限递增，正多边形的周长逼近圆周长”的极限思想。因此，本节教材同时呈现两幅等分拼组图，是要帮助学生经历一个“直观的极限过程”，让学生在观察“有限分割”的基础上，类推、想象“无限分割”，根据拼成的几个图形的变化趋势想象它们的终极状态，从而领会将圆无限等分后拼成的图形就是真正的长方形。所以，在学生经历圆面积公式的推导过程，理解并掌握圆面积公式的显性目标之后，教师要再追问：“照这样，如果把圆等分的份数增加再增加，然后按课本中的方法拼一拼，拼成的图形会有什么变化？”在追问中渗透极限思想，发展学生的想象力和空间观念。教师还可继续追问：“圆的面积公式推导与以前学过的平行四边形、三角形、梯形面积公式推导有什么异同？”在追问中唤醒学生已有的数学活动经验。通过比较，学生明白这几种图形面积公式的推导都运用化未知为已知的转化思想和等积变形策略，顺势把新知纳入原有认知结构。如此这般，学生在教师的不断追问中，唤醒经验，积极思考，在获得知识技能的同时，实现隐性学习目标，发展数学思考能力，提升学科核心素养。

对于教材编排的知识技能的学习，教师下的功夫多数是绰绰有余的，但在使学生“知其所以然”方面往往显得用力不足，甚至不知道如何用力。怎样补上这块短板，引导学生深入思考问题，真正理解所学内容，全面落实“四基”，发展学科核心素养，需要教师研读教材时找到关键处、发力点，进行追问与联想。我们来看北师大版教材四年级上册第 47 页“四则混合运算”（如图 15-12），淘气根据题意采用分步列式计算：22×3＝66（元），24÷4＝6（元），66＋6＝72（元）；而笑笑列出综合算式“22×3＋24÷4”后，呈现了一个对话：“我列的算式对吗？”这样编排是什么意思？如果教师只按教材，问：“笑笑列的算式对吗？”学生恐怕只能回答“对”，为什么对却不一定说得出来。但如果在“笑笑列的算式对吗”后面加上一个追问——“从淘气列的算式中能得到笑笑列的算式吗”，那么学生的思考就有了方向，容易沟通分步算式与综合算式间的联系，知道综合算式是如何“长出来”的，培养了数学语言表达能力、说理能力和思考能力，同时，教师通过追问建立的这种联系也为认识四则混合运算的顺序做好了铺垫。

图 15-12

六、 从教材习题价值上追问联想

教材习题是根据相应的教学内容、教学目标配置设计的。教材选编的每道习题都有特定的意图，承载着实现教学目标的某项任务。如同例题和其他教材内容一样，教师在研读教材习题时，同样需要对其展开追问联想，进行必要的创生延伸、改编或整合，让习题价值最优化，有效提高课堂教学效率，提高教学质量，发展学生的数学思考能力。例如，人教版修订教材六年级上册第 94 页“整理和复习”第 2 题：“李平家用 600 kg 稻谷碾出 420 kg 大米。他家稻谷的出米率是多少?”这是一道普通的求百分率问题，但是作为复习课的习题，教师有必要追问联想：通过这道题的练习，学生可以实现对哪些内容的温故知新？于是，教师可以就本道习题延伸出下列变式题：

(1) 李平家用 600 kg 稻谷碾大米，这批稻谷的出米率是 70%。这些稻谷能碾出大米多少千克?

(2) 李平家用一批稻谷碾出大米 420 kg，这批稻谷的出米率是 70%。这批稻谷有多少千克？

(3) 李平家用 600 kg 稻谷碾大米，碾出的米糠是 180 kg。他家稻谷的出米率是多少？

(4) 李平家用 600 kg 稻谷碾大米，这批稻谷的出米率是 70%。这些稻谷碾出的米糠是多少千克？

…………

借助一道普通习题的适当延伸，学生在较短的时间内就能全面复习百分数应用问题的三种类型，并沟通它们之间的联系。因此，教师使用教材习题时，可以根据教学需要和学生的实际情况，运用一题多变、一题多解、一题多问、多法归一等形式进行适当的拓展、延伸，用活习题资源，提高课堂练习的宽度与深度。

我们再来看人教版修订教材五年级下册第 21、22 页一组习题的追问、联想与再设计。第 2、3、6、7 题都是与长方体的棱有关的问题，其中第 2、6、7 题都是求棱长和的问题，第 3 题是棱的位置关系问题。这几道题如果逐一提供给学生练习也是可以的，但费时且层次性与逻辑性不强，这时教师可以追问：应该怎样整合这些习题，让练习既有针对性、连贯性，又能突出知识的本质和教学的核心价值？（具体可见本书专题 23《数学课堂高效练习策略的建构》。）

这样的设计让练习紧扣教学目标，既巩固例题的学习内容，又自然延伸，拾级而上，步步递进，每个环节都让学生有明确的思考目标，并在原有基础上深化所学内容，发展空间观念和数学思维能力。教师通过对教材习题的整合优化，摆脱“题海战术”，实现“轻负高效”的教学目标追求。

教师常要求学生在学习过程中多问几个“为什么”，若能把对学生的这种学习要求用到研读教材中，相信对教材的理解就会更深一层。

专题 16

研读教材的比较借鉴策略

比较，是指对比几种同类事物的异同、优劣；借鉴，是指把别的人或事当镜子，对照自己，以便从中学习或吸取经验教训。研读教材的比较借鉴策略是指教师在读懂、悟透自己当前使用版本教材编排结构、特征和意图的基础上，比较不同历史时期教材或现行其他出版社教材的同类知识内容的编排特点，吸取其优点与精髓，进行合理的借鉴和利用，构建更加符合学情需要的教学内容。

著名教育家乌申斯基曾说："比较是一切理解和思维的基础，我们正是通过比较来了解世界上的一切。"教材凝聚着编者的教育智慧，不同版本的教材体现不同编者的智慧与特色。教师在研读教材的过程中，恰当地运用比较借鉴策略，能拓宽视野，打开自身的教学思路，有利于更全面、辩证地解读教材和使用教材，使教学内容的构建源于教材而不局限于教材，可满足学生的学习和成长，实施更有效的教学。运用比较借鉴策略研究教材是深入解读教材的有效方法之一，它既是实施有效课堂教学的保障，也是提高教师专业素养的重要手段。

一、 纵向研读教材比较借鉴

纵向比较借鉴是指对不同时期出版的教材进行比较，特别是对同一出版社不同时期编写的教材进行多角度比较，从历史沿革中感悟相同知识内容的不同编写特点与演变。纵观中国改革开放几十年，随着社会、经济和教育的发展，各种版本的小学数学教材都发生了较大的变化，人教版教材经历了从大纲教材到义务教育课程标准实验教科书再到当前的义务教育教科书。不同历史时期的教材在课程内容确定、例题编排、素材选择、呈现方式、习题设计等方面都会体现当时的课程理念。教师纵向研读不同时期的教材，能够跨越历史长河，传承以往的教育特色、教学方式，让教学在继承中发展、创新。

（一）从例题编排形式纵比中借鉴

例题是数学教材的主要内容，是数学知识呈现的主要载体，是教师教学的主要对象。随着修订教材的全面使用，我们在研读教材时，有必要以一种理性的态度比较一下各版本教材在例题编排上的变化，多追问以下这些问题：修订教材与大纲教材、实验教材相比，改变了什么？坚守了什么？为什么改变？为什么坚守？通过纵比并根据所教学生的实际情况，教师可有效地借鉴以前教材例题的编排优点，对现行教材进行必要的优化开发，从而更合理地构建教学内容。例如，关于“求比一个数多（少）几的数是多少”，人教版大纲教材（二年级下册）、实验教材（二年级上册）与修订教材（二年级上册）三个不同时期教材在例题设置与呈现方式上是有一定区别的。

图 16-1

如图 16-1（左图为大纲教材，中图为实验教材，右图为修订教材），细细品味不同时期的教材例题的编写特点，我们不难发现：大纲教材以动手操作摆图片活动为主线，由复习求两数相差的问题引入。例 7 第一行摆 4 个圆片，第二行摆三角形，图中呈现了与圆片同样多的三角形，要求比圆片多摆 2 个，求第二行摆几个三角形。例题的设计意图是通过动手摆图片活动，让学生感知“求比一个数多几的数是多少”是由两部分组成的，一部分是与前面一个数同样多，另一部分是多出的，两部分的和就是所求的数；接着提出“想一想：你是怎样摆的”，引导学生从动作表征过渡到语言表征，初步抽象并建立此类问题的数学模型。例8出示一道结构完整的纯文字问题后，再用图片模具表示题中的条件，帮助学生直观、清晰地理解此类问题的数量关系，建立数学模型。实验教材与修订教材的例题都创设了一个“卫生评比”的问题情境，呈现了部分年级（班级）在卫生评比中所得红旗的情况，但每个班所得红旗的具体数量没有全部画出，只能看出它们的相差数。修订教材与实验教材的例题设置形式又有很多差异。一是例题设置的问题类型不同。实验教材直接选择教学“求比一个数少几的数是多少”，修订教材则是先学习“求比一个数多几的数是多少”，再学习“求比一个数少几的数是多少”。二是情境图的范围不同。实验教材呈现的是“全校卫生评比”，修订教材则仅限“二年级卫生评比”。三是已知条件与要解决问题的呈现方式不同。实验教材用学生对话的形式呈现，修订教材则在出示情境图后，用纯文字的形式呈现一道结构完整的“标准式”应用问题。四是解决问题的过程不同。实验教材出现题目后，注重引导学生借助情境图凭直觉列出算式，修订教材则按照解决问题的一般步骤，先引导学生阅读理解题意，然后用示意图表示题中的条件和问题，帮助学生直观地理解数量关系并列算式解答，最后要求检验，引导学生经历解决问题的完整过程。五是教学方式的选择不同。实验教材在学生解答要求的问题后，提出“你能说出别的班得多少面红旗吗”，给学生自主提问题的空间，能有效激发学生的学习兴趣，培养学生的问题意识。修订教材在学生解答问题（1）后，按预设进行问题（2）“求比一个数少几的数是多少”的学习。

基于以上分析比较，我们可以看出，三个不同时期的教材例题编排有各自的特点。大纲教材从复习引入，唤起学生的已有认知，侧重于动手操作，帮助学生直观感知、建立“求比一个数多几的数是多少”的数学模型，有效理解数量关系。实验教材和修订教材都遵循课标理念，创设学生熟悉的生活情境，让学生在解决实际问题的过程中发展数学应用意识，同时渗透象形统计图的知识。实验教材的问题情境性强，以几个学生对话的方式呈现已知条件与要解决的问题，形式活泼，适合学生的心理特征，有利于培养学生的观察、判断能力；问题解决后提出开放问题，有利于培养学生的问题意识，训练发散思维。但是教材在没有学习“比多”的前提下，直接教学“求比一个数少几的数是多少”，会使学生的认知出现断层，同时教材没有呈现数量关系的分析过程，只是借助情境图凭直觉解决问题，数量关系被弱化，学生很难有效建立相应的数学模型。修订教材遵循了问题情境简单化、解题步骤规范化的理念，特别是传承了应用题教学的精髓，借助示意图分析数量关系，让数量关系显性化、直观化，渗透数形结合思想。同时，我们也应该看到修订教材以纯文字的形式呈现“标准式”的问题，难免会使人觉得情境图只为“情境”而“情境”，失去了情境图应有的价值，不利于发展学生从情境图中寻找有用的数学信息的能力。

所以，教师设计本节课教学时，既要充分突出修订教材的解题步骤规范化、数量关系直观化和显性化、关注思维过程、渗透数形结合与模型思想等亮点，整体认识“求比一个数多（少）几的数是多少”的问题结构与特征，也要合理借鉴大纲教材从知识生长点出发、动手操作直观感知、重视数量关系与模型思想等特色，借鉴实验教材活泼的问题呈现方式等特点。

（二）从问题情境设置纵比中借鉴

教师纵向比较研读教材时，不仅要弄清同一个知识内容在不同时期的教材例题编排、呈现方式上的传承与变化，还要弄清同一个知识内容在前后版本教材的问题情境设置与素材选择上有哪些变化，比较、理解其蕴含的内涵与价值，深刻领会变化的意图，思考不同的情境素材会对教学产生什么样的影响，思考能否从以往的教材中获得一些启示，找到可借鉴的资源。例如，苏教版实验教材与修订教材二年级上册“平均分”一课，前后两个版本教材在素材选择、问题情境设置上有一定的差别，如图 16-2（左图为实验教材，右图为修订教材）：

图 16-2

比对两个版本教材，可以看出本节知识内容在编排上主要有三个方面的变化：一是问题情境与素材不同。实验教材选择用童话故事作为载体，以猴子对话的形式呈现问题；修订教材则舍去故事情境，直接用文字提出问题并用图画呈现 8 个桃子。二是数学活动过程不同。实验教材在童话故事情境中，先描述一个一个地分，接着两个两个地分，……，最后提出“还可以怎样分”，呈现了用不同方法分的活动过程；修订教材则直接提出“先用圆片分一分，再和同学交流”，明确用圆片代替实物桃子，自己先动手操作分一分，图画呈现的是一个一个分的动态过程。三是“试一试”的呈现形式与要求不同。同样是把 12 根小棒平均分成 2 份、3 份、4 份，实验教材提示“先分再填”的要求，用三行完整的文字表述要求学生把分得的结果填写在括号里；修订教材则以提问的形式呈现问题，提示“先分再说”的活动要求。

《义务教育数学课程标准（2011 年版）》在“教材编写建议”里，特别强调教材应选用合适学生认知水平和活动经验的学习素材，设计必要的数学活动，让学生通过观察、实验、猜测、推理、交流、反思等数学活动，经历从现实情境中抽象出数学知识与方法的过程。毫无疑问，修订教材“平均分”这节内容的编排问题指向明确，很好地引导学生用图片代替实物动手操作，演绎最基本的“平均分”——“一个一个地分”的过程。教材突出学生最基本的思维方式，关注学生动手活动与思维活动的协调，关注学生几何直观能力的培养和活动经验的积累，关注合作学习与交流共享。然而，低年级学生对童话世界仍充满好奇，如果数学学习能在生动、有趣的童话情境中“无痕”进行，那么就不会过早地让幼小的心灵受到数学枯燥与无味的煎熬。所以，使用修订教材进行教学设计时，在充分落实修订意图与特点的基础上，如果能借鉴实验教材“小猴分桃”的童话故事情境，可能更容易激发学生的探究欲望，有利于学生经历从具体情境中抽象出数学知识与方法的过程。练习“试一试”环节，在学生动手分小棒后，可以借鉴实验教材把 12 根小棒平均分 2 份、3 份、4 份的结果，用三行完整的文字表述先要求学生把结果填写在括号里，然后追问：“小棒的总根数不变，平均分的份数变了，每份的结果怎么样？”适时渗透函数思想，将会使课堂变得更加生动有趣，充满思想魅力。

其实，问题情境素材作为数学知识内容呈现的一种载体，从某种意义上讲没有好坏之分，只有适合与否之说。通过纵向比对研读不同时期版本的教材，教师选择情境素材的视野会变得更开阔，思路会更宽广，根据学情处理教材的策略会更多样。

二、 横向研读教材比较借鉴

横向比较借鉴是指研读同一时期不同出版社出版的教材对相同知识内容的不同编排特点，然后进行比较，进而相互借鉴。虽然同一时期不同版本的教材都是依据相同的教学大纲或课程标准编写的，但它们体现着不同编者的编排思路，教材内容的结构体系、素材情境和呈现形式等都可能有着不同的编排特色。教材的多样性为教师处理、使用教材以及实施教学提供了许多可以借鉴的课程资源。横向研读比较教材时，我们应致力于根据实际学情，合理借鉴不同版本教材编排的特色、优点，对自己现行使用教材的某一方面进行更合理的调整、优化。

（一）从概念引入方式横比中借鉴

数学概念是数学基础知识的重要组成部分，是学习其他数学知识的基础。学生只要建立了正确、清晰、完整的数学概念，就能有效地运用概念进行判断、推理，落实“四基”目标，发展核心素养。所以，教师横向研读教材时，不仅要比对例题编排、情境设置、素材选择、课时容量，还要关注概念的引入与呈现、形成过程与辨别运用等，要关注教材细节，从而相互借鉴，科学、合理、有效地实施教学。

例如，人教版修订教材和北师大版修订教材对于“路程、时间与速度”概念的引入呈现就有着明显的差异，如图 16-3（左图为人教版修订教材，右图为北师大版修订教材）。人教版修订教材在路程、时间、速度三个概念的引入上，借助学生已有常见数量关系的认知，通过解答两道简单的行程问题，比较两道题的共同点，用直白的形式陈述路程、速度、时间三个概念。在介绍用复合单位表示速度的单位名称后，结合解决问题的过程引出速度、时间和路程之间的数量关系式。北师大版修订教材则创设了一个松鼠、猴子和小兔参加竞走比赛的童话故事情境，用表格呈现三只动物竞走的时间和路程，让学生猜测“谁走得最快”。学生通过观察、比较、思考，发现：松鼠和猴子用了同样的时间，松鼠走得远，松鼠就比猴子快；小兔和猴子走了同样的路程，但小兔用的时间少，说明小兔也比猴子快。由“松鼠和小兔走的路程和时间都不同，它们谁快呢”引出“怎样比较小兔和松鼠谁更快”的问题。学生利

图 16-3

用已有的知识经验，知道要比较小兔和松鼠谁更快，需要计算小兔和松鼠1分钟各自能走多少米。如此一来，学生在问题解决的过程中，在具体情境中经历了“速度”概念的产生过程，认识了“速度”的含义，并由此引出“速度＝路程÷时间”的数量关系式。

“速度”是指单位时间内所走的路程，相对于“单价”而言，学生理解起来更为抽象。生活中学生虽然经常接触“速度”这个词，但对于“速度”的数学内涵、本质属性并不是很清楚。如果像人教版修订教材那样采取直接告知的方式引入，学生对速度本质含义的理解难免会“半生不熟”，且难以激发学习热情。因此，使用人教版教材教学本节知识内容时，教师可以适当借鉴北师大版修订教材中速度概念的引入方式，借助有趣的童话故事情境，在问题解决的过程中让学生经历“速度”概念的产生过程，完成对概念的本质建构。当然，北师大版修订教材没有对“路程”和“时间”两个概念做任何引入与解释，学生的认知会出现空缺，也不利于对这三个相关概念的整体认识。所以，使用北师大版教材的老师也有必要借鉴人教版教材，在帮助学生认识、理解“速度”的同时，揭示“路程”和“时间”两个概念的本质属性。

我们再来看常见的“单价、数量和总价”的内容编排，人教版修订教材和苏教版修订教材在概念的引入与呈现上也存在明显的差异，如图16-4（左图为人教版修订教材，右图为苏教版修订教材）：

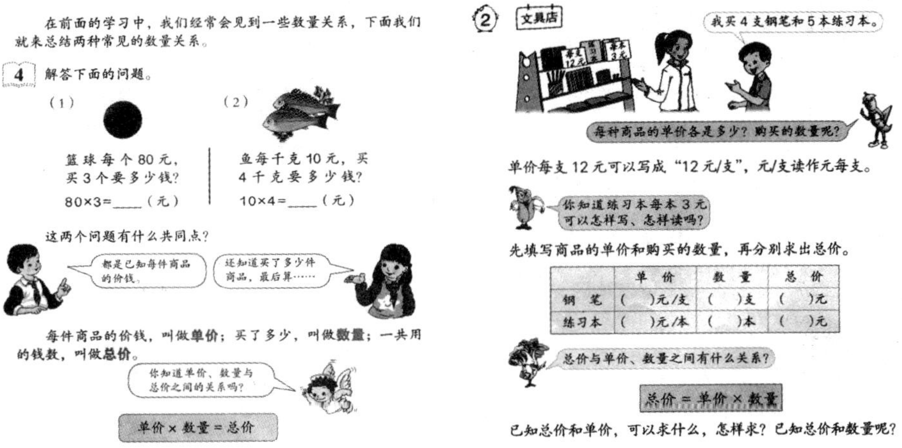
在前面的学习中，我们经常会见到一些数量关系，下面我们就来总结两种常见的数量关系。

4 解答下面的问题。

（1）篮球每个80元，买3个要多少钱？

80×3=____（元）

（2）鱼每千克10元，买4千克要多少钱？

10×4=____（元）

这两个问题有什么共同点？

每件商品的价钱，叫做**单价**；买了多少，叫做**数量**；一共用的钱数，叫做**总价**。

单价×数量=总价

② 文具店

单价每支12元可以写成“12元/支”，元/支读作元每支。

先填写商品的单价和购买的数量，再分别求出总价。

	单价	数量	总价
钢笔	（ ）元/支	（ ）支	（ ）元
练习本	（ ）元/本	（ ）本	（ ）元

总价=单价×数量

已知总价和单价，可以求什么，怎样求？已知总价和数量呢？

图 16-4

人教版修订教材在单价、数量、总价三个概念的引入上，借助学生已有常见数量关系的认知水平，通过解答两道简单的生活实际问题，比较两道题的共同点，用文字叙述的形式揭示单价、数量、总价三个概念，再结合上述解决问题的过程引出单价、数量与总价之间的数量关系式。苏教版修订教材则创设到文具店买文具的情境，用图画和对话的形式分别呈现每种文具的价钱和买了多少文具的信息，然后直接告知：单价每支12元可以写成“12元/支”，元/支读作元每支。再在表格中填写钢笔和练习本的单价、数量并求出总价，最后归纳出总价与单价、数量之间的关系。

比较两套不同版本教材的编写特点，我们可以发现，人教版教材对单价、数量、总价三个概念的含义表述相当明确，为学生提供了一个清晰的定义。苏教版教材在没有描述单价、数量、总价的含义的情况下，直接问：“每种商品的单价各是多少？购买的数量呢？”虽然学生凭生活经验能明白指的是什么，但对概念的认识只能停留在经验层面，而没有清晰、规范的定义意识。所以，使用苏教版教材的老师有必要借鉴人教版教材的编写特点，教学时最好能通过一定的形式让学生理解三个概念的内涵，对概念的含义有一个清晰的认识。当然，苏教版教材利用学生的生活经验，用复合单位表示单价的单位名称是有现实价值的，也为下节课用复合单位表示速度的单位名称积累经验，这是使用人教版教材的老师应借鉴的特色。

（二）从课时安排容量横比中借鉴

教学内容的构建、课时容量的安排是教师备课时需要考虑的重要问题。

课堂教学容量受教学时间、知识难度、结构安排、具体学情等因素的影响很大。教学容量的把握是影响课堂有效性的重要因素，如果一个课时容量太多，学生学起来就容易“囫囵吞枣”；反之，如果一个课时容量过少，学生就会觉得学不过瘾，浪费教学时间。无论是太多或是过少，都会影响高效课堂的构建，削减学生数学学习的积极性。因此，教师可以在把握知识发展线索、了解学情的情况下，借鉴不同版本教材对相同知识内容编排的结构特征等，合理安排课时学习内容。例如，人教版修订教材与苏教版修订教材编排的“倍的认识”学习内容，在容量上有较明显的差异，如图16-5（左图为人教版修订教材，右图为苏教版修订教材）：

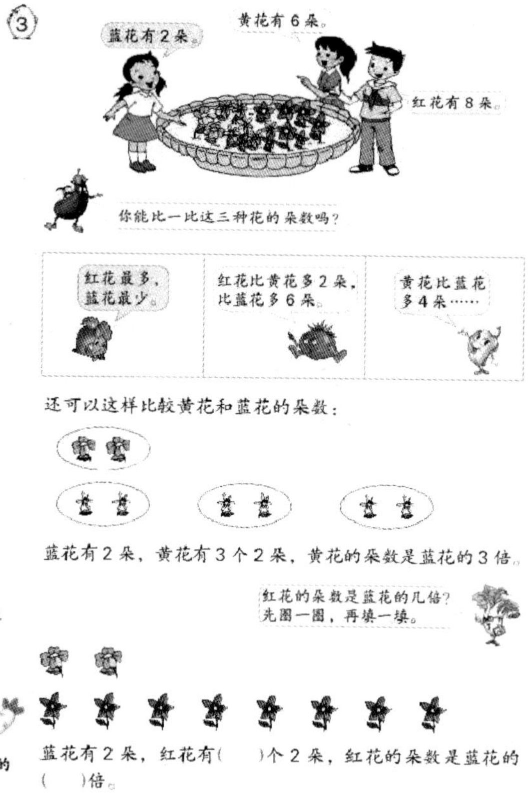

图 16-5

比对两套版本教材的编排特点，可以看出人教版修订教材第一课时安排的内容比较单一。教材借助“小兔吃萝卜”的童话情境，直接从倍比关系的视角引导学生比较红萝卜（6根）和胡萝卜（2根）的数量，把红萝卜每2根圈一圈，清楚地体现了两种萝卜数量之间的关系。根据“3个2根”，引出“一个数的几倍”的含义。再让学生动手操作，把每2根白萝卜圈一圈，比较白萝卜与胡萝卜数量之间的关系，由旧知识“几个几”转化为新知识“几倍”，初步建立“倍”的表象，理解“倍”的含义其实就是“几个几”。最后通过“做一做”练习，巩固学生对“倍”的含义的理解。

苏教版修订教材对本课时的内容编排相对比较饱满，知识结构体系更合理。教材创设了2朵蓝花、6朵黄花、8朵红花的素材情境，通过问题“你能比一比这三种花的朵数吗”唤起学生原有“两数差比”的知识经验；接着提示“还可以这样比较黄花和蓝花的朵数”，并呈现2朵蓝花圈一圈、6朵黄花每2朵圈一圈的图画，告诉学生：黄花有3个2朵，黄花的朵数是蓝花的3倍。由“差比”引出“倍比”并利用几何直观，学生对“倍”的认识水到渠成。教材在示范比较黄花的朵数是蓝花的3倍之后，又提出“红花的朵数是蓝花的几倍”并要求学生“先圈一圈，再填一填”。学生通过动手画圈，建立“倍”的表象，并初步感知标准量（蓝花）不变，比较量（黄花、红花）变了，“倍数”也变了，进一步加深对“倍”的认识。教材在帮助学生初步建立“倍”的含义后，顺势“生长”出“要求红花的朵数是蓝花的几倍，可以怎样计算”的问题，引导学生借助已有的认知理解“求一个数是另一个数的几倍”就是求“一个数里包含有几个另一个数”，用除法计算。从看“黄花有3个2”到画“红花有4个2”，经历了“倍”的表象的建立过程，从画“红花有4个2”到用“8÷2”算出4，经历了“倍”的含义的内化过程，把新知纳入原有的认知结构，形成了一个相对完整的知识建构过程。这样的教学安排从学生的已有认知出发，连贯性强，教学节奏合理，省时高效。

“倍”是小学数学的重要概念，是学生后续学习分数、百分数、比的重要基础。人教版教材虽只是提供简单的一幅主题图，但它留给教师教学较大的自主创造空间，教师可以借助多元表征及其之间的自由转换，帮助学生深刻理解“倍”的含义。例如，一位教师在例1教学后，利用动画不断改变各种萝卜的根数，让学生说说两种萝卜间的倍数关系：小兔吃掉1根红萝卜后，比较白萝卜与红萝卜根数的倍数关系；又吃掉1根红萝卜后，比较红萝卜和胡萝卜根数的倍数关系。当然，苏教版修订教材也可以通过“标准量不变，比较量变化”“比较量不变，标准量变化”和“比较量和标准量同时变，而倍数不变”等延伸教学活动，让学生加深对“倍”的含义的认识与理解。

学生对于“倍”的认识已经有“包含除”（几个几）为基础，只要教师设计合理，衔接得体，方法得当，相信不用花费太长的时间学生就能理解与接受。同时，通过前测，了解到部分学生生活中已经懂得“倍”的含义，甚至会用除法来解决“求一个数是另一个数的几倍”问题。基于这样的事实，人教版修订教材预设用一个课时的时间来教学“倍的认识”，显然容量太少了，教师只能让学生在一节课中不断地进行语言表征与动作表征的简单重复。所以，使用人教版修订教材设计教学时，教师可以根据学情，借鉴苏教版教材的内容编排，考虑把“求一个数是另一个数的几倍”学习内容前移到第一课时。例如，在学生画出白萝卜有 5 个 2 根，用语言表征白萝卜的根数是胡萝卜的 5 倍后，顺势延伸追问“白萝卜的根数是胡萝卜的 5 倍，除了用画的方法得出，还可以用什么方法知道”，引导学生利用算“几个几”的认知基础，把解决问题的方法从图画表征、语言表征上升到数学符号表征，把认识、理解“倍”的含义与学习“求一个数是另一个数的几倍”紧密结合，相互沟通，加深理解内化，让学生对“倍”的认识有一个相对完整的建构过程。

简单的情境中常蕴含着深刻的内涵与策略，简练的语言中常包含着丰富的内容与思想。比较借鉴研读教材除了以上谈到的几个策略之外，还有许多切入点，比如可以从知识结构体系编排的纵比或横比中借鉴，可以从教材习题配置的横比中借鉴等。在比较借鉴时，我们要找到不同版本教材的共性，甄别它们各自的特色与亮点，在尊重自身使用版本教材原意的基础上，根据教学需要，合理吸纳其他版本教材的长处，弥补当前使用版本教材的某些缺陷，构建更加科学、合理的教学内容，切实提高教学的有效性。

专题 17

合理使用数学教材弹性内容

《义务教育数学课程标准（2011 年版）》指出：“教材的编写要面向全体学生，也要考虑到学生发展的差异，在保证基本要求的前提下，体现一定的弹性，以满足学生的不同需求，使不同的人在数学上得到不同的发展，也便于教师发挥自己的教学创造性。”所以，依据数学课程标准编写的数学教材，既面向全体学生，具有普适性、代表性和权威性，又充分考虑不同地区、学生间客观上存在的差异性，体现一定的弹性。

教材弹性内容是指教材通过知识内容、组织形式、教学要求、教学方法等刻意设计而表现出来的一种伸缩性，以此来满足不同使用者对具有灵活性和可选性的教学内容的需要。因此，教材弹性内容为因材施教提供了一些现成的课程资源，为教与学预留了自主创造、自主探究和思考交流的空间。这些“空间”便于教师发挥教学自主性、创造性，同时在一定程度上给部分教师研读教材、使用教材带来困惑和挑战。

一、 教材弹性内容的一般表现形式

准确把握教材弹性内容的“度”，需要教师正确认识、了解教材弹性内容的表现形式。根据我的研究与理解，教材弹性内容一般有以下几种表现形式。

（一）根据相同情境提出不同层次或开放性的问题

新课程背景下的数学教材非常重视问题情境的设计，尽可能让学生在贴近现实生活或有趣的情境中学习数学。教材时常在同一问题情境中提出不同层次或开放性的问题，让学生能循序渐进，有序而全面地思考、理解、解决问题。以人教版修订教材二年级下册第 71 页练习十五第 10 题为例（如图 17-1），教材提出两个不同的问题后，接着提出一个开放性的问题“还可以怎样安排住房呢”，从而给不同层次的学生留下自主发挥的空间。

一共有22只小动物。

（1）如果都住大房，至少要住几间？
（2）如果都住小房，至少要住几间？
（3）还可以怎样安排住房呢？

图 17-1

17. 学校食堂买了 22 箱苹果，每箱有 2 层，每层有 15 个。全校有 6 个年级，每个年级有 3 个班，平均每班有 36 人。每 4 个苹果约重 1 千克，每千克苹果 5 元钱。
（1）一共买了多少个苹果？
（2）每人 1 个苹果，够吗？
（3）你能提出其他数学问题并解答吗？

图 17-2

教材例题或习题还经常会以“你还能提出其他数学问题并解答吗”“你还能发现什么”等问题或提示语体现弹性的要求，满足不同学生的发展需求。例如，人教版修订教材三年级下册第 57 页第 17 题（如图 17-2），教材在提出两个问题之后，再提出了一个开放性的问题“你能提出其他数学问题并解答吗”，让学生能根据自己的不同想法提出不同的数学问题。

（二）运用不同的策略解决相同的问题

鼓励学生从不同角度、用不同策略解决相同问题，训练发散思维，培养创新意识是新课程的重要理念。修订教材极大地丰富了解决问题方法的内容设计，重视呈现不同思考角度、不同思维层次的解题策略。以人教版修订教材四年级下册“鸡兔同笼”为例，教材在引导学生用列表尝试法、假设法解决问题后，还利用“阅读资料”介绍“抬脚法”。修订教材经常在呈现几种不同的解题策略、学习方式后，用“你是怎么想的”“你是怎样解答的”等问题表达解决问题策略多样化的要求。这些弹性的教学要求，暗示学生有不同的解题方法，可以选择适合自己认知方式的解题策略。例如，人教版修订教材一年级下册第 65 页例 2“两位数加一位数”（如图 17-3），在呈现两种算法后，以小精灵提出“你是怎

图 17-3

样算的”的形式，提示师生可以探索用其他的算法计算出结果。又如，人教版修订教材五年级上册第 103 页第 2 题（如图 17-4），直接明了地提出“你能想出几种方法”，要求学生用不同的策略解决相同的问题。

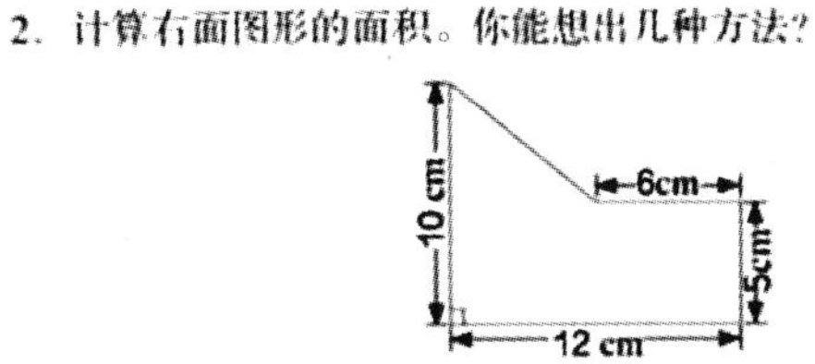

图 17-4

（三）编排选择性的阅读材料

为了拓宽学生的知识视野，激发学生学习数学的兴趣，修订教材重视结合教学内容选编一些辅助阅读材料，如数学史料、背景材料、其他解题方法、知识应用等内容，以此引发学生对所学知识内容的进一步思考、研究，延伸学习活动。这种弹性学习内容多以“你知道吗”“生活中的数学”“阅读资料”“数学游戏”“数学万花筒”等形式呈现。这些阅读材料虽不是课程标准规定的内容，却是人类文化的重要组成部分，是数学形成、发展历史中遗留的宝贵财富。结合教学内容阅读这些相关材料，能提高学生的数学综合素养。例如，人教版修订教材五年级下册第 56 页“你知道吗”（如图 17-5），“分解质因数”虽然不是课程标准规定的教学内容，但学生认识它和“短除法”不仅能拓展知识视野，也为后续数论学习奠定重要的基础，把它作为选择学习材料很有必要。

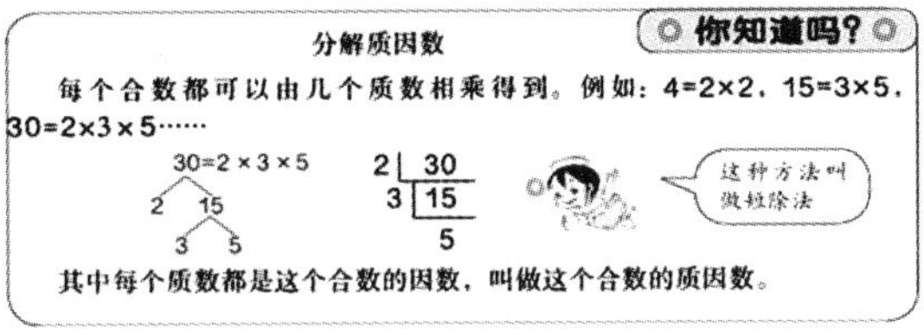

图 17-5

（四）设计富有层次性的习题

为了尊重学生的个体发展差异，适应不同认知水平学生的学习需要，编者在选编教材习题时，会根据课程内容要求，有针对性、目的性地配置具有基础性、巩固性、拓展性、探索性等不同层次的习题。这些富有弹性的可选性习题，为教师因材施教提供了可选择的课程资源，是教材弹性内容设计的一种重要表现形式。例如，人教版修订教材四年级上册第 9 页第 6 题（如图 17-6），不同的学生对大数的

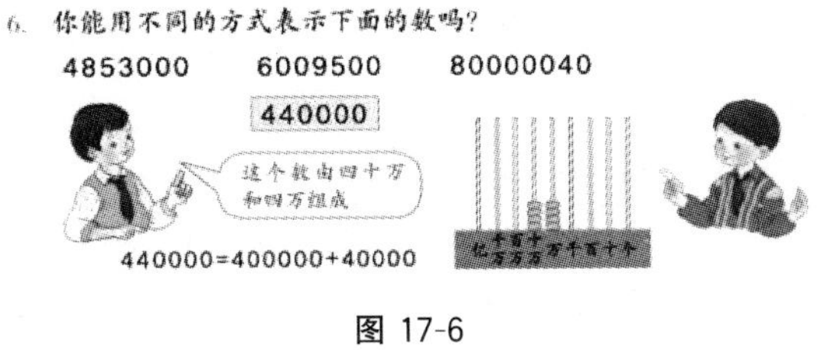

图 17-6

认识与理解可以有不同的表示方式，有的可以用一种方式表示，有的可以用几种方式表示。本题的设计真正让不同的学生都能获得学习成功的体验。

为了满足学有余力学生的学习需要，挖掘其学习潜能，不同版本的教材还会编排一些拓宽知识或学习方法的选学内容。这些选学内容一般是以选做题（星号题）的形式呈现的。例如，人教版修订教材四年级下册第 28 页第 11 题（如图 17-7），这道题中的 3 道小题都是对乘法分配律的拓展延伸，有利于提高学生灵活运算的能力，但它不作为学习的统一要求，只供学有余力的学生自主选学，是教材的选学内容。

11.* 在□里填上适当的数。

167×2+167×3+167×5=167×□

28×225-2×225-6×225=□×225

39×8+6×39-39×4=□×□

图 17-7

二、 教材弹性内容使用的认识误区

教材设计弹性内容是在保证课程目标基本实现的前提下，为不同地区、不同学生的发展提供可灵活选择的课程资源。所以，教师在使用教材弹性内容实施教学时的关键应该是对其“度”的把握，掌握教学内容构建的梯度、广度和难易度。根据我近年的调查与观察，教师在教材弹性内容的使用上常常存在以下两个误区。

误区一：随意创生教材内容

课程改革以来，“用教材教”和“创造性使用教材”成为很多教师教学设计追求的目标。教材弹性内容留给教师自主“用教材”的空间，于是，部分教师错误地将自主把握教材内容的这种“伸缩性”和“灵活性”变成对教材的随意创生改造。教师挖空心思地“创造”教材，或整合重组内容，或无度拓展延伸，或随意增加教学内容，甚至脱离教材另起

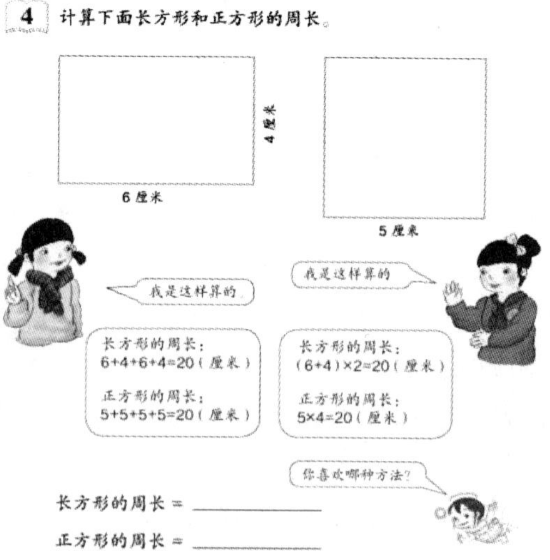

图 17-8

炉灶，导致教材原本的内容本质、教学目标、核心价值发生了变化，学习探究过程缺少应有的基础性、层次性和连贯性。例如，人教版修订教材三年级上册“计算长方形和正方形的周长”一课（如图17-8），本节课从知识与技能教学目标来说，应该是“让学生经历长方形和正方形周长公式的探索过程，发现并掌握长方形、正方形的周长计算方法，能正确地进行计算”。有位老师上这节课时，先用近半节课时间组织学生探索长方形和正方形的周长计算方法和完成一些基本练习，在后 21 分钟组织如下两道题的拓展练习：

（1）把图 17-9 的长方形卡片剪成两个完全一样的图形，每个图形的周长分别是多少厘米？

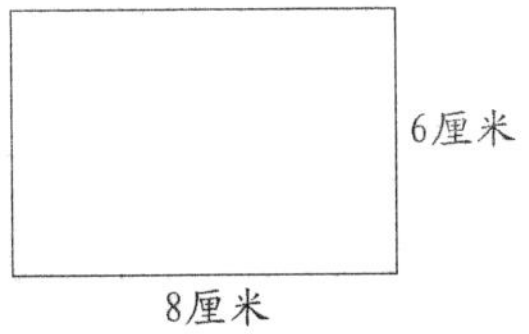

17-9

在本题的练习过程中，教师指导学生分别用下面三种不同的方法把长方形卡片剪成两个完全一样的图形，并算出剪后每个图形的周长（如图 17-10，第 3 个图形要求学生先量出直角三角形的斜边长，再计算直角三角形的周长）。

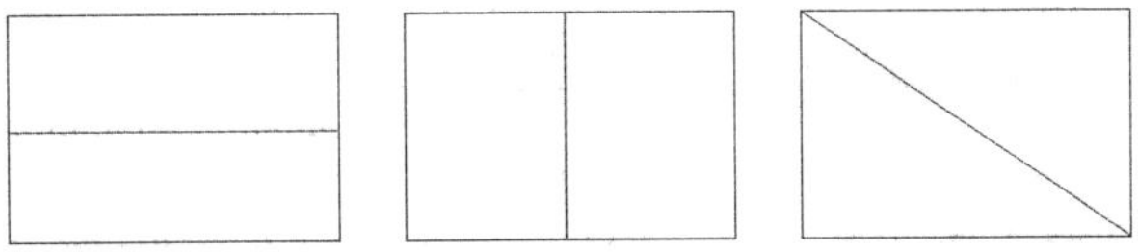

图 17-10

（2）图 17-11 中，两个图形的周长相等吗？

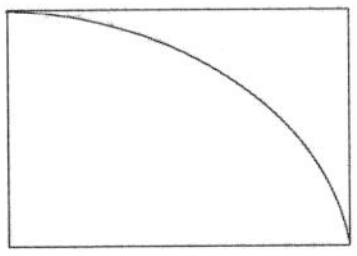

图 17-11

本来学生在前半节课的学习活动中还算挺有热情和兴致，可是下半节课做这两道练习时，尽管教师再三努力引导并借助课件直观动态演示，但大部分学生仍然是云里雾里，特别是对于将长方形沿对角线剪成两个直角三角形的情况。计算直角三角形的周长时，为什么有的边是已知的，有的边却要测量？测量结果不是整厘米数，该怎么办？随着练习难度的增加，学生渐渐由感兴趣变成茫然，直至满脸疑惑，越练越糊涂。造成这种尴尬现象的主要原因，是教师随意创生教材，对教材内容做无度的拓展延伸，造成练习内容游离于课时目标要求，超出学生的接受能力，这是教材弹性内容使用的一种常见误区。

误区二：随意更改教学进程

合理把握教材的弹性内容是对教学内容难易“度”的控制，并不意味着可以随意更改教学进程、教学任务，更不能随便改变教学目标与重点。例如，一年级的学生对人民币的面值和人民币单位“元、角、分”已有一定的生活经验，甚至还会使用和换算人民币，于是，一位老师在教学“人民币的认识”第一课时时，把认识各种面值的纸币、硬币和人民币单位“元、角、分”环节省略，直接安排不同面值人民币的换算，以小组合作形式组织学生换币、购物、买卖等游戏活动。对于这样的教学进程安排，学生虽然凭经验也可粗略认识人民币的单位、进率，学会兑换，但并没有真正体会到人民币在社会生活、商品交换中的作用，感受不到“元”是人民币最常用的主要单位，没有了解到货币的文化性等知识。教学进程的改变，导致课程的整体目标无法全面实现，中差生甚至连应有的基本学习目标都没能达成。

三、 合理使用教材弹性内容的策略

教材设计弹性教学内容必然影响课堂教学的实施。准确把握、合理使用教材弹性内容，确定符合学情的教学内容，构建既面向全体学生又满足个体差异需要的有效课堂，是教师设计教学、课堂实施时要深入研究的问题。

（一）制定具有伸缩性的教学目标

教材弹性内容是根据学生的认知水平、学习方式以及获取知识途径的差异化等因素编写的，因此，教师在使用教材弹性内容时，制定的教学目标宜为粗线条、大致框架，具有一定的伸缩性，让每个学生通过努力都能达到应有的目标，获得不同的发展，体验学习的成功与快乐。

以人教版修订教材四年级下册“鸡兔同笼”为例，这节课的教学目标可这样拟定：①通过不同的数学活动了解“鸡兔同笼”问题的结构特点，尝试用不同的策略解决问题，初步形成解决此类问题的基本策略，并会解决一些类似的生活问题。②在探索问题解决的过程中，尝试用自己的语言表达方式解释思考的过程与结果，发展数学思考能力，感悟化繁为简、转化等数学思想方法。③感受古代数学问题的趣味性，体会“鸡兔同笼”问题应用的广泛性，提高学习数学的兴趣。教学目标中的“不同的数学活动”和“用不同的策略解决问题”充分体现了教材的弹性目标要求，特别是“一些类似的生活问题”的模糊表述，具有伸缩性。根据这样的教学目标，教师可以设计不同难度的练习，供不同层次的学生选做，让每个学生都能获得相应的发展。

又如，人教版修订教材四年级下册“乘法分配律”的教学目标可这样拟定：①在解决问题的过程中，通过计算、观察、比较、猜想、验证等不同的途径探索并了解乘法分配律，并会用字母表示。②会应用乘法分配律进行一些简便运算，并尝试用自己的语言表达方式解释思考的过程与结果。③在各种不同的数学活动中发展推理、归纳能力和运算能力，感受数学知识之间的内在联系，积累应用运算律进行简算的经验。教学目标中的“不同的途径”和“尝试用自己的语言表达方式解释”充分体现了弹性目标要求，特别是“一些简便运算”的模糊表述，具有伸缩性。教师可以设计不同难易度的练习，供不同层次的学生选做，让每个学生都能体验简算带来的乐趣。

（二）构建具有张弛性的教学内容

教材内容的弹性化给教师确定教学内容提供了更大的自主空间，也对教师的学情了解和教学预测能力提出更高的要求。为了满足学生个性差异，让能力较弱的学生“吃好”保底，学有余力的学生“吃饱”发展，教师应充分利用教材弹性内容，构建具有张弛性的教学内容。

以人教版修订教材五年级下册第 60 页例 2“怎样求 18 和 27 的最大公因数”为例，教材介绍了 3 种不同的方法：①分别列出两个数的全部因数，再从中找；②列出较小数 18 的因数，再从中找；③利用分解质因数的方法算（属选学内容）。前两种用“找”的方法，是课程内容规定的要求，通俗易懂，适合全体学生的理解与接受能力，属于基本层次。教材在介绍两种基本方法后提出“你还有其他方法吗？和同学讨论一下”，表达了算法多样化、个性化的意图。所以，教师在教学进程中还要组织学生交流其他方法，要特别引出“从较小数的最大因数开始逐次找”的方法。如 18 和 27，18 的最大因数 18 不是 27 的因数，就看 18 的第二大因数 9，9 是 27 的因数，那么 9 就是 18 和 27 的最大公因数。这种方法简单快速，在约分中最好用，能有效提高运算速度。如果教学时间和学生接受能力许可，可把“从较小数的最大因数开始逐次找”的方法也作为教学内容，拓展学生的知识面，提高运算能力，但这个阶段不宜作为统一教学要求。利用分解质因数的方法（可简写成短除法）求两个数的最大公因数，过程比较烦琐，在实际约分时也很少运用，但这种方法直指数论的本质，具有科学性、规范性和普适性，把它介绍给学生能提高其数学学科素养。构建这样具有张弛性的教学内容正是源于教材设计弹性内容的本意，有利于教师在教学实施过程中视教学进展和学生接受状况灵活把握落实，因时、因材施教。同样的道理，“求两个数的最小公倍数”教学也可以这样构建张弛有度的教学内容。

（三）设计具有层次性的教学活动

张弛有度的教学内容自然要求课堂教学实施相应地要分层次安排教学活动，让学生的探究拾级而上、逐步深入，在层层递进的活动中满足不同学习个体的需要，实现共同要求与个性发展和谐共生的灵性课堂。

以教学人教版修订教材五年级上册“组合图形的面积”为例，教材例 4（如图 17-12）先直接出示小女孩的思路和算法，再给出小男孩解决问题的基本思路，但没有写出算法，留白给学生自己找条件，列式解答。最后，教材设计了问题“你是怎么想的”，引导学生继续探究其他的解题方法，体现了弹性化的课程理念。根据教材的编写意图，教师可以设计以下几个层次的教学活动。

图 17-12

（1）引导学生从不同角度认识组合图形。教师可以先利用教材提供的实例（中队旗、房屋侧面墙、风筝、七巧板拼成的长方形）或选择生活中的实例，让学生观察这些物体的表面是由哪些已学的基本图形组合而成的，初步了解组合图形的含义，然后引导学生寻找生活中的组合图形。

（2）探索计算组合图形面积的基本思路。在学生初步认识组合图形的含义后，教师可组织学生讨论或自主探索：怎样才能计算出房屋侧面墙的面积？学生反馈交流各自的算法时，教师可先让学生说说小女孩的思路和算法，再让与小男孩思路相同的学生说一说“分成的两个梯形的上下底和高分别是多少，怎样算出组合图形的面积”。通过交流展示这两种方法，初步明确计算组合图形面积的基本思路，这是本节课的基本目标要求。

（3）拓展延伸，鼓励学生从不同角度探索解决问题的策略。教师可以根据教学时间和学生的学习能力（弹性目标要求），鼓励学生尝试探索其他的解题方法，如运用转化思想，把小男孩分割的两个梯形经旋转、平移转化成一个长 12 米、宽 2.5 米的长方形；或用“填补法”在组合图形（房屋侧面墙）的左右上角各填补一个小三角形，再用长 7 米、宽 5 米的大长方形面积减去左右上角两个小三角形的面积。

（4）比较优化。最后，教师可组织学生比较不同的思路与算法，让学生认识到要根据已知条件对图形进行分解，不同的方法有优劣之别，甚至有时分解后的图形是不能算出面积的，应考虑用较简便的方法计算。通过比较，学生进一步理解和掌握组合图形面积计算的基本策略，提高学习能力，发展空间观念，感悟数学优化思想。

这样的教学活动设计，既有基本的目标要求与导向，又给了学生个性发展的空间，富有层次性、探究性、实践性和挑战性，能有效激发学生的学习热情，满足不同层次学生的数学探索欲望。

（四）将弹性习题处理成可选性练习

课堂练习是课堂新知学习活动的延续，是学生数学学习过程中不可缺少的环节，有助于“四基”目标的达成。所以，科学合理地设置课堂练习对于构建“高质轻负”的课堂具有重要意义。教师在深入分析教材中每道习题意图与作用时，特别需要对教材编排的弹性习题进行恰当的处理，设计成富有层次性、可选性的课堂练习，满足不同思维水平学生的发展需求。

以人教版修订教材三年级上册第 55 页第 11 题为例，如图 17-13。这道题用卡通对话的形式呈现，情境很有趣，但复杂，解题步骤多，是思维难度较大的选做题。如果直接提供给全体学生练习，大部分学生难以独立完成；如果只供个别学生做或把它舍弃，很可惜。教师可把它改编成如下几个不同思维层次的问题，供不同的学

图 17-13

生选用：①小熊抱了 6 个玉米，熊妈妈抱了 18 个玉米。如果小熊抱的玉米个数不变，要使熊妈妈抱的个数是小熊的 2 倍，熊妈妈需要增加或减少多少个玉米？②小熊抱了 6 个玉米，熊妈妈抱了 18 个玉米。如果熊妈妈抱的玉米个数不变，要使熊妈妈抱的个数是小熊的 2 倍，小熊需要增加或减少多少个玉米？③小熊抱了 6 个玉米，熊妈妈抱了 18 个玉米。熊妈妈给小熊几个玉米后，熊妈妈抱的玉米个数与小熊相同？④小熊抱了 6 个玉米，熊妈妈给小熊 2 个玉米后，熊妈妈的玉米个数是小熊的 2 倍。熊妈妈抱了多少个玉米？每个学生可以根据自己的认知水平，从 4 道不同层次的题中选择能够解决的问题来完成，在获得学习成功体验的同时深化对“倍”的认识，发展数学思考能力。

构建富有弹性的课堂练习，教师还要善于发挥教学智慧，对学生的练习进程适时监控，采取教学即时跟进策略，通过必要的追问让优秀学生的思维走向深刻，普通学生的学习能力得到提升。例如，人教版修订教材四年级下册第 70 页第 6 题的第 2 小题：三角形的两条边分别是 3 cm 和 4 cm，另一条边可能是多少厘米？这是一道开放题，教师不必急于评价学生猜测的答案。当学生猜出几个不同的答案后，教师再适时追问：“刚才同学们猜出的几个长度都正确吗？”“知道三角形两边的长度，第三边的长度为什么会不一样呢？它最长可能是多少厘米（整厘米数）？最短呢？”这些问题可引导学生梳理、归纳知识要点，进行深度思考，在思维碰撞中深刻理解数学本质。

教师对教材弹性内容的适度把握使用，关系到学生的个性需要、课业负担和潜能发展。用好教材弹性内容，教学张弛有度，让每个学生都能获得良好的数学教育，得到不同的发展，是当代每位数学教师都必须思考的问题与追求的目标。

模块五

教学内容改革

教材内容是教学内容最基本和最主要的资源。教学内容是教师教学的依据，是学生学习的主要对象，它上连教学目标，关系到目标的达成，下钩教学手法，支配着教学方法、教学策略的使用；从整体上来说，它关系到教学效果的优劣，是有效、高效课堂的前提。课程标准修订，教材内容会做出相应的变化与调整。不同时期的教材内容及其编写方式体现不同时期的课程理念、课程目标、课程内容，对教学行为必定产生不同的影响。教师必须从整体上把握教材知识结构、逻辑框架，明确相关知识的内在联系和每节教材内容的“前联”与“后孕”，利用知识结构体系组织教学内容，跟进教学策略，提高学生的学习效率。本模块就“数的运算”“图形与几何”“解决问题”等三项领域的学习内容分别从课程内容变化分析、教材知识结构体系、教学实施跟进策略三个方面进行了全方位的阐述与引领，既有理论的高度，又有实践的支撑。

专题 18

“数的运算” 内容改革及其教学策略跟进

“数的运算”是“数与代数”领域的主要内容之一，也是小学数学的重要内容。新课程改革十几年来，大家普遍认为学生的运算能力不升反降。基于此，《义务教育数学课程标准（2011 年版）》新增“运算能力”为课程内容的核心概念，并对“数的运算”课程内容、目标进行必要的改革，把发展运算能力、重视运算过程的学科核心素养的培养作为“数的运算”的重要目标。

一、 课程内容变化分析

关于“数的运算”课程内容变化分析，我们首先应该明白“数的运算”包含哪些内容。从数的形式来说，有整数、小数、分数；从算的形式来说，有口算、笔算、估算、用计算器算。

与实验课标相比，修订课标有关“数的运算”课程内容主要有以下变化：

（一）第一学段

1. 课程内容“知识点”的主要变化。

修订课标第 2 条把实验课标第二学段“口算一位数乘除两位数”前移到第一学段，增加第 4 条“认识小括号，能进行简单的整数四则混合运算（两步）”。

2. 课程内容“目标要求”的主要变化。

（1）第 2 条“口算百以内的加减法和一位数乘除两位数”，结果目标的行为动词由“会”变成“能”，提高一个层次。

（2）第 6 条关于“估算”，修订课标用了“选择……体会……”的描述，它表明教学中要让学生紧密联系实际，进行有选择性的估算，以训练学生的判断能力和思维的灵活性、敏捷性。

（3）第 8 条“能运用数及数的运算解决生活中的简单问题，并能对结果的实际意义作出解释”，这样的描述指向明确，同时让学生对算理与算法的理解更深入。

（二）第二学段

1. 课程内容“知识点”的主要变化。

将实验课标第 1 条“口算百以内一位数乘除两位数”前移到第一学段；增加第 2 条“认识中括号”、第 7 条“在具体情境中，了解常见的数量关系：总价＝单价×数量、路程＝速度×时间，并能解决简单的实际问题”和第 8 条“经历与他人交流各自算法的过程，并能表达自己的想法”，明确将数量关系列入课程内容，示意解决问题要重视数学模型的建立。

2. 课程内容“目标要求”的主要变化。

（1）第 3 条关于“运算律”，把“探索和理解运算律”改为“探索并了解运算律”，并把“应用运算律进行一些简便运算”的结果目标行为动词由“能”改为“会”，说明关于运算律的课程目标要求有所降低。

（2）第 6 条“解决小数、分数和百分数的简单实际问题”的结果目标行为动词从“会”提高到“能”。修订教材也增加了小数与分数加、减、乘、除混合运算的习题。

（3）第 10 条关于“用计算器算”，删除了“较复杂的”，重在探索规律。

纵观两个学段“数的运算”课程内容和课程目标要求，总体来说，内容有所增加，要求略有提高。它与课标将“运算能力”作为课程内容的核心概念是一脉相承的，旨在加强学生运算能力的培养，提高学生的学科核心素养。

二、教材知识结构体系

根据人教版义务教育教科书编排的各册内容，我将“数的运算”教材知识结构体系整理如下：

年级	教材知识内容
一上	1. 1—5 的加减法：加减法的含义，5 以内数的加减法，有关 0 的加减法。 2. 6—10 的加减法：10 以内的加减法，10 以内的连加、连减、加减混合运算。 3. 11—20 各数的认识：10 加几和相应的减法，加减法各部分的名称。 4. 20 以内的进位加法

一年级上册修订教材内容与实验教材相比，知识结构体系基本不变。

年级	教材知识内容
一下	1. 20 以内的退位减法。 2. 100 以内数的认识：整十数加一位数及相应的减法。 3. 100 以内的加法和减法（一）：整十数加、减整十数，两位数加一位数、整十数，两位数减一位数、整十数，含有小括号的两步加、减混合运算

一年级下册修订教材内容与实验教材相比，知识结构体系也基本不变，但在“100 以内的加法和减法（一）”单元第 74 页增加例 3“认识小括号”，这与课标新增课程内容相对应；第 77 页例 4 和第 78 页例 5 分别增加“相同数连加”和“一个数连续减去几个相同数”的内容。

年级	教材知识内容
二上	1. 100 以内的加法和减法（二）：笔算两位数加两位数，笔算两位数减两位数，100 以内连加、连减和加减混合运算。 2. 表内乘法（一）（二）：乘法的初步认识，乘法九九口诀表，表内乘法，乘加、乘减两步混合运算，用乘法解决简单的实际问题

二年级上册修订教材内容与实验教材相比，知识结构体系基本不变，在“表内乘法（一）”单元第 63 页例 7 增加“乘、加问题”对比。

年级	教材知识内容
二下	1. 表内除法（一）（二）：平均分的含义，除法的含义（等分除、包含除），认识除法算式各部分名称，用乘法表内口诀求商。 2. 混合运算：加减、乘除同级两步混合运算，含有加（减）乘（除）两级运算的两步运算，带小括号的两步混合运算。 3. 有余数的除法：有余数的除法的含义，余数和除数的关系，有余数的除法竖式和表内除法的竖式，试商。 4. 万以内数的认识：整百、整千数加减法，万以内加减估算

二年级下册修订教材内容与实验教材相比，知识结构体系变化比较多，增加了“混合运算”单元和“有余数的除法”单元，把“万以内的加法和减法（一）”单元后移到三年级上册。在“万以内数的认识”单元编排“万以内加减估算”。因为学生还没有学习三位数加法，所以此时学生必须用估算，避免先精算再估算。

年级	教材知识内容
三上	1. 万以内的加法和减法（一）：口算两位数加、减两位数（和在100以内），笔算几百几十加、减几百几十，几百几十加、减几百几十的估算。 2. 万以内的加法和减法（二）：笔算三位数加、减三位数，加减法的一些简便计算，三位数加、减三位数的估算（与笔算结合）。 3. 多位数乘一位数：整十、整百、整千数乘一位数的口算，两位数乘一位数（不进位）的口算，0的乘法，两、三位数乘一位数的笔算，两位数乘一位数的估算（结合具体情境）。 4. 分数的简单计算：同分母分数（分数小于10）的加减法，1减去几分之几

三年级上册修订教材内容与实验教材相比，把二年级下册“万以内的加法和减法（一）”单元后移到本册，变成“万以内的加法和减法（一）（二）”连续学习，有利于知识的连贯性；“多位数乘一位数”单元第57页增加“两位数乘一位数（不进位）的口算”，并把估算调整到本单元笔算之后，与具体情境结合。

年级	教材知识内容
三下	1. 除数是一位数的除法：口算一位数除商是整十、整百、整千的数，口算一位数除两位数（十位、个位都能除尽），笔算两、三位数除以一位数，除法的验算，有关0的除法，相应的估算。 2. 两位数乘两位数：口算一位数乘两位数（进位）、一位数乘几百几十数、两位数乘整十，笔算两位数乘两位数。 3. 简单的小数加、减法：一位小数的加、减法

三年级下册修订教材内容与实验教材相比，“除数是一位数的除法”单元增加第12页例3“口算一位数除两位数（十位、个位都能除尽）”。“两位数乘两位数”单元把“口算整十数乘整十、整百数”改为“口算一位数乘两位数（进位）、一位数乘几百几十数、两位数乘整十”，其中“口算一位数乘两

位数（进位）、一位数乘几百几十数”是四年级上册的内容前移，“两位数乘整十的口算”是新增的内容；删除实验教材第 65 页“两位数乘两位数的估算”。这样一来，口算的内容更为丰富，要求略有提高。

年级	教材知识内容
四上	1. 三位数乘两位数：笔算三位数乘两位数，积的变化规律，了解常见的数量关系：总价＝单价×数量、路程＝速度×时间。 2. 除数是两位数的除法：口算整十数除整十、几百几十的数，笔算两、三位数除以两位数，商的变化规律及运用

四年级上册修订教材内容与实验教材相比，“三位数乘两位数”单元把“口算一位数乘两位数（进位）、一位数乘几百几十数”前移到三年级下册。“除数是两位数的除法”单元的知识内容基本不变。

年级	教材知识内容
四下	1. 四则运算：加、减法的意义和各部分间的关系，乘、除法的意义和各部分间的关系，认识中括号，简单的整数四则混合运算。 2. 运算定律：加法交换律、结合律，乘法交换律、结合律、分配律，连减的简便运算，连除的简便运算。 3. 小数加减法：小数加、减法笔算，小数加减混合运算，整数加法运算定律推广到小数

与实验教材四年级下册“四则运算”相比，修订教材本册的“四则运算”发生了本质变化。实验教材四年级下册“四则运算”单元的主要内容是“结合现实素材理解运算顺序，并进行简单的整数四则混合运算”，这些内容已经前移到二年级下册。修订教材本册的“四则运算”是学习加、减法的意义和各部分间的关系，乘、除法的意义和各部分间的关系，认识中括号和含有中括号的整数四则混合运算。

年级	教材知识内容
五上	1. 小数乘法：小数乘整数，小数乘小数，积的近似数，整数乘法运算定律推广到小数，有关小数乘法的估算。 2. 小数除法：除数是整数的小数除法，一个数除以小数，商的近似数，循环小数，用计数器探索规律

五年级上册修订教材内容与实验教材相比，“小数乘法”单元删除了实验教材第 11 页“连乘、乘加、乘减”内容，增加第 15 页例 8“小数乘法估算的

实际问题”。“小数除法”单元的知识内容基本保持不变。

年级	教材知识内容
五下	分数的加法和减法：同分母分数加、减法，异分母分数加、减法，分数加减混合运算，整数加法运算定律推广到分数

五年级下册有关计算的内容只有“分数的加法和减法”，知识结构体系基本不变。

年级	教材知识内容
六上	1. 分数乘法：分数乘整数，一个数乘分数的意义，分数乘分数，小数乘分数，整数乘法运算定律推广到分数。 2. 分数除法：倒数的认识，分数除以整数，一个数除以分数，分数四则混合运算

六年级上册修订教材内容与实验教材相比，“分数乘法”单元增加了第3页例2“一个数乘分数的意义”和第8页例5“小数乘分数”两个知识点，把“倒数的认识”移到“分数除法”单元；“分数除法”单元增加第33页例3“分数四则混合运算”，把“比和比的应用”单列一个单元，突出比的意义和比的基本性质的重要性。

三、 教学实施跟进策略

传统的计算教学重视计算技能的训练，往往忽略对学生运算能力的培养，具体表现在过于注重按照计算法则进行计算技巧和熟练程度的训练，把“熟能生巧”作为目标；只满足于学生会算、算得快，忽视运算过程学科核心素养的培养，如运算策略、迁移能力、推理能力、逻辑思维、数学思考、数学思想、语言表达等。为了全面、准确落实新课标理念，发展学科核心素养，在具体教学实施过程中，教师要做到以下几点：

（一）融合显性与隐性课程目标

掌握算法、形成运算技能一直是传统计算教学的重点，现在、将来仍然是，但这并不意味着它是运算能力的全部。运算能力是运算技能与数学思考的有机结合，是发展学生数学核心素养的根基。在新课标理念下，计算教学除了要求学生理解和掌握算法外，还要让学生在经历算法的探索过程中感悟基本思想，积累活动经验，发展数学思考能力。例如，教学人教版修订教材六年级上册第 31 页“一个数除以分数”，如果通过教师讲解，学生机械模仿，然后进行“依样画葫芦”强化练习，掌握“除以一个不等于 0 的数，等于乘这个数的倒数”的算法并不难，甚至只要花较少时间就能让学生学会计算，形成运算技能。但是，在这样的教学过程中，学生的数学素养发展了多少？“四基”目标是否得到全面落实？这节课除了理解和掌握算法这个知识技能的显性目标外，还有哪些隐性目标需要落实？我们来看一位老师的教学，他在引导学生列出算式 $2\div\frac{2}{3}$ 后，没有直接讲解指导，而是进行以下教学：

师：估一估，$2\div\frac{2}{3}$ 的结果会比 2 大还是小？

生：大于 2，因为一个非零的数除以小于 1 的数，商大于被除数。

师：那 $2\div\frac{2}{3}$ 到底等于多少？你们能用已有的知识算出它的结果吗？大胆试一试吧。

学生自主尝试，反馈时学生呈现了下面几种算法：

（1）$2\div\frac{2}{3}=\frac{6}{3}\div\frac{2}{3}=6\div2=3$

（2）$2\div\frac{2}{3}=(2\times3)\div\left(\frac{2}{3}\times3\right)=6\div2=3$

（3）$2\div\frac{2}{3}=\left(2\times\frac{3}{2}\right)\div\left(\frac{2}{3}\times\frac{3}{2}\right)=3\div1=3$

（4）$2\div\frac{2}{3}=2\div(2\div3)=2\div2\times3=3$

（5）$2\div\frac{2}{3}=2\times\frac{3}{2}=3$

师：能看明白这几种算法的依据分别是什么吗？为什么要这样算？

对于前 4 种算法，学生都能用已有知识做出解释，唯独第 5 种算法学生讲不出所以然。

师：对于 $2\div\frac{2}{3}$ 为什么会变成 $2\times\frac{3}{2}$ 大家讲不出理由很正常，我们可以根据题意画图来帮助理解。

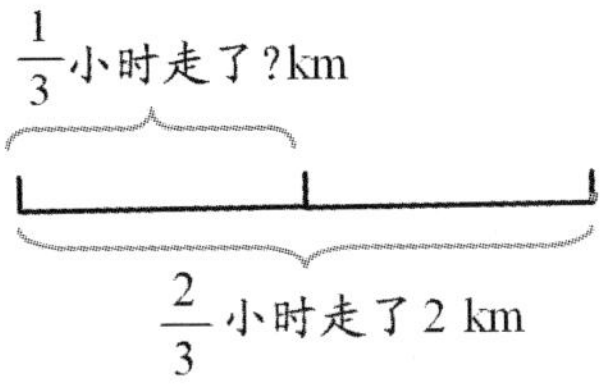

图 18-1

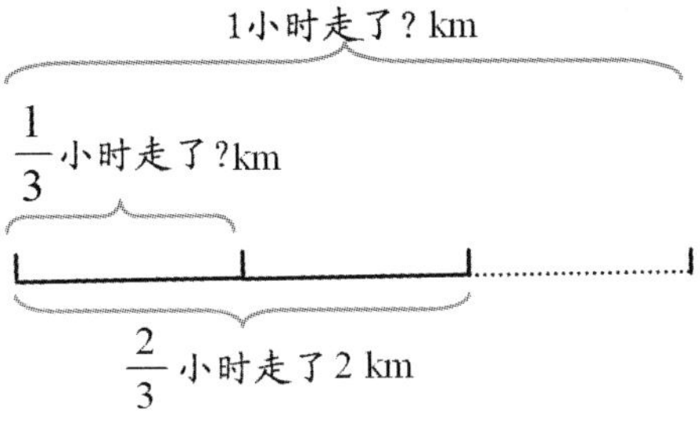

图 18-2

师：$\frac{2}{3}$小时走 2 千米，$\frac{1}{3}$小时走多少千米？（边问边呈现图 18-1）

生：$\frac{2}{3}$小时是 2 个$\frac{1}{3}$小时，所以，$\frac{1}{3}$小时走的是 2 千米的一半，即 2 的$\frac{1}{2}$，就是 $2\times\frac{1}{2}$。

师：1 小时走多少千米，又该怎样算出来呢？（边问边呈现图 18-2）

生：1 小时是 3 个$\frac{1}{3}$小时，走的路程就是 $2\times\frac{1}{2}\times3$。

师：$2\times\frac{1}{2}\times3$ 与 $2\times\frac{3}{2}$有什么关系能看明白吗？

生：能。

师：在 $2\div\frac{2}{3}=2\times\frac{1}{2}\times3=2\times\frac{3}{2}$ 这个式子中，2、$2\div\frac{2}{3}$、$2\times\frac{1}{2}$、$2\times\frac{1}{2}\times3$、$2\times\frac{3}{2}$分别表示什么，能讲清楚吗？同桌相互说一说……

在这个教学片段中，教师准确地把握教学的真问题，从“四基”的视角，站在课程整体目标的高度设计教学，先通过估一估，培养学生的数感，为后续研究被除数、除数与商的大小关系奠定基础；特别是引导学生很好地运用迁移推理把新知转化为旧知来解决问题，体验转化思想的实际运用。教师在引导用线段帮助理解算理“除以$\frac{2}{3}$等于乘$\frac{2}{3}$的倒数”的过程中，让学生感受“数形结合”的直观形象性、科学性和简捷性，并促进其有理有据、富有逻辑地思考问题，发展数学语言表达能力和逻辑思维能力。这样的教学设计，把显性课程目标与隐性课程目标相融合并整体落实，学生不但获得了运算的操作技能，而且提升了数学素养。

（二）沟通算理与算法的关系

《义务教育数学课程标准（2011年版）》指出：在基本技能的教学中，不仅要使学生掌握技能操作的程序和步骤，还要使学生理解程序和步骤的道理。算法解决运算操作的程序与步骤问题，算理解决程序和步骤的道理问题。算理是算法的理论依据，为计算提供正确的思维方式；算法是算理的提炼概括，为计算提供规范的操作方法，是解决一类问题的“处方”。隐性的算理与显性的算法互为关联。教学中，教师要做到让学生充分理解算理，为提炼算法打下基础；归纳算法以理解算理为前提。例如，人教版修订教材三年级下册第46页例1“笔算两位数乘两位数”，教师可以通过如下的教学实现算理与算法的融合：①以算法承载算理。复习导入时把题中的条件（每套书有14本，买了12套）用点子图表示（每行14个圆点，12行），列出算式后，教师放手让学生用自己已有认知尝试计算14×12，并把算理在点子图上画出来，让人一目了然。学生可能有下面几种算法：14×4×3，14×6×2，14×5+14×5+14×2，14×5+14×7，14×10+14×2，12×7×2等。展示交流时，教师要求学生结合点子图说出为什么这样算，用自己的语言表达算法背后蕴含的算理。②以算理解释算法。接着引导比较这些算法的共同点：不论哪种方法都是先分再合，即先把一个因数分得小一些，把两位数乘两位数转化成两位数乘一位数，把未知的转化成已知的。再指导学生用竖式计算，并解释每一步算出的结果表示什么。最后引导学生尝试用“先……再……然后……”的句式归纳概括两位数乘两位数的计算方法。如此一来，算理、算法相互沟通融合，算理清、算法明，运用数形结合、转化思想进行有效数学思考，发展了学生的迁移推理能力和数学语言表达能力。

（三）重视算法的归纳与运用

《义务教育数学课程标准（2011年版）》指出：运算能力主要是指能够根据法则和运算律正确地进行运算的能力。可见，要培养、发展学生的运算能力，就必须关注计算法则的归纳，并根据法则正确地进行运算。《义务教育数学课程标准（2011年版）》把运算能力作为课程内容的核心概念，修订教材相应地改变其呈现形式，重视计算法则的归纳，教学实施需要策略跟进。

我们一起来看三个不同历史时期的人教版教材对“除数是两位数的除法

运算法则”的归纳与提炼。不同时期的教材对相同学习内容的编排方式，体现不同时期的课程理念，对教学行为必定产生不同的影响。我们可以看出，

大家来总结除数是两位数的除法法则。

1. 从被除数的高位起，先用除数试除被除数的前两位数，如果它比除数小，再试除前三位数。
2. 除到被除数的哪一位，就在那一位上面写商。
3. 每求出一位商，余下的数必须比除数小。

图 18-3

然后讨论一下：除数是两位数的除法与除数是一位数的除法有什么相同点，有什么不同点？

图 18-4

总结一下除数是两位数的除法的计算方法。

1. 从被除数的______位除起，先用除数试除被除数的前______位数，如果它比除数小，再试除前______位数。
2. 除到被除数的哪一位，就在那一位上面写______。
3. 求出每一位商，余下的数必须比除数______。

图 18-5

大纲教材（如图 18-3）直接清晰、完整地概括并呈现出除数是两位数的除法的运算法则，容易滋生学生死记硬背的行为。实验教材（如图 18-4）在学习几道除数是两位数的除法例题后，让学生“各写一道除数是一位数和两位数的除法算式，请同桌做一做”，然后比较其异同，充分体现学生自主、合作、探究的学习方式，但没有概括出计算法则。这样的教材编排，导致很多教师在课堂实践中仅停留在让学生口头比较除数是一位数和除数是两位数除法的异同，“法则”教学落实不到位，影响了学生运算能力的提高。修订教材（如图 18-5）既不像大纲教材那样直接呈现，也不像实验教材那样“遮遮掩掩”，它是在学生探索、计算多道除数是两位数的除法习题并比较除数是一位数和除数是两位数除法算法的基础上，以记录讨论结果的形式，呈现不完全的计算法则的文本，让学生在理解的基础上叙述或填写关键词，形成清晰、完整、严谨的计算法则。这种编排，意在提示教师进行数的运算教学时，一是要重视计算法则的归纳与运用，二是计算法则的归纳应该以学生充分理解算理为基础，学生可通过多个案例的观察与比较，自主归纳、概括。

（四）平衡多样化与优化的关系

倡导算法多样化是新课程的重要理念，算法多样化是不同认知水平、不同思维方式的学生原生态思维的必然表现。然而，各种算法总有优劣之别，对学生个体来说也不必全部理解、掌握。基于这样的认识，我们在倡导算法多样化，让学生充分感受不同思维方式、不同计算策略的前提下，需要对多

样算法进行必要的优化，寻找一种思维比较简单、易于理解操作、具有普适性的算法，促使学生运算能力的提高，发展数学素养。例如，人教版修订教材一年级下册第10页“十几减9”，在根据问题情境列出算式15－9并摆出圆片后，教师可以先充分尊重学生的不同思考方法，让学生自己想办法算出结果。学生可能会出现以下情况：①用数数的方法，从9接着往下数10、11、12、13、14、15，还有6个数；②借助圆片，从15个中数走9个，还剩6个；③想加算减，9＋6＝15，所以15－9＝6；④破十法，把15分成10和5，先算10－9＝1，再算1＋5＝6；⑤连减法，把9分成5和4，15－5＝10，10－4＝6；⑥假设法，把9看成10，先算15－10＝5，再算5＋1＝6；等等。在学生充分叙述各种算法、算理的基础上，教师再引导学生对比筛选：哪种算法比较好？好在哪里？最终优化选择“破十法”，因为十几都可以分成10和几，10减9等于1，1再加几最容易算。

如果一味追求多样化算法，没有对多样化策略进行必要的比较与优化，那么容易误导学生进行低层次的重复，思维达不到质的提升，这是对新课程理念的一种严重误解。对此，邱学华老先生说：“学生每说出一种算法，教师还鼓励说‘你真聪明，又想出一种新方法’。其实，这是误导学生做低级的数学游戏。当学生想出了很多‘花样’，问到底用哪一种方法算时，教师回答‘用你喜欢的方法算’。这句话也是大错特错。数学是一门严谨的科学，选用的标准不是你喜欢不喜欢，应该是哪种方法算得快就用哪种方法。”

（五）串联相关运算算理间的联系

小学阶段“数的运算”主要是整数、小数、分数四则运算，这些内容虽然是分段螺旋上升教学的，但它们的算理仍然是连贯相通的。运算的本质是有内在联系的。例如，满十进一和退一当十是整数加减法和小数加减法的基本算理，相同计数单位的个数相加减是整数、小数、分数加减法的核心算理。所以，教师要把握小学数学知识结构体系，理清算理的前连后延关系，做到分段教学，螺旋上升，逐步串联沟通。一是迁移、同化同类算理。对于同类型知识内容的运算，教师要注意唤醒学生的已有经验，运用迁移转化帮助学生学习新知并把新知纳入原有的认知结构中。例如，学习万以内的减法，教师要引导学生复习、迁移两位数减两位数的计算方法，在理解万以内的减法的算理和算法后，再引导学生比较万以内的减法、两位数减两位数、20以内退位减法的相同点，串联整数减法的核心算理，构建整体认知结构。二是疏通、顺应算理。即使是不同类型数的运算，其算理也有相通之处，只要进行必要的疏通、顺应，同样能够找到相互联系的本源。例如，整数、小数、分数加减法，虽然数的形式不同，但其算理的本质都相同，即相同计数单位的个数相加减。所以，教学小数加减法后，可让学生把它与整数加减法的算理进行串联；教学异分母分数加减法之后，可以引导学生梳理整数、小数和分数加减法的基本算理，打通知识间的通道，让知识串联成线（如图 18-6）。

整数加减法		小数加减法		分数加减法
	计数单位相同		计数单位相同	
（1）相同数位对齐（末位对齐）； （2）从低位加起，满十进一。（从低位减起，退一当十减。）	⟷	（1）把各数的小数点对齐； （2）按整数加减法的法则计算； （3）在得数里对齐横线上的小数点，点上小数点。	⟷	（1）通分，把异分母分数化成同分母分数； （2）同分母分数相加减，分母不变，分子相加减。

图 18-6

（六）调适口算、笔算与估算的关系

口算是基础，笔算是灵魂，估算是升华。口算是笔算、估算的基础，笔算算理的理解和算法的掌握是数学素养的重要组成部分，估算能力是衡量计算能力的一个重要指标。口算、笔算、估算三者之间互为关联。所以，“数的运算”教学实施时必须调适、沟通这三者之间的联系。例如，人教版修订教材二年级上册“100 以内的加法和减法（二）”，虽然教材只安排了 100 以内的加减法笔算，但是它们的基础是口算，笔算的过程必然用到口算。因此，教学实施中不能只关注笔算，而要把它同口算联系起来，特别是不进位加和不退位减，要鼓励学生用口算和笔算两种计算方法，让学生感受口算和笔算的共性都是相同数位上的数相加减，体验算法的多样化。在连加、连减和加减混合运算中，凡是能口算的要鼓励学生口算，将两种计算方法有机地结合起来，提高运算速度，发展运算能力。提高学生的运算能力必须从口算抓起，任何一道笔算式题实际上都能分解成基本口算进行运算。在估算学习后进行笔算时，教师要有意识地引导、鼓励学生在笔算前预测笔算结果的范围，在笔算中、笔算后结合估算判断笔算结果的合理性，让估算与精算相互作用。例如，练习三位数乘两位数时，可设计如下的习题：

$$
\begin{array}{r}
203 \\
\times\ 52 \\
\hline
\\
\hline
1556
\end{array}
\qquad
\begin{array}{r}
203 \\
\times\ 52 \\
\hline
406 \\
115\ \\
\hline
1556
\end{array}
\qquad
\begin{array}{r}
203 \\
\times\ 52 \\
\hline
406 \\
1015\ \\
\hline
10556
\end{array}
$$

教学时，先呈现第一个竖式，学生利用估算进行推理判断：因为 203＞200，52＞50，200×50＝10000，203×52＞10000，竖式中的积是 1556，计算肯定有误。再呈现第二个竖式，引导学生找出错因：用十位上的 5 乘百位上的 2，要注意进位。最后呈现第三个竖式，阐述计算方法，强调注意点，并与估算结果相互验证。这样的变式练习，一方面培养学生的演绎推理能力，另一方面让学生进一步明晰三位数乘两位数的算法和易错点，加强笔算与估算的联系，提高计算的正确率，发展运算能力。

改革不是否定过去、否定传统，改革是在传承过去好的经验和做法的基础上，改变其中不合理的因素。中国数学教育需要自信，对教育文化传统应怀有敬畏之心，要认真对待传统教学中的优秀文化、好的经验和做法，我们要注意总结、传承过去数学教育中的创造，在传承中改革，在改革中创新。

专题19

“图形与几何”内容改革及其教学策略跟进

“图形与几何”是小学数学的重要学习内容，它主要涉及现实世界中的物体、几何体和平面图形的形状、大小、位置关系及变换，这部分内容承载着培养学生几何直观、空间观念、推理能力、应用意识等重要任务。“图形与几何”内容丰富、应用广泛，与其他领域的数学知识联系紧密，是中学数学学习的重要基础。如何全面地理解“图形与几何”的教材内容，准确地把握它的教育价值、内容主线、教学重点，选择合适的教学策略，对于提高数学教学质量十分重要。

一、 课程内容变化分析

《义务教育数学课程标准（2011年版）》将“空间与图形”改为“图形与几何”，保留了几何的表述。与《全日制义务教育数学课程标准（实验稿）》相比，本知识领域第一、二学段内容的结构没有变化，仍然分图形的认识、测量、图形的运动（实验课标称“图形与变换”）、图形与位置四个部分，但课程理念发生了一定的变化，具体课程内容和目标要求也做了部分调整。调整后的“图形与几何”以发展学生的空间观念、几何直观、推理能力、应用意识为核心，课程内容更符合学生的认知发展水平，教学目标要求更加合理、明确，可操作性更强。

（一）第一学段

与实验课标相比，修订课标“图形与几何”第一学段删移了部分偏难的课程内容，或调整了部分内容的要求层次，或提出限制性要求（如“在方格纸上……”），或强调结合实例（生活情境）进行教学。

1. 课程内容“知识点”的主要变化。

（1）“测量”第5条删除“能用自选单位估计和测量图形的面积”，将“体会并认识面积单位千米^2、公顷”移到第二学段，并把结果目标行为动词由“认识”降为“知道”。

（2）“图形的运动”第1条“感知平移、旋转、对称现象”调整为“感受平移、旋转、轴对称现象”，即不再认识镜面对称；第2条“能在方格纸上画出一个简单图形沿水平方向、竖直方向平移后的图形”移到第二学段，仅要求“能辨认简单图形平移后的图形”；将第3条“能在方格纸上画出简单图形的轴对称图形”移到第二学段，并调整为“能在方格纸上补全一个简单的轴对称图形”。

（3）将“图形与位置”第2条中的“会看简单的路线图”移到第二学段。

2. 课程内容“目标要求”的主要变化。

（1）“图形的认识”第2条“辨认从正面、侧面、上面观察到的简单物体的形状”改为“能根据具体事物、照片或直观图辨认从不同角度观察到的简单物体”，要求观察的对象更明确；第4条“能用自己的语言描述长方形、正方形的特征”调整为“初步认识长方形、正方形的特征”，结果目标适当降低且更加明确。

（2）“测量”第2条“长度单位的换算及选择”的结果目标行为动词由“会”升为“能”；第4条“指出并能测量具体图形的周长”调整为“结合实例认识周长，并能测量简单图形的周长”，明确把“认识周长”作为一项课程内容。

（3）“图形的运动”第3条“认识轴对称图形”降为“初步认识轴对称图形”。

（4）“图形与位置”第2条“在东、南、西、北和东北、西北、东南、西南中，给定一个方向（东、南、西或北）辨认其余七个方向，并能用这些词语描绘物体所在的方向”调整为“给定东、南、西、北四个方向中的一个方向，能辨认其余三个方向，知道东北、西北、东南、西南四个方向，会用这些词语描绘物体所在的方向”。这样调整更加符合学生的年龄特点和认知规律，体现义务教育阶段数学的基础性与普及性。

（二）第二学段

1. 课程内容“知识点”的主要变化。

（1）“图形的认识”第1条“了解两点确定一条直线和两条相交直线确定

一个点”后移到第三学段；第 6 条新增了“知道扇形”，使“扇形统计图”的学习有了必要的知识基础。

（2）“测量”第 3 条增加“了解圆的周长与直径的比为定值”，明确探索圆周率是一项课程内容；更重要的是本学段涉及的所有几何形体面积、体积的课程内容条款中，都增加了“并能解决简单的实际问题”，强调了问题解决与应用意识。

（3）“图形的运动”第 2 条“体会图形的相似”后移到第三学段。

2. 课程内容“目标要求”的主要变化。

（1）“图形的运动”第 1 条“用折纸等方法确定轴对称图形的对称轴，能在方格纸上画出一个图形的轴对称图形”改为“能在方格纸上画出轴对称图形的对称轴；能在方格纸上补全一个简单的轴对称图形”，降低学习要求；第 2 条认识图形的平移与旋转明确是“在方格纸上”。

（2）“图形与位置”第 4 条“用数对表示位置”明确是“在方格纸上”，并增加要求“知道数对与方格纸上点的对应”。

二、 教材知识结构体系

根据人教版义务教育教科书编排的各册内容，我将“图形与几何”教材知识结构体系整理如下：

年级	教材知识内容
一上	1. 位置：上下、前后、左右。 2. 认识图形（一）：初步认识长方体、正方体、圆柱和球，用同样的立体图形进行拼组，解决简单的实际问题

一年级上册修订教材内容与实验教材相比，知识内容和编排结构体系发生了较大的变化。一是将实验教材一年级下册的“位置”单元前移到本册，保留了其中的“上下、前后、左右”，体现了知识的准备性。二是把实验教材一年级上册“认识物体和图形”单元和一年级下册“图形的拼组”单元进行整合，将认识立体图形及立体图形的拼组等内容安排在本册，将认识平面图形和平面图形的拼组安排在一年级下册，分散了一年级上册图形认识的教学难点。

年级	教材知识内容
一下	认识图形（二）：初步认识长方形、正方形、平行四边形、三角形和圆，用同样的平面图形进行简单的拼组，解决问题

一年级下册修订教材内容与实验教材相比，知识内容和编排结构体系的变化与一年级上册的变化是相连的。一是将实验教材一年级上册“认识物体和图形”单元中平面图形的认识和拼组内容移至本册，并增加了“初步认识平行四边形”；二是将“位置”单元移到上册。这样编排更加符合学生的认知规律。

年级	教材知识内容
二上	1. 长度单位：认识厘米和米，初步认识线段，估测物体的长度。 2. 角的初步认识：角的初步认识，画角，直角、锐角和钝角的初步认识，解决问题。 3. 观察物体（一）：辨认从不同位置观察到的一个简单物体的形状，辨认从不同位置看到的一个简单的几何形体的形状，解决问题

二年级上册修订教材内容与实验教材相比，单元结构编排保持不变，但单元内部知识内容与结构体系有所调整。一是将实验教材二年级下册“图形与变换”单元的“锐角和钝角”调整到本册“角的初步认识”单元，使学生在本册学习中形成对角的较为完整的认识；二是删除了“观察物体”单元中“镜面对称”的内容，将“认识轴对称图形”移至二年级下册“图形的运动（一）”单元。

年级	教材知识内容
二下	图形的运动（一）：认识轴对称图形，理解图形的平移，初步认识旋转，解决问题

二年级下册修订教材内容与实验教材相比，仍然保持“图形的运动”单元，但单元内部知识内容与结构体系有所调整。一是将“锐角和钝角”前移至上册，二是将“认识轴对称图形”调整至本单元，三是将综合与实践“剪一剪”改编成“解决问题”。这样一来，单元知识内容体系更加合理。

年级	教材知识内容
三上	1. 测量：认识毫米、分米、千米，吨的认识。 2. 长方形和正方形：认识四边形及长方形、正方形的特征，认识周长，长方形、正方形的周长计算，解决问题

三年级上册修订教材内容与实验教材相比，单元知识内容与结构体系基本不变。但把“四边形”单元名称改为“长方形和正方形”，知识内容也稍有调整：一是增加“认识长方形和正方形的特征”的例题，为后面学生学习它们的周长和面积打好基础；二是增加“解决问题”的例题；三是删除了“估计”的内容。经过这样的调整，知识内容的特征更加明显，连贯性更强，便于学生形成良好的知识结构。

年级	教材知识内容
三下	1. 位置与方向（一）：认识东、南、西、北四个方向，知道东北、东南、西北、西南四个方向，会描述地图上的方向。 2. 面积：面积的含义，认识厘米^2、分米^2、米^2，长方形、正方形面积的计算，面积单位间的进率，解决问题

三年级下册修订教材内容与实验教材相比，单元知识内容与结构体系基本不变，只是根据课标把原来的“公顷与平方千米的认识”后移至四年级上册。

年级	教材知识内容
四上	1. 公顷和平方千米：认识公顷、平方千米。 2. 角的度量：认识线段、射线和直线，角的度量，角的分类，画指定度数的角。 3. 平行四边形和梯形：平行与垂直，画长方形（解决问题），认识平行四边形和梯形

四年级上册修订教材内容与实验教材相比，只是将实验教材三年级下册“面积”单元中“公顷与平方千米的认识”后移至本册，但在“平行与垂直”中删去平行线的画法，增加用符号表示两条直线互相平行与垂直，这样可以培养学生的符号意识，体现数学的简洁美，并与第三学段的学习做好衔接。

年级	教材知识内容
四下	1. 观察物体（二）：从3个不同方向观察一个组合立体图形的形状，从同一方向同时观察3个不同的组合立体图形的形状。 2. 三角形：三角形的特性，三角形任意两边和大于第三边，三角形的分类，三角形的内角和，四边形的内角和。 3. 图形的运动（二）：轴对称，平移

四年级下册修订教材内容与实验教材相比，知识内容和编排结构体系发生了较大的变化。一是将“位置与方向”单元（根据方向和距离确定物体的

位置）后移至六年级上册，二是增加“观察物体（二）”单元和“图形的运动（二）”单元。“观察物体（二）”单元例 1 “从 3 个不同方向观察一个组合立体图形的形状”是实验教材五年级上册前移的内容，例 2 “从同一方向同时观察 3 个不同的组合立体图形的形状”是新增内容。“图形的运动（二）”单元是实验教材五年级下册“轴对称”和实验教材二年级下册“平移”整合得来的。“三角形”单元增加“四边形的内角和”知识内容。

年级	教材知识内容
五上	1. 位置：用数对表示物体的位置。 2. 多边形的面积：平行四边形的面积，三角形的面积，梯形的面积，组合图形的面积计算，用方格纸估计不规则图形的面积（解决问题）

五年级上册修订教材内容与实验教材相比，知识内容和编排结构体系发生了一些变化。一是将实验教材六年级上册“用数对表示物体的位置”调整至本册，二是将实验教材“观察物体”单元的内容分散到二年级上册和四年级下册。“多边形的面积”单元新增解决问题“估计不规则图形的面积”学习内容。

年级	教材知识内容
五下	1. 观察物体（三）：根据观察到的平面图形，推理还原所观察的立体图形的形状。 2. 长方体和正方体：长方体和正方体的认识，长方体和正方体的表面积，认识体积和常用的体积单位米^3、分米^3、厘米^3，长方体和正方体的体积计算，体积单位间的进率，容积和容积单位，测量不规则物体的体积。 3. 图形的运动（三）：进一步认识旋转，在方格纸上把简单图形旋转90°，利用平移、旋转解决问题

五年级下册修订教材内容与实验教材相比，新增了“观察物体（三）”单元，这样全套教材“观察物体”由原来的两个单元变成三个单元。

年级	教材知识内容
六上	1. 位置与方向（二）：方向和距离的具体含义，根据物体相对于参照点的方向与距离确定其位置，描述简单的路线图。 2. 圆：认识圆，了解圆的周长与直径的比为定值，圆的周长，圆的面积，认识扇形，解决简单的实际问题

六年级上册修订教材内容与实验教材相比，把实验教材六年级上册的“用数对表示物体的位置”前移至五年级上册，把实验教材四年级下册“根据方向和距离确定物体的位置”移至本册；“圆”单元增加了“认识扇形”。

年级	教材知识内容
六下	1. 圆柱与圆锥：圆柱的认识，圆柱的表面积，圆柱的体积，根据圆柱体积解决简单的实际问题，圆锥的认识，圆锥的体积。 2. 利用方格纸按一定比例将简单图形放大或缩小

六年级下册修订教材内容与实验教材相比，知识内容和结构体系基本保持不变。

《义务教育数学课程标准（2011 年版）》关于本领域的课程内容中都增加了“并能解决简单的实际问题”的要求，强调了问题解决与应用意识。修订教材每册“图形与几何”的知识内容中都相应地增加了运用所学几何知识解决简单实际问题的教学内容，意在落实“应用意识”的核心概念。

三、 教学实施跟进策略

《义务教育数学课程标准（2011 年版）》把空间观念、几何直观、推理能力、应用意识等作为数学课程内容的核心关键词提出，“图形与几何”的教学承载着实现这些课程内容目标的重要任务。课程目标、课程内容的变化，教材内容的调整，必然影响课堂教学的实施。为了适应变化与改革，课堂教学实施策略需要及时跟进调整。

（一）依托现实情境素材，让学生在已有认知上探究学习

小学阶段的几何学习以学生的已有经验为基础，而不以几何的公理体系为起点。所以，《义务教育数学课程标准（2011 年版）》较多地使用“通过实物和模型辨认……”与“结合实例（生活情境）认识（了解、感受）……”等表述，意在强调教学要注意结合实例，依托现实生活情境素材，唤起学生的经验，让学生在已有的认知基础上学习。例如，人教版修订教材三年级上册“长方形和正方形的认识”，学生从认识周围世界开始就看到大量的长方形和正方形的物体表面，在“过家家”和玩积木等游戏中多次触摸、认识长方形和正方形，教材在这之前也安排了平面图形的初步认识、测量线段、角的

初步认识、四边形等学习内容，这些都是学生的已有认知。所以，一位教师上这节课时，在让学生从一组四边形中辨认出长方形和正方形后，直接问："关于长方形和正方形，你们已经知道了哪些知识?"学生滔滔不绝，教师从中筛选几个回答板书：长方形有四条边，对边相等，四个角都是直角；正方形有四条边，四边都相等，四个角都是直角。然后组织学生通过折一折、量一量、比一比等探究活动，验证了两种图形的基本特征，紧接着通过练习巩固了学生对长方形、正方形特征的认识，并引导学生利用长方形和正方形的特征解决生活中简单的实际问题。最后用课件展示大千世界中长方形、正方形的唯美图案。这样的教学设计既注重知识的"生长点"和"延伸点"，又紧密结合具体实例，以学生的现实基础为背景，让学生在轻松的活动中探索学习长方形、正方形的特征。

（二）发挥方格纸的作用，为发展学生空间观念提供依托

《义务教育数学课程标准（2011 年版）》中关于"图形与几何"课程内容，仅在第二学段就 10 次提到"方格纸"，体现了方格纸在小学阶段"图形与几何"学习中的重要作用。教学中，教师要充分发挥方格纸的直观、规范作用，引导学生学习估计不规则图形的面积，准确地描述图形运动的方向、距离和图形的具体位置。方格纸能有效帮助学生加深对图形运动、物体方位等知识的认识与理解，培养空间观念。例如，人教版修订教材五年级下册"图形的运动（三）"第 84 页例 2、例 3，教材在方格纸上进行图形的旋转，让学生通过看一看、数一数、画一画等活动，直观地认识、掌握图形旋转的特点。这个教学过程很好地利用方格纸帮助学生有效地识别图形运动中的方向、点、距离之间的位置关系，降低学习难度，有效突破教学重难点。在方格纸上看、数、画，能帮助学生准确、快捷地确定旋转的方向、距离，避免操作时产生不必要的误差，直逼数学本质，为发展学生的空间观念提供材料依托。再如，人教版修订教材三年级下册第 75 页第 11 题：在方格（每个小方格代表 1 平方厘米）纸上，画出面积是 16 平方厘米的长方形，你能画几个？算出它们的周长，填入表中。这是一道有关长方形周长、面积知识的综合问题，有较大难度，但学生借助方格纸能较快地画出面积相同、形状各异的长方形，并通过计算不同形状长方形的周长发现：面积相等的长方形，周长不一定相等；长方形的面积相等时，长、宽越接近，周长越短。

因此，方格纸不仅能为学生理解并掌握图形的运动、图形的位置提供介质，还能为学生快速、规范地作图，直观地发现规律提供材料依托，让抽象的图形与几何变得可以触及，空间观念的发展也有了材料支撑。

（三）利用几何学习特点，让学生在操作中积累活动经验

小学阶段的几何不是论证几何，更多的是属于直观几何，而直观几何是一种经验几何或实验几何。因此，学生获得几何知识并形成空间观念，更多的是借助他们的动手操作活动。修订课标也较多地使用“通过观察、操作，认识……”等表述，现行教材根据课标精神和学生的认知特点，设计了大量的观察、操作、思考等数学活动材料，为学生提供动手操作的课程资源，让学生通过操作加深对几何形体特征的认识与理解，积累数学活动经验，丰富想象，发展空间观念，教师对此应当予以充分的重视。例如，人教版修订教材五年级下册“长方体的认识”第 19 页例 2：用细木条和橡皮泥做一个长方体框架。学生通过分析思考、动手操作等数学活动，构建长方体表象，突破了长方体特征的认知难点，接着通过教师的引导进一步发现“长方体相对的棱互相平行，相交的棱互相垂直”等特征。这些数学活动经验的积累对今后探究其他形体的特征有着极其重要的作用。再如，探索长方形面积公式时，学生通过动手，在长方形里摆 1 平方厘米的面积单位，发现每行所摆面积单位的个数正好是长的厘米数，摆的行数正好是宽的厘米数，所以，长方形的面积单位总个数等于每行面积单位的个数乘以摆的行数，也就是长的厘米数乘以宽的厘米数。这种数学活动经验的积累对今后探究、理解长方体的体积公式等有着极其重要的作用。同样的，在探索平行四边形、三角形、梯形面积公式中所积累的等积变形、转化等数学思想的活动经验，可以为后续推导圆的面积公式等奠定坚实的基础。

（四）落实课程整体目标，让学生在活动中感悟数学思想

教师历来重视基础知识、基本技能的教学，往往认为数学思想方法、活动经验是看不见、摸不着、可有可无的东西，而实际上数学思想方法、活动经验恰恰是学生终身受用的。基于此，修订课标明确提出了“四基”的课程目标和空间观念、几何直观、推理能力、应用意识等数学课程内容的核心概念。所以，在“图形与几何”教学中，教师要关注“四基”，重视落实课程整体目标，让学生在活动中积累活动经验，感悟数学思想，发展数学思考和空

间想象能力。例如，人教版修订教材六年级下册“圆柱的体积”（如图 19-1），教学时，教师应以教材提出的三个问题（即“我们会计算长方体和正方体的体积，圆柱的体积怎样计算呢？”“能不能将圆柱转化成我们学过的立体图形，计算出它的体积呢？”“把拼成的长方体与原来的圆柱比较，你能发现什么？”）作为这节课的探索活动主线，引导学生复习回忆

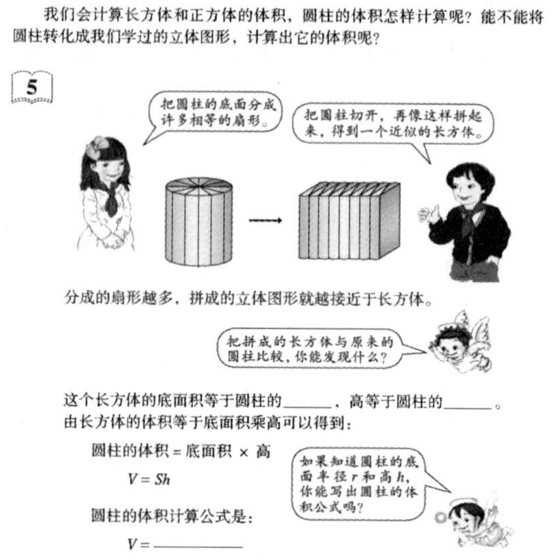

图 19-1

圆面积公式推导过程，通过联想、推理、迁移，借助等积变形、转化等已有认知基础和活动经验进行探索。学生通过操作、观察、想象，发现“圆柱底面分成的扇形越多，拼成的立体图形就越接近长方体”，最终推导出圆柱的体积计算公式。学生在经历操作探究活动的过程中，发展了联想意识和迁移能力，培养了推理、想象能力，同时感悟了转化、积分、极限等数学思想，积累了相应的活动经验。

总之，只有深刻领会“图形与几何”教学内容的改革精神实质，掌握其教学特点，才能掌控好教学策略，最终实现有效教学。

专题 20

“解决问题”内容改革及其教学策略跟进

应用题是传统数学课程的经典模块，所以，历次数学课程改革都将应用题教学内容改革作为重点之一。二十一世纪初的新课程改革打破了应用题作为数学课程内容一个独立教学模块的格局，把它融合于“数与代数”“图形与几何”“统计与概率”等各模块课程内容之中，其名称也改为“解决问题”。修订教材延续了实验教材“解决问题”的名称，但其课程理念、课程目标、课程内容、编排结构、教学节奏等发生了不同程度的变化。

一、 课程目标变化分析

新一轮基础教育课程改革把数学课程内容划分为“数与代数”“图形与几何”“统计与概率”和“综合与实践”四个模块，“解决问题”不作为独立模块呈现，而是融合在这四个模块之中，但数学课程标准却把“解决问题”（修订课标称“问题解决”）作为课程总目标四个方面的内容之一，列出了具体的目标要求，这足以说明“解决问题”在基础教育数学课程中的重要地位。

比较修订课标与实验课标中“解决问题”方面的课程目标，我们可以清晰地发现，修订课标把实验课标中的“初步学会从数学的角度提出问题、理解问题……”改为“初步学会从数学的角度发现问题和提出问题……”，“形成解决问题的一些基本策略……”改为“获得分析问题和解决问题的一些基本方法……”。这种表述变化，使目标更加清晰、明确，更重要的是把原来的“两能”变成“四能”，它是本次课标修订的核心变化之一。分析问题、解决问题是做别人的问题，发现问题、提出问题才是自我创造的起始、创新的萌芽。

“解决问题”方面的课程目标阐述对比

《全日制义务教育数学课程标准（实验稿）》课程目标	《义务教育数学课程标准（2011年版）》课程目标
· 初步学会从数学的角度提出问题、理解问题，并能综合运用所学的知识和技能解决问题，发展应用意识。 · 形成解决问题的一些基本策略，体验解决问题策略的多样性，发展实践能力与创新精神。 · 学会与人合作，并能与他人交流思维的过程和结果。 · 初步形成评价与反思的意识	· 初步学会从数学的角度发现问题和提出问题，综合运用数学知识解决简单的实际问题，增强应用意识，提高实践能力。 · 获得分析问题和解决问题的一些基本方法，体验解决问题方法的多样性，发展创新意识。 · 学会与他人合作交流。 · 初步形成评价与反思的意识

修订课标把实验课标中“学会与人合作，并能与他人交流思维的过程和结果”修改为“学会与他人合作交流”，这不仅是表述上的浓缩，更是外延的拓展。“学会与他人合作交流”，不仅要交流思维的过程和结果，还要学会与他人交流情感、学会相处等。

“初步形成评价与反思的意识”目标要求虽然没有变化，但在学段目标中列出了相应的具体要求：第一学段“尝试回顾解决问题的过程”和第二学段“能回顾解决问题的过程，初步判断结果的合理性”。这些相应的要求，也体现在教材编写里。例如，人教版全套修订教材中“解决问题”的例题基本都呈现了“知道了什么⟶怎样解答⟶解答正确吗”（三年级开始改为“阅读与理解⟶分析与解答⟶回顾与反思”）三个步骤的完整解题过程，其中第三个步骤“解答正确吗”（回顾与反思）就是“初步形成评价与反思的意识”在教材编写中的具体落实，它是本次教材修订的一大亮点。

二、 教材内容变化特点

修订教材在总结大纲教材和实验教材研究与使用经验的基础上，根据2011年版数学课程标准精神进行编写。整套修订教材对于“解决问题”内容的编排，突显了以下七个变化与亮点。

（一）拓展教学内容范畴，加强解题能力培养

修订教材“解决问题”教学内容突破了传统应用题教学内容的束缚，拓

展了内涵和外延。修订教材“解决问题”的教学内容不再局限于有明确数量关系的应用问题，只要是用数学知识解答的实际问题都称“解决问题”。现在除了传统应用题教学内容外，在图形的认识、数的认识、常见的量等内容的教学中都设计了“解决问题”教学内容，这样就使得培养学生“四能”的素材和案例更为丰富，载体更加多样，真正把培养“四能”的课程目标落实在各部分数学知识的教学之中。例如，下面的两道例题分别是人教版修订教材一年级上册第 79 页“数的认识”（如图 20-1）和四年级上册第 60 页“平行与垂直”（如图 20-2）学习内容中的实际应用问题，它们虽没有明确的数量关系，但都是用数学知识解决问题。

图 20-1

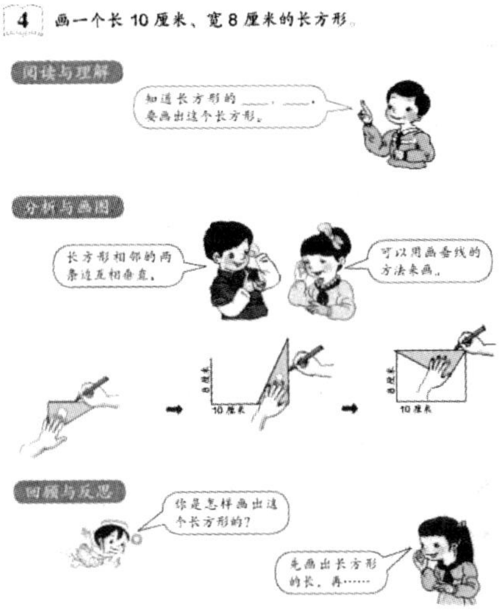

图 20-2

（二）重视解题步骤指导，教给解题基本方法

实验教材重视给学生自主探索解决问题的空间，忽视解决问题一般步骤、基本方法的指导，造成学生往往缺少有效解题的基本思路。修订教材传承我国应用题教学的精髓，循序渐进地给学生提供解决问题的一般步骤，教给学生解决问题的基本方法。教材从一年级开始，就有意识地让学生学习并体会解决一个数学问题的一般步骤：阅读理解题意，找出已知条件和要解决的数学问题⟶分析问题，探寻解题方案并解答⟶进行检验与回顾反思。（教材一、二年级一般用“知道了什么⟶怎样解答⟶解答正确吗”提示，三年级开始改用“阅读与理解⟶分析与解答⟶回顾与反思”表述，如上面的两道

例题。）五年级学习列方程解决问题，还在引导学生讨论的基础上，归纳出解题基本步骤（如图 20-3）。

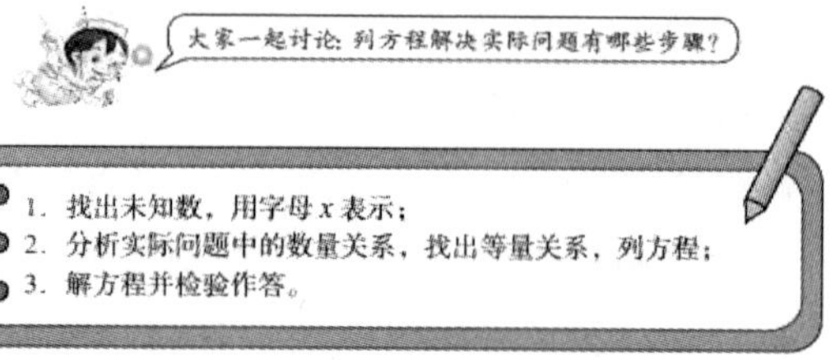

图 20-3

学生长期经历解决问题的基本步骤、过程性训练，会有效提高解决问题的能力，建立数学模型，逐渐养成规范、严谨做事的好习惯。

（三）理顺知识之间的关系，优化教材内容结构

修订教材对实验教材内容结构上存在的问题，进行必要的调整，并对具体内容进行必要的修改，使知识的逻辑顺序呈现更合理。例如，“求两数相差问题”的教学，实验教材安排在一年级下册“认识人民币”之后的“100 以内的加法和减法（一）”单元，而“人民币的简单计算”，特别是联系生活实际的问题，往往要涉及“求两数相差问题”，这就给教师教学和设计习题带来不便。所以，修订教材把“求两数相差问题”的教学移到“认识人民币”之前的“20 以内的退位减法”单元。又如，有关“倍”的问题，实验教材是分散编排在二年级上、下册，把“倍的认识”和“求一个数的几倍是多少”编排在上册，把“求一个数是另一个数的几倍”编排在下册，分开进行教学。修订教材把这些内容集中编排在三年级上册，作为一个独立单元“倍的认识”，使得教学节奏更加紧凑、连贯。修订教材也调整了“倍的认识”“求一个数的几倍是多少”“求一个数是另一个数的几倍”三个问题的呈现顺序。例 1 有关“倍的认识”，例 2 解决“求一个数是另一个数的几倍”问题，例 3 解决“求一个数的几倍是多少”问题，这样的编排显然比实验教材更符合知识的逻辑关系和学生的认知规律。此外，修订教材素材的选择，不仅更贴近学生的生活实际，还浓缩了教学例题（这部分内容实验教材共有 5 道例题，修订教材剩下 3 道例题），节约教学时间，提高教学效率。

（四）加强几何直观，帮助学生形象理解问题

实验教材与大纲教材相比，强调让学生凭借经验、直觉、推测等解决问

题，线段图等直观手段明显缺失，数量关系被弱化，学生解决问题的基本方法、策略没有有效掌握，解决问题的能力难以提升。修订教材较好地继承、发展大纲教材的精髓，从一年级开始，就注意利用不同的几何直观手段把复杂的数学问题变得简明、形象，帮助学生直观地理解数学，探索解决问题的思路，预测结果。例如，下面两道例题分别是人教版修订教材二年级上册第 23 页“求比一个数多几的数是多少”（如图 20-4）和三年级上册第 72 页例 9“乘除混合计算两步问题”（如图 20-5），教材指导学生把题中的已知条件和要解决的问题用示意图或线段图表示，借助示意图或线段图直观、清晰地理解数量关系，获得问题的解决思路，渗透数形结合思想。

图 20-4

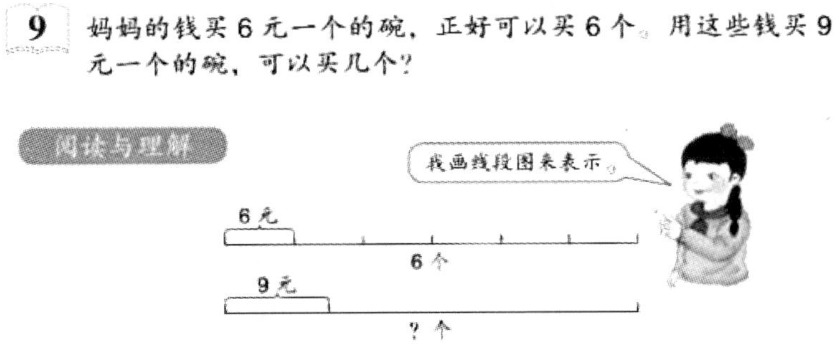

图 20-5

（五）丰富素材情境，关注发现问题与提出问题

“两能”变“四能”是本次数学课程标准修订的重要变化之一。修订教材努力为学生发现数学问题、提出数学问题提供丰富的素材与情境，从一年级开始就逐步引导学生学会用数学的眼光观察生活世界，发现数学问题，提出数学问题。教材在许多题目中设计了“你发现了什么”“你还能提出什么数学问题”的内容，有时还专门设计让学生利用情境图中的信息提出数学问题并尝试解决的题目（如图 20-6），加强对学生发现问题、提出问题、分析问题和解决问题的训练。

图 20-6

（六）丰富解题方法，倡导解决问题策略多样化

“获得分析问题和解决问题的一些基本方法，体验解决问题方法的多样性，发展创新意识”是修订课标中关于“问题解决”的重要课程目标。修订教材遵循课标精神，极大地丰富了解决问题方法的教学内容，鼓励学生从不同角度、用不同思路自主探索、选择解决问题的方法。例题重视呈现不同思维水平、不同思考角度的解题策略，表达了不同学生发展的现实起点，体现解决问题方法的多样性。例如，人教版修订教材六年级上册第 42 页例 7“工程问题”，教材呈现了三种不同的假设方法，既从学生的经验入手，尊重学生的认知起点，又让学生体验解决问题策略的多样性。

（七）加强习题设计，提供丰富多样的课程资源

修订教材十分重视解决问题习题的设计，除保持实验教材问题素材生活化、呈现形式多样化等基本特点外，还引进新素材、新数据、新技术的应用等，使数学学习素材与时俱进；设计的问题情境更加简洁、明了，减少非数学材料的干扰，突出问题的本质；增加习题的量，给师生提供更多可自主选择的课程资源。同时，习题设计注意渗透数学思想，加大思维训练，引导学生积极进行数学思考。例如，人教版修订教材一年级上册“6～10 的认识和加减法”第 64 页第 12 题：说一说图中哪些可以用 3＋7＝10 表示。学生根据情境图和加法的含义，会编出不同的实际问题，通过练习，既体会到不同的含义可以用相同的算式表示，相同的算式可以表示不同的含义，也体会到数学的概括性和简洁性。此外，学生在“说”的过程中，增强发现问题、提出问题的意识，发展了数学语言表达能力。修订教材的习题资源相当丰富，教师能用好教材资源就很不错了。

三、 教学实施跟进策略

教材内容变化必然影响教学的实施。根据修订教材“解决问题”教学内容的变革，教师该怎样适时适当地调整教学策略，达成既定的课程目标？

（一）关注“四能”发展，整体落实课程目标

“四能”目标的整体实现需要日积月累，需要通过长期的教学过程与数学活动逐步达成。修订教材在各个内容领域中加强运用所学知识解决问题的例题、习题设计，为发展“四能”提供必要的、充分的素材与载体。所以，教学中，教师要充分利用教

图 20-7

材提供的素材与情境，引导学生逐步学会用数学的眼光从不同的角度观察生活世界，用数学思维发现与数学有关的问题并提出数学问题，进行分析与解答。例如，人教版修订教材一年级上册“20 以内的进位加法”第 99 页第 1 题（如图 20-7），学生在分析、解决教材的问题“一共有多少人”后，教师继续问：“请继续观察情境图，你还能找到哪些数学信息？”学生从不同角度观察后，发现了如下信息：①戴头饰的有 9 人，没戴头饰的有 5 人；②拿乐器的有 3 人，没有拿乐器的有 11 人；③幕前 13 人，幕后 1 人；④戴头饰的有 9 人，拿乐器的有 3 人；⑤一共有 14 人，拿乐器的有 3 人；等等。对于学生发现的前三条信息，大多数教师可能都会想到，但对于后两条信息，教师似乎有些出乎意料：明明有 14 人，学生看到的却是 12 人；原本要的是用加法算，学生找到的信息只能用减法算。教师稍做思考后，随即做了跟进追问：“根据戴头饰的有 9 人，拿乐器的有 3 人，你能提出什么数学问题？”“根据一共有 14 人，拿乐器的有 3 人，你又能提出什么问题？”一道简单的数学问题，在教师的不断引导与追问下变得深刻、有内涵。学生在观察、思考、交流中，不但经历“观察情境发现问题—根据信息提出问题—弄清题意分析问题—运用策略解决问题”的问题解决全过程，而且感悟了分类思想。

（二）重视数量关系教学，构建问题解决模型

数量关系是前人的经验总结，是生活中客观存在的关系，是数学知识的重要组成部分，它为学生解决同类数学问题提供基本的思路与方法。为什么有些数学能力较强的学生，一读完题目、理解题意后，便能立即想到解决问题的基本思路与方法？这里的“思路与方法”就是数量关系。事实上，只要学生学会分析数量关系，掌握必要的基本数量关系式，在遇到各种模型的问题情境时就会很快形成解题思路，找到解题方法，最终实现问题的解决。基于这样的认识，修订课标在第二学段增加了“在具体情境中，了解常见的数量关系：总价＝单价×数量、路程＝速度×时间，并能解决简单的实际问题”的课程内容。人教版修订教材四年级上册第52、53页专门编排了学习“单价、数量、总价”与“路程、速度、时间”等常见数量关系的例题。所以，进行修订课标背景下的问题解决教学时，教师要重视数量关系教学，在具体情境中适时帮助学生梳理、提炼、归纳基本的数量关系，让隐性的解题思路显性化，同时构建同类问题的数学模型，发展学生的模型思想。

（三）处理好遵循常规步骤与防止模式化的关系

修订教材从一年级开始，便有意识地让学生学习并体会解决数学问题的一般步骤，经历解决问题的完整过程。这样的教材编排、教学实施有利于引导学生严谨地运用分析、综合、推理、归纳、演绎等逻辑形式，有条理有根据地分析问题、思考问题、解决问题，发展逻辑思维能力。同时，新课程还提倡直觉猜测、数形结合、合情推理等非逻辑形式的解题分析策略，所以，教学过程中不能过分强调遵循常规解题步骤，防止因程式化、机械化的模式带来思维的僵化，必须正确处理遵循常规步骤与防止模式化的关系。教材本身也注意了这个问题，教材中并不是所有的例题都要求学生经历三个完整的解题步骤。例如，人教版修订教材六年级上册“百分数（一）”第89页例3，这是解决“求一个数比另一个数多百分之几”的问题，它与“求一个数比另一个数多几分之几”的问题结构模型、解题思路与方法基本相同，学生可以凭借已有经验直接解决，没有必要再展示完整的解题过程。再如第90页例4“求比一个数多百分之几的数是多少”，也是让学生利用已有数量关系的经验解决问题。横向研读其他版本的教材，可知解决问题也并非一定要求学生每道题都展示其完整的解题过程，例如，苏教版修订教材一年级下册第59页例7“求两数相差问题”。

（四）处理好策略多样化与基本方法的关系

倡导问题解决策略多样化是新课程的重要理念，因此，教材重视鼓励学生从不同角度、用不同思路自主探索解决问题的方法。修订教材对各种解题方法的呈现更加明晰、有层次，有利于学生理解、对比不同的方法，选择适合自己思维方式的策略。例如，人教版修订教材二年级下册“有余数的除法”第 68 页例 6，教材分别介绍了接着画（接数法）和找规律用除法算两种解决问题的方法，但其基本目标是要让学生掌握用除法算。因为不管彩旗有多少面，只要找出排列规律，用除法算后根据余数都可以判断第几面旗是什么颜色的。所以，教学过程中，教师要处理好解决问题的基本方法与策略多样化的关系。同时，修订教材还注意根据学生的年龄特征和认知水平，选择适合的方法解决问题。例如，人教版修订教材一年级下册“100 以内数的认识”第 46 页例 7（如图 20-8），这道题有不同的解题策略，可以画图，可以用数数的方法（10 个 10 个地数、5 个 5 个地数等），也可以用数的组成，还可以用连减或有余数的除法计算等，但教材选择的是适合学生认知水平、学生更易于接受的画图与数的组成两种方法，其基本策略是用数的组成解决问题。数学是一门严谨的科学，对于解决问题的策略选用标准，应该是哪种策略简单就用哪种，这样学生的思维才会不断从低级走向高级。

图 20-8

（五）处理好直观手段与抽象思维训练的关系

修订教材传承了传统应用题教学的精髓，重视运用各种不同的图形表示问题信息，帮助学生直观地理解题意，获得问题的解决。但是，教学如果仅仅停留在直观上，没有进行必要的抽象思维，那么学生的学习就可能只是停留在感性的层面，他们的数学素养就不会有质的提高。修订课标在课程基本理念中明确提出“要重视直观，处理好直观与抽象的关系”。直观是手段，数学教育的本质是引发学生数学思考，训练学生的思维能力特别是抽象逻辑思维能力，过去、现在、将来都是如此。因此，教学过程中，教师在充分利用直观帮助学生形象理解问题的前提下，应该适时引导学生进行分析、综合、抽象、概括，有计划地结合具体情境训练学生的思维。例如，人教版修订教材三年级上册第 71 页例 8（如图 20-9），这道例题先用示意图表示题中的条件和问题，再让学生用分析法分析题中的数量关系（求买 8 个碗用多少钱，要先算一个碗多少钱），较好地引导学生从直观感性认识过渡到理性思维分析。教师在引导学生分析数量关系时，可以把思维分析过程用结构图表示（如图 20-10），之后还可以引导学生根据结构图从下往上（用综合法）把题中的数量关系说一说，这样不仅可以加深学生对数量关系的理解，也可以有效训练其思维能力。

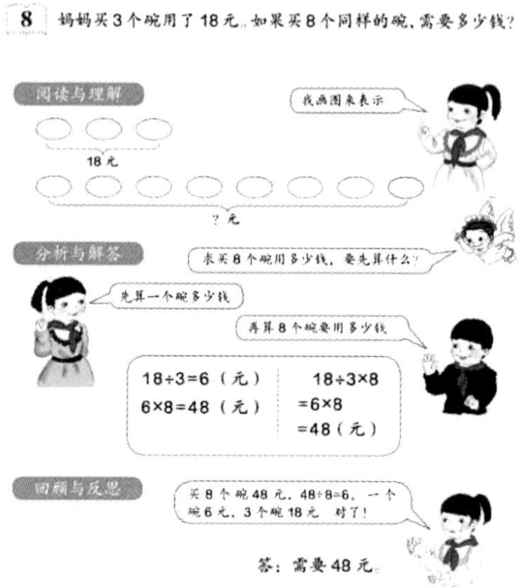

图 20-9

传统应用题教学对学生进行思维能力训练有许多好的经验、做法值得借鉴。例如，教师经常问学生“你是怎么想的”“为什么要先算……”“谁能完整地说一说解题思路”，或要求学生用“根据……可以求出……”“要求……必须知道……”来阐述分析过程。这些句式看似简单，却能帮助学生梳理和提炼基本解题思路，有效训练逻辑思维能力。

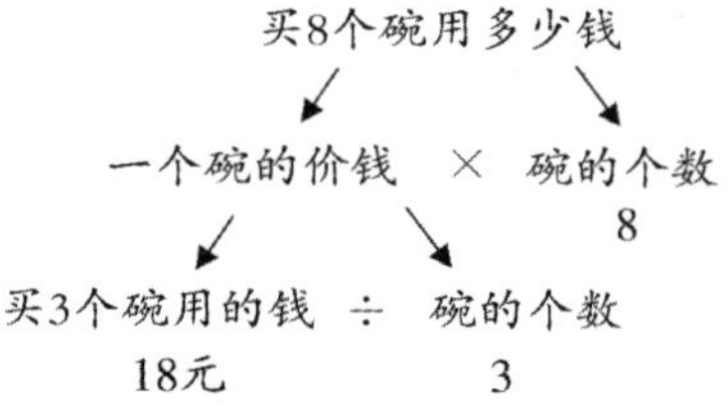

图 20-10

问题解决的教学思考点还有很多，需要教师在教学实践中不断探索、反思、总结。在这个过程中，教师必须正确处理好传统与现代、过去与未来、继承与创新的辩证关系。在传承传统教学精髓的基础上，教师应准确把握教材内容的变化点，构建适合学生的教学内容，适时调整教学策略，创新教学方法，上出有品位的课、有思想的课、体现新课标理念与发展学科核心素养的课，使教育梦想成为现实。

模块六

有效课堂教学

课堂是学校教育教学工作的主阵地，课堂教学是学校课程实施的主渠道。所以，课程改革的核心环节是课堂教学改革，课堂教学改革的核心主题是实现有效教学，提高课堂教学质量。只有课堂教学改变了，学校教育才会改变，师生生命才会改变，教育质量才会提高。新世纪课程改革使课堂教学改革取得了实质性进展和阶段性成效，这是有目共睹的。但是，由于各种原因，当前课堂教学改革也出现了一些形式化、低效化的现象，聚焦课堂教学改革仍然是当前基础教育改革的热点、难点和核心。课堂有效教学究竟是什么样的教学？当前实施有效课堂教学究竟要从哪里入手，可以怎样做？本模块从理论、实践与操作等层面对有效课堂教学进行多方位的阐述和解答，为一线教师实施有效教学和提高教学质量提供切实可行的专业引领。几个简单的专题，汇集成一本指导教师进行有效课堂教学的手册。

专题 21

现代课程理念下我的课堂教学观

对于一节好的课堂教学的标准，可能会仁者见仁，智者见智，众说纷纭。在多种因素的影响下，对好课堂的看法有分歧是必然的，但决不至于“美丑不分”或“以丑为美，以美为丑”。在以学生发展为核心的现代教育理念下，我认为，一节好课堂应该遵循下面几项基本要求。

一、关注课程目标的整体落实

理论上，所有人都知道课堂教学目标是多元的，远不只是掌握知识和解题那么简单。然而，具体到教学一线，老师们总希望能抓住一些有形的、易于测量的东西来操作。所以，课堂教学目标常常被简单地理解为知识的掌握，以知识掌握的数量和牢固程度作为教学评价的唯一标准。这种教学观是不可取的，是不利于学生的可持续发展的。为了使每个学生都能适应未来的社会工作和生活，课堂教学不仅要求学生获得学科知识技能，还要在习得知识技能的同时经历过程、感悟思想、掌握方法、发展思维、积累经验，形成认真勤奋、独立思考、合作交流、反思质疑等良好的学习品质，整体落实课程目标。

课程目标的整体落实需要日积月累。在日常的教学活动中，教师无论是设计、实施课堂教学方案，还是组织各类教学活动，都应努力挖掘教学内容中可能蕴含的与“四基”目标有关的教育价值，通过长期的教学过程，逐渐实现课程的整体目标。就是说，作为学生数学学习初始阶段的小学数学，除重视数学概念、法则、公式、性质等显性的知识教学，更应该重视数学意识、数学思想方法、数学思维方式等数学核心素养，使数学学习给学生留下意识、思想、经验、习惯、快乐，为学生的后续学习和可持续发展奠定基础。

我们来看一位老师执教“秒的认识”的片段：

师：刚才我们通过数一数、听一听，知道了5秒的长短。如果老师关掉声音，也不让你们看屏幕，你们能不能准确判断出5秒的时间呢？

生：能！

师：这么有信心，那咱们就来试一试。看清楚现在钟面上秒针的位置（指向“11”）。

师：请大家趴在桌子上，听老师口令，你们开始估，认为5秒时间到了，就抬头看看秒针是不是指向“12”。

老师发出指令后，屏幕上课件播放秒针从“11”开始无声走动到“12”，5秒时间到大部分学生抬起头。

师：你们估的时间真准！谁来说一说：你用什么办法估得这么准？

$生_1$：我是用数数的，边跺脚边数1、2、3、4、5。

$生_2$：我是眨5下眼睛。

$生_3$：过1秒钟我稍微转一下头。

…………

师：这些都是好办法！同学们都能用自己的办法估出5秒，真棒！

师：同学们已经掌握了估5秒时间的方法，那么能不能用同样的方法估更长一些的时间呢？愿意接受挑战吗？

生：愿意。

师：请看屏幕，这是十字路口的红绿灯，估一估：从红灯亮到绿灯亮，时间经过了几秒？请刚才估得偏快或偏慢的同学调整一下自己的节奏。

课件播放一段从红灯亮到绿灯亮的视频。

师：你们估的是多少秒？

$生_1$：17秒。

$生_2$：18秒。

$生_3$：16秒。

师：到底是多少秒呢？我们用钟表来验证一下。

课件重新播放从红灯亮到绿灯亮的过程，画面同时出示计时器，最后显示15秒。

师：同学们，你们真行，估的时间都很接近15秒，虽然有一点误差，但已经很了不起了。

师：因为路段不同，所以红绿灯设置的间隔时间也不尽相同。它告诉我们平时过马路时要注意什么——

生（齐声）：注意安全，红灯停，绿灯行。

师：对了，安全第一，不争一秒。

从认识1秒、5秒到十几秒，教师创设了多种情境，学生经过观察、比较、估测等丰富多样的数学活动，在亲身体验中认识、感悟、建立“秒”的时间观念。认识5秒是后面认识十几秒、几十秒的“中转站”，其方法、策略、经验都将产生积极的影响。因此，上面的教学片段中，教师非常重视对5秒时间观念建立的方法指导，借助学生喜欢的动作，用有节奏地数数、跺脚、眨眼、转头等策略来认识5秒，体验5秒时间的长短，积累估测经验，为后面估更长的时间奠定基础。最后在估算红绿灯间隔时间中又渗透了一次交通安全教育。

好课以生为本，其核心是将学生看作可被点燃的火炬，是知识和方法的建构者，是情感、态度和价值观的塑造者。任何教学活动都应围绕学生的已有经验和未来发展展开，按学生的成长规律设计，在学生的“最近发展区”着力。

我们来看全国著名特级教师黄爱华执教“百分数的意义和读写法”的一个片段：

（1）自由选择下面的一个百分数读一读，并说说为什么喜欢这个百分数。

1%　18%　50%　89%　100%　125%　7.5%　0.05%　300%

$生_1$：100%，因为100%是全部、完满的意思。

$生_2$：1%，如果作业的错误率是1%，那么对差生来说是很不错的成绩。

$生_3$：300%，它表示比100%还要多，很少会出现这样的情况。

师：假如今天老师布置5道题，你明早交上15道题，说明你完成了300%。会这样做吗？

师：有没有喜欢50%的？50%是什么意思？它在数学上还可以用什么表示？

生：（略）

（2）读出下面的句子，并回答老师提出的问题。

①我国的耕地面积约占世界的7%。

师：这句话中的百分数表示谁与谁比？我国的耕地面积多吗？

生：（略）

②我国的人口约占世界的23%。

师：这句话中的百分数又表示谁与谁比？两句话连起来考虑，你想到了什么？

这个片段的教学活动中，教师紧紧围绕学生的已有经验和未来发展展开，在教师的组织引导下，学生主动参与学习活动，获得了知识与技能，同时经历了一次百分数的产生、发展、应用的过程，体会了百分数的应用价值和好处。在深化对百分数含义的理解中，学生又接受了一次人口与资源的教育。

二、 围绕问题中心的探究活动

著名科学家钱伟长说："教师把学生都教'懂'了，是一种不负责的行为。"曾有报道指出，中国的中学生获得国际数学奥赛金牌的数量常常高居榜首，但是，我国数学研究取得世界一流成果的凤毛麟角，除了华罗庚、陈景润、陈省身、冯康，已说不出近30年来在世界上有哪些叫得响的研究成果。美籍华人、数学家丘成桐教授更是直言"差得还很远"。他说："数学是做研究，奥数是做题目。获得奥数金牌只能证明考试能力，而不代表研究的能力，研究的根本是找问题。奥数只训练别人的题目，而不知道去做自己的题目。"他说，他教过好几个得过奥赛金牌的中国留学生，但他们的学问太狭窄，考试有能力，思考没能力，甚至都不能毕业。浙江大学数学系主任刘克峰教授说，在哈佛大学、麻省理工学院等名校，他见过多位得过奥赛金牌的中国留学生，成功者寥若晨星。

孩子提出新的问题，就意味着他不仅要有卓越的见识，还要有足够的勇气，敢于承担一定的风险，即平常说的有大智大勇。著名物理学家郎之万有一次给科学家的孩子们上课，他提出一个问题：根据阿基米德原理，物体浸入水中必须排除相同体积的水，为什么金鱼放到水中却不会排出水呢？孩子们绞尽脑汁想找到问题的答案，居里夫人的女儿伊雷娜独辟蹊径，找来一条金鱼，放进水里，结论出来了：金鱼放到水里也是要排水的。

郎之万教授的授课至少给了我们两点启示：第一，让学生自己动脑、动手去研究，这比硬塞给他们一大包知识更有好处；第二，学生经过探索发现问题、解决问题，不仅得出了难以忘却的结论，还培养了批判意识和敢于怀疑真理、在真理面前人人平等的意识。这种以问题为中心的探索是创新意识、创新能力形成的基础。

一位学者对课堂活动的价值是这样描述的："不在于教师讲授无数个知识点，而在于学生提出更多的为什么；不在于教师教学方法精益求精，而在于学生是否在学习过程中有大量的参与和自由表达机会；不在于学生从课本中接受了多少，而在于他们质疑和评判了多少。"因此，要让学生在课堂上真正主动起来，就必须把提问权还给学生，鼓励学生提出问题，点燃智慧的火花。

我们来看一位教师执教"分数的意义"的片段，她在学生初步理解了分数的意义之后，安排一个质疑环节。下面是学生提出的问题：

生$_1$：为什么要把"一个物体""一个计量单位""一些物体"统称为单位"1"？

生$_2$：为什么分母在下面，分子在上面？

生$_3$：有没有分子比分母大的分数？如果分子比分母大的话，怎么办？

生$_4$：我们学过分数的简单加减法，那么像$\frac{2}{3}+\frac{7}{2}+\frac{2}{2}$这样，分母不一样，应该怎样计算？

…………

每个人的认知水平、生活经验不同，对新知识的理解与接纳必然存在差异，学生提出的这些问题应该说都是原生态思维且比较有价值的。教师通过不同的形式帮助学生获得问题解决的同时，加深其对分数意义的理解，并借机把知识拓展延伸，让学生获得新发展。

现代社会背景下，课堂上不会提问的学生不是好学生，不会提问的教师也不是好教师。以问题为中心的探究活动，不仅需要学生不断提出新问题，也要求教师掌握提问的艺术。"好课堂"的教师语言是十分讲究的。我们来看窦桂梅老师执教《喜鹊》的片段：

师（面带微笑）：下面我们写一下课题，请同学们一起填空。

师：课题怎么读呢？

生：喜鹊。

师：读得好，谁还能用"喜"字组词？这么多同学举手啊，请你们把组成的词写在黑板上，好吗？（学生陆续板书组词：欣喜、喜欢、欢喜、喜爱、喜悦、惊喜。)

师：北京的王叔叔是一位研究动物的科学家，他正在研究喜鹊。(走近黑板，手指着词语引读)让我们带着这份“欣喜”“喜欢”“欢喜”“喜爱”“喜悦”“惊喜”一起完成研究。大家有信心先把题目读好吗？

生：有——

在这个教学片段中，教师抛出一个“喜”字提问，便获得满意的答案。接下去教师针对课堂安排又提出了新的要求。这个新要求的着力点，正是刚才学生给出的答案。这一来一往，教师略施巧力便尽得风流——课堂上师生围绕问题的交流是那么自然和谐。

学生带着问题走进课堂，在课堂学习、合作探究过程中解决了问题，同时带着更多的疑问，尤其是带着进一步探究的兴趣走出课堂。“下课铃声响了，课才真正开始”，做到这一点的老师才是真正的好老师，这样的课才是真正的好课。

三、 课堂动态生成的合理掌控

戏曲艺术是自我表现的艺术，教学艺术则是师生共同创造、共同完成的艺术。教学有它预设性的一面，但更是一个动态的过程。在教学过程中，许多意想不到的情况可能随时出现。处理动态生成的关键不在于教师课前把课备得“天衣无缝”，而在于教学实施过程中，教师要有应变能力，合理掌控，适当地调整自己的预案，既要尽可能地保护好学生的积极性，又要从原则上保证正常的教学活动。我们来看两位教师执教“圆的周长”时遇到的类似“意外”，不同的处置策略会收到不一样的效果。

一位教师在组织学生讨论测量圆的周长的方法后，提供给学生直径不同的圆形硬纸片材料，组织探究圆的周长与直径有什么关系。该教师这样导入：我们知道正方形的周长是边长的4倍，那么圆的周长与直径是否也存在一定的倍数关系呢？这个问题同学们愿意自己去发现吗？请分组测量圆片的周长与直径，填好实验报告单。这时，居然有很多学生小声地说：“我知道了，圆的周长是直径的3倍多一点。”“我知道圆的周长是直径的3.14倍”……

学生的小声议论，使教师原先设计的各个精妙教学环节与精心提问，一下子全泡汤了。此时，这位教师有些不自然地说：“有些同学真聪明！现在请同学们展开小组合作，测量圆的周长与直径，填好实验报告单，看看圆的周长与直径到底有怎样的关系，然后汇报交流。”

另一位教师又是怎样处理同样“意料之外”的问题呢？当学生说出“我知道圆的周长是直径的3.14倍”后，教师没有感到不自然，反而略带兴奋地说：“请知道圆的周长与直径关系的同学举一下手。”结果全班竟有半数的学生举起了手！接着教师问学生：“你们是怎么知道的呢？”“从书上看来的呗！”“那么你知道书上的这个结论是怎么得出的吗？”“不知道。”教师即时评价并引导：“大家说的结论是正确的。你们能提前预习，这种主动学习的习惯值得肯定，可是大家却不知道这个结论是怎么得出的，没经过我们自己的验证，大家想不想自己动手设计几个方案来验证结论？”

“想！”同学们异口同声地回答。

“今天老师就请你们自己当一回老师，你们能用手中的这些圆片以及刚才讨论的测量圆的周长的方法，验证刚才说的这个结论吗？”

“能！”

“好！下面就开始，可以几个人组成学习小组合作验证，看哪个小组能最先证明圆的周长是直径的3倍多一点。”

苏霍姆林斯基说：“教学的技巧并不在于能预见到课的所有细节，而在于根据当时的具体情况，巧妙地在学生不知不觉中做出相应的变动。”面对学生已经知道圆的周长与直径的关系这一始料未及的问题，前一位教师显得有些不自然，继续按原来的教学预设组织教学，虽然顺利完成了教学任务，但从某种程度上来说，这样的教学否定了事实，是对学生活力生成的阻碍、压抑。面对同样的教学现状，后一位教师随机应变，及时改变预设的程序，创造性地组织了以上的教学。这既是对学生发现的肯定，更是尊重学生的表现，真正使学生成为学习的主人，反映了课堂教学的真实自然。

教学活动是师生积极参与、交往互动、共同发展的过程。师生双方的互动往往会“生成”一些新的教学资源，这就需要教师能够及时把握，因势利导，在不知不觉中利用“生成”，使动态生成资源服务于学生的发展。例如，于永正老师在执教《我的伯父鲁迅先生》时，一位同学突然问“饱经风霜”是什么意思。话音一落，个别学生笑起来，这笑显然带有冷嘲的性质。于老师灵机一动，说：“这个问题提得好。这位同学是想考考我们的理解力和想象力。请大家想象一下：这位车夫‘饱经风霜的脸’会是一张什么样的脸？然后写下来。”经老师这么一诱导，抽象的词语在每个学生的脑海中形成了灵动的画面，然后又形成了一段生动的文字。学生对车夫饱经风霜的脸的刻画生动而深刻，一段段文字形象地诠释了“饱经风霜”这个成语。

如果教师不能体察学生的内心，不能捕捉课堂生成的资源，那么即使教师解释了学生提出的问题，使问题有了一个概念化答案，个别学生的嘲笑仍然会给提问题学生的心灵蒙上一层久久挥之不去的阴影。

课堂需要预设，没有预设的课堂是不负责任的课堂，但课堂教学不是设计好的完美无缺的圆，而是动态生成的有缺憾的艺术。没有生成的课堂是不精彩的课堂。现代教育理念下的“好课堂”不仅是知识传播的平台，还是构建和生成知识的过程。

四、 尊重教学对象的民主意识

苏霍姆林斯基说：“只有那些始终不忘记自己也曾是一个孩子的人，才能成为真正的教师。”师生相比而言，教师是“术业有专攻”且“闻道在先”，学生“知者少”“闻者寡”且在年龄上低于教师，因而，师生关系中，在很大程度上学生是弱势群体。教师作为一个优势群体，如果不能设身处地为学生着想，那么就很有可能用自己的思维替代学生的思维，用自己的行为替代学生的行为，用自己的感受替代学生的感受，忽略学生这个弱势群体的行为。某报曾刊载下面一则信息：

下午放学时间，××小学大门口，一教师在大声训斥，家长、孩子低头不语。“你的孩子我管不了啦，他要是能转到别的班级或学校去，我就谢天谢地了。”“倒了八辈子霉，碰到这样的学生。他上课从来不听，不是做小动作，就是挑我的刺。昨天上公开课，黑板上有个字没写好，他在下面嚷嚷‘写错了’，这不是存心跟我捣蛋吗?”“哼！昨天的账还没来得及跟他算，这不，今天又来了，叫他们用‘虽然……但是……’造句，你知道他怎么造的，‘虽然我学习很努力，但是杨老师就是不喜欢我’，我这是罪加一等了，你们走吧!”家长涨红着脸，不停地向老师赔不是，“他是个小畜生，不懂事，请老师多加管教，要不听话，你只管打……”

看了这篇信息，我想起了特级教师魏书生曾经这样描绘当前个别教师的角色：有的教师在自己的学生时代，也喜欢民主型的教师，不喜欢甚至厌恶专制型的教师。奇怪的是，自己当了老师后却开始扮演起当年自己所讨厌的角色，像警察或监工一样监管着学生，用对立的眼光审视着学生。陶行知说："今日的学生就是将来的公民。"没有民主的教育，便没有民族的未来。学生在学校、在课堂上的状态，很大程度上影响着他们将来的生存状态。

新课程倡导建立民主、和谐、平等的新型师生关系。在民主面前，一切优秀的教学方法或模式都显得微不足道。要实现课堂生态的平衡、和谐发展，就必须尊重学生的主体性。对教学而言，课堂意味着对话，意味着参与，意味着相互建构，它不仅是一个教学过程，更是弥漫、充盈于师生之间的一种教育情境和精神氛围。对学生而言，课堂意味着心态的开放、主体性的凸显、个性的张扬和创造性的解放。对教师而言，课堂意味着一起分享理解，是生命活动、专业成长和自我实现的过程。

全国著名的特级教师华应龙讲述了他亲历的一个教学故事：

一次试卷评讲课上，华老师评析这样一道题："3 点整时，钟面上时针和分针的夹角是（　　）度，再过 1 小时，时针和分针成（　　）角。"

在画出钟面图做了评讲之后，华老师问学生："如果不是问再过 1 小时，而是说再过 1 分钟，那么时针和分针成什么角?"学生茫然，三四秒钟之后，有几个学生答："还是钝角。"华老师觉得正中下怀，说："对！哪怕是再过 1 秒钟，时针和分针的夹角也会大于 90 度，所以是钝角!"学生纷纷点头，佩服老师的高明，华老师也有几分自鸣得意。

下课了，两位同学找到华老师，说："华老师，您课上讲错了。"华老师莫名其妙："怎么会呢？老师哪儿错了?""我们算过了……"

华老师凝神静听。"分针比时针走得快，所以再过 1 分钟，时针和分针的夹角是锐角，不是钝角。"学生的语气十分肯定。

"哎呀，确实是我错了。"华老师恍然大悟。

事后，华老师"狠狠地"把这两位同学夸奖了一番，并当即表示：明天当众承认自己的错误；表扬你俩善于独立思考的品质；赠两张名片给你俩，上书"敬赠我的一题之师"。

学生敢于不留面子纠正教师的教学错误，必定是源于日常教师教学的民主与师生关系的平等、融洽。为了听到来自班级的真实声音，华应龙常常让学生通过写信的方式提意见。下面是学生给他的一封信：

在批评和建议之前，我先要对您说的是：这封信只有天知地知，您知我知才行哦！

现在我要批评您了，请您做好思想准备。

第一，开学的第一天，您对我们说过，您不拖课，可您没做到，已有三次。第二，您好像到了更年期，讲课有些啰唆，有时前后颠倒（编者注：有时华老师讲课故意在前面留一些问题，后面再处理）。第三，在提建议之前，我要说一下，这一条建议我恐怕您一下子接受不了，所以我放在最后。提提神呐！就是希望您少吃一点午饭。为什么我要希望您少吃午饭呢？因为您的肌肉太发达了，每当我有精彩表现，您的手总是要在我头上一拍，那个动作看起来挺轻松，可是真挺痛的，回到座位上要揉半天才行。

好了，信就写到这里了，星期一见。

学生：××

×年×月×日

原来，华老师上课有一个习惯动作：当学生回答问题精彩时，他会不自觉地朝他头上拍一下。看了这封信，华老师走进教室对学生说："不赞成华老师拍头的举手。"哗——一双双小手举起来，原来那个挺"阳刚"的奖赏方式，学生接受不了。在了解到不少学生都有同感时，华老师当众宣布今后不再用这种方式。

听了以上两个教学故事，我们会发现华应龙老师与学生之间的关系是多么融洽，用他自己的话来形容，就是"课上似同学，课下似兄弟"。

学生不但需要知识，而且需要理解和尊重，需要肯定和激励。随着课程改革的日渐深入，我们欣喜地看到，课堂师生关系发生了深刻的变化，教师能蹲下身来与学生平等对话，让学生在平等、尊重、信任的氛围中学习、活动。过去，课堂上教师常说的一句话是"对不对""是不是""好不好"；现在，教师喜欢说的话是"谁想发表自己的见解""谁还有问题请站起来说""你们能想出不同的办法吗""选择你喜欢的题目做一做"……学生的愿望、学生的需要、学生的发展在教师心中有了位置，学生有话想说，有话敢说，有话能说。

五、 充满生命活力的教育智慧

学生的灵智与欲求，总是让课堂充满生命活力。课堂上教师意料之外的事时常发生，面对突如其来的事件，教师灵活敏锐的嗅觉、充满智慧的应变加上一颗包容学生的大爱之心，就会让课堂充满生命活力，更具魅力。全国著名的特级教师于漪说，她有一次正讲到课文中“一千万万颗行星”时，甲同学突然发问：“老师，‘万万’是什么意思?”全班同学哄堂大笑。该同学猛然醒悟过来，满脸通红，头耷拉下来，垂头丧气地坐下。她见状便问：“大家都知道‘万万’等于‘亿’，那么这里为何不用‘亿’而用‘万万’呢?”全体学生的注意力一下子被吸引过来，没人再发笑，大家都认真地思考起来。乙同学站起来答道：“大概‘万万’比‘亿’读起来更加顺口吧。”于漪老师表扬了该同学，接着问：“大家还有没有不同的意见?”众生沉默不语。她便顺着乙同学的答案总结：“是汉语言的叠词叠韵之美影响了此处的用词。”接着，她又问了一句：“那么请大家想想，今天这一额外的课堂‘收入’是怎么来的呢？大家要感谢谁呢？请让我们用掌声表达对他的谢意。”大家的目光同时射向甲同学，掌声响起。此时，甲同学又抬起了头，有了自信，不再垂头丧气了。

这个教学案例在上海青年教师中广为流传。面对突如其来的事件，于漪老师一个小小的细节便彰显了名师的真风范、学者的大气度、师德的高水平。我们再来看黄爱华老师一次课堂上让学生试写百分号时的小细节。一个学生在黑板上写出百分号的两个小圆圈，大大的，老师看了便随口说：“这两个圆圈跟你的脸蛋一样。”这个学生的脸色一下子难看起来，老师马上意识到这话已伤害了学生，于是马上补充了一句：“很可爱的。”学生自己听了也笑起来。我曾听一位老师上“平面图形的周长和面积”复习课，为了渲染课堂氛围，激发学习兴趣，老师创设了“才智大比拼”练习比赛。当进行到抢答题第3题时，全班6个组的学生同时站起来，这时该叫谁回答呢？只见老师富有激情地说：“全班同学一起说!”集体回答正确后，老师接着说：“每个组都加上100分!”全班欢呼雀跃，学生的思维被调动到最佳状态。

教师充满生命活力的教育智慧，加上宽容的心与教育情感，能极大地激发学生的学习兴趣和主动参与的积极性，为学生的生命成长添加催化剂。

课堂教学是遗憾的艺术，课堂教学没有最好，只有更好。常态的好课是真实的课、自然的课、简单的课、生成的课，同时也应该是有思想的课、有文化的课、有智慧的课，是能体现现代教育理念的课。

专题 22

构建主体与主导和谐统一的课堂

始于二十一世纪初的基础教育课程改革，经过十几年自上而下的全方位推进，已经取得了较大的成效。新课程的新理念、新思路、新内容、新方法确实改变了课堂，优化了课堂，但新课程改革在解决一些旧问题的同时，也产生一些新问题，有的甚至比较严重。比如，有些教师过多地关注课堂上出新理念、新方法，片面强调学生的主体性而忽略自身的主导性，一味或过多地强调开放与自主，课堂上很少进行规范的板书、清晰的讲解，很少留给学生独立看书或做作业的时间。必要的训练因不够出彩而遭遇丢弃，课堂上少数学生热热闹闹扛场面而多数学生只在一旁默默“陪读”的现象屡见不鲜。教学中出现了一些形式化、片面化、绝对化的做法，课堂教学的主流价值“学生的学习和发展”遭遇遮蔽和消解。这种现状亟待我们去关注、去研究、去澄清，所以，构建学生主体与教师主导和谐统一的课堂成为当前我们不得不思考的问题。

一、课堂开放并非放弃调控

课堂开放，把问题的发现权、解决权交给学生，无疑能促进学生问题意识、探究能力的提高。然而，受年龄、认知水平和理解能力等因素制约，面对过于开放的问题时，学生常常无从入手。例如，教学人教版修订教材一年级上册“认识图形”时，一位教师把一些立体模型发给学生，要求学生摸一摸、数一数、看一看，然后说说有哪些发现。汇报时，学生的回答五花八门，有的说自己的学具上有唐老鸭，有的说自己的学具可以装茶叶，……几乎没有学生注意到学具的几何特征。之所以出现这个结果，主要原因是执教者引导作用的缺失。低年级学生首次接触立体图形，没有学习这方面知识的经验，教师的问题太空泛，学生不明白探究的方向，抓不住学具与本节课学习目标之间的本质联系，故仅描述物体表面的、非本质属性的问题。再如，人教版修订教材五年级上册“三角形面积的计算”教学，教师课前布置学生每人准备一把剪刀，给各小组准备完全一样的（锐角、钝角、直角）三角形各两个和形状、大小均不一样的三角形6个。教学片段如下：

师：同学们回顾一下，平行四边形的面积公式是怎样推导的？

生：把平行四边形转化成长方形，然后推导出来的。

师：好，那么你们能不能把三角形也转化成我们学过的图形，然后推导出三角形的面积计算公式？

学生四人一组合作，动手拼摆、割补三角形，然后全班交流。

$生_1$：（边说边演示）我们发现一个锐角三角形和一个钝角三角形不能拼成学过的图形。

$生_2$：（边说边演示）我们也发现两个不一样的直角三角形不能拼成已学过的图形。

教师给予充分肯定，学生积极性很高，围绕这类问题又有多人发言。

$生_3$：（边说边演示）我们用两个完全一样的直角三角形拼成了长方形。

$生_4$：（边说边演示）我们用两个完全一样的直角三角形拼成的是正方形。

$生_5$：（边说边演示）我们用两个完全一样的直角三角形拼成的却是平行四边形。

接着，又有几名学生分别用两个完全一样的锐角三角形、钝角三角形演示说明也能拼成已学过的图形。

师：还有其他的发现吗？

$生_6$：（边说边演示）一个三角形通过割补也能转化成已学过的图形。

师：你真了不起！

之后又有一个学生站起来，高声喊：老师，我还有……

课堂气氛异常活跃，高潮迭起。此时，下课铃声响起。

毫无疑问，这样的教学是开放的。教师让学生自主选择材料进行探究，从用两个三角形拼摆到用一个三角形割补，都没有限制学生的思维，并且让学生充分展示研究成果，为学生创造性的探索思考提供了充分的前提。但费时太多，本节课的教学安排没完成，应该解决的问题没有解决，教学最基本的目标没有达到，这样的课是有效的吗？

课堂教学需要开放，但开放只是教学策略，有效的课堂教学才是价值追求。开放的课堂教学是一个有目的的动态生成过程，它要求教师不仅要创造性地使用教材，还要准确地把握学生，智慧地驾驭课堂，让“放”与“导”有机结合，做到放之有度、导之有向、学之有序。正如《义务教育数学课程标准（2011年版）》指出：“好的教学活动，应是学生主体地位和教师主导作用的和谐统一。”例如，在教学“三角形的面积公式推导”过程中，教师要根据课堂现实进展调控探究过程。若学生基础较好，可以先引导学生用两个三角形拼摆探究，再用一个三角形割补；若学生基础一般，可以重点引导学生用两个三角形拼摆探究。另外，要选择具有代表性的探究成果展示交流，不可面面俱到，其余的可留学生在课后探讨，以确保有足够的时间研究发现拼成的图形与原三角形的关系，进而推导出三角形的面积公式。

开放的课堂是动态生成的课堂，学生的自主探究活动可能沿着落实教学目标的轨道发展，也可能影响教学目标的实现。面对“意外”生成的材料，教师应善于从实现教学基本目标的角度出发，迅速判断瞬间生成材料的教学价值，采用不同的反馈策略，进行有效的利用、引导和矫正，发挥教师的调控作用。

二、 尊重学生并非迁就放纵

新课程倡导尊重学生的个体差异，允许学生从不同的角度认识问题，用不同的知识与方法解决问题，实现多元化、个性化的学习。然而，尊重学生，以生为本，并不意味着否定教师的组织功能和主导作用。面对学生提出的问题，教师应根据自己的教学经验判断其价值大小，做出艺术处理。例如，我听一位老师教学“平均数”时，在学生初步理解平均数的含义，掌握求平均数的基本方法后，屏幕出示一幅第一组学生作业得“优”次数统计图（图中四位学生作业得“优”的次数分别是14、12、11、15）。

教师先让学生看图说一说：知道哪些信息？你能提出哪些数学问题？

有一学生提出：第一组学生平均每人得几次“优”？

师：不计算，估一估平均每人得了几次“优”。

七位学生分别回答：80、16÷5、20、21、19、15、13。（每位学生回答后教师均不做任何评价与引导，仅在黑板上板书相应的数字。）

师：到底每人得几次？请用自己喜欢的方式验证一下。

对于偏离目标甚远的猜测，教师没有及时给予提示、引导，这是对学生盲估瞎猜的一种纵容。这种学习活动也许显得轻松，但学生绝没有收获。教师主导性的缺失使师生这段生命历程失去意义，甚至会引起学生对教师存在的怀疑。

我们再来看李烈老师执教人教版修订教材三年级下册“两位数乘两位数”的一个片段。

在多数学生用竖式计算完12×14后，有一组学生提出了不同的算法，李老师马上请他们到讲台前讲解、板演。

生$_1$：(20－8)×(15－1)，20－8＝12，15－1＝14。

生$_2$：(20－8)×(15－1)＝12×14。（板书算式）

生$_1$：12×14就可以算出结果。

可能是觉得不妥了，台上的学生开始犹豫、争论起来，生$_3$将算式改成：(20－8)×(15－1)＝12×(15－1)。

生$_3$想接着往下写，可是生$_1$不同意。

生$_3$（大声）：你干吗?!

师：20－8，我明白；15－1，我也明白。可我不明白你们现在要干什么。（下面的学生都笑了）

台上的学生还要争，李老师示意他们面向大家。

师：我把你们小组请到前面来介绍算法，你们意见还没有统一，争论上了。你们最好回去再商量商量，先统一意见。这个机会不能再给你们了。

我们再来看吴正宪老师教学“相遇问题”的一个片段：

老师先请坐在最后排的张晓东走到最前排，再让其他学生结合张晓东走路的情境提出数学问题。

生：张晓东每分钟走几步？

师：每分钟走几步，是不是可以换种表达——每分钟走多少米。根据以往的经验，你每分钟走几米？

生：每分钟走1米。（全班大笑）

师：太少了！

生：每分钟走10米左右。

师：也太少了，咱们假设每分钟走50米，可以吗？

李烈老师的“这个机会不能再给你们了”绝非回到“一言堂”，而是为保护大多数学生受教育的权利；吴正宪老师否定学生的回答并直接给出“假设”，也是为了防止学生脱离生活实际继续盲估瞎猜。在尊重学生个性差异、提倡算法多样化的今天，教师常常遭遇学生提不完的问题、拼凑的算法，甚至胡乱的猜想。怎么办？教师要善于选择适当的时机和方式介入，针对不同的问题，采取相应的引导策略：当学生争论不休时，教师要通过对话、比照、分享等交流措施，将个性化的、独特的理解与普遍性的知识统一；当学生思维受阻、学习陷入困境时，教师要激发学生改变常规思维方式，另辟蹊径；当生生互动出现冷场与僵局时，教师要提出问题启发学生，或通过示范、点拨，维系学生高涨的学习热情；当学生的探究偏离方向时，教师要进行思维引导，帮助观点错误的学生经历一次自我否定的过程，促进其对知识的正确理解；当学生的探究停留在表面需向深层次发展时，教师要顺势而入，提示学生抛开表面现象，抓住事物的本质属性，把思维引向深刻；当开放的问题需要集中探讨时，教师要及时调控，引导学生对丰富多样的信息进行比较、综合、归纳。

例如，吴正宪老师在教学“相遇问题”时的另一个精彩细节。吴老师先通过活动唤醒学生对速度、时间、路程三个数量关系的已有知识和经验，帮助学生初步理解相对、同时、相遇、相距的含义，师生又共同分析了例题的题意，接着学生尝试解答［算式为100×4＋50×4和(100＋50)×4］。当台上板演的学生把第一个数字“100”写得很小时，老师马上示意擦掉，并自己在黑板上写一个较大的“100”（目的是指定板书位置并暗示字体的大小）。待学生解答完，教师引导学生对算式进行分析，此时出现了下面的一个片段：

板演学生（主持者）问：同学们，你们对我们的算式有什么意见尽管提出来。

众生沉默不语，没有发问。

主持者正准备自己讲解时，吴老师举起手，说：请关注我。

主持者以为老师在教他怎么说，便重复老师的话“请关注我”。（师生大笑）

师：是我有问题呀！

师：我的问题是“100×4是什么意思呢?”你们能不能一个讲，一个在线段图上用手指一指，两个人配合讲清楚，好吗?

当生生互动出现僵局、冷场时，吴老师该出手时就出手，适时地站出来，这一示范、引导，点燃了学生的问题欲望，维系了高涨的学习热情。

尊重学生，是以学生为主体的课堂教学的灵魂，是教学成功的基础。但尊重并非迁就放纵，教师既不能全盘接受学生的意见，也不能任其发展。课堂教学毕竟是一种讲求效益的活动，以学生掌握知识、习得技能、积累经验、获得思想、形成相应的态度和品质为目的。教学有效性是课堂的生命，学生学到什么是任何时候的教学都必须追问和考虑的。如果课堂表面民主、热闹，学生信马由缰、随心所欲、不深入思考，甚至固执己见，那么课堂展现的是学生虚假的主体性，失去的是教师的价值引导、智慧启迪，教学就会失去价值与意义。

三、 自主探究并非排斥讲解

教育家吕型伟说：“不能什么都让学生自己去研究，因为学习间接经验是很重要的。”认真倾听是一种重要的学习方式，学生的进步和发展离不开教师的引导和必要的讲解示范，尤其是小学生。对于教师来说，讲解是一项很重要的基本功。平时听课中，我发现有的教师在课堂上该讲时不敢讲，本来一句话就能点明的问题，非得跟学生“兜圈子”，以为这样就是开放，结果时间白白地浪费了。例如，一位教师教学“质数与合数”时，先让学生找出1至12各个自然数的约数，再让学生按照约数的个数进行分类。

生：分为两类，1是一类，其他数是一类。

师：分得好。

生：我分为五类，分别是1个约数的、2个约数的、3个约数的、4个约数的和6个约数的。

师：你真聪明。还有其他分法吗?（众生摇摇头）

师：还可以怎样分呢？大家再想一想，议一议。

生：按自然数所含约数个数是奇数还是偶数，分为奇个数的和偶个数的两类。

…………

一节课过半，学生仍然说不到问题本质上，教师叹了一口气，万般无奈。

师：为了研究方便，数学家把这些数分为三类，即质数、合数和1。

教师要把课堂组织好，提高教学有效性，就不能忽略讲解。放弃讲解，教师就失去了主导性，是一种失职。教师必要的提示、引领，会提高数学活动的效度和深度，激发学生参与探究的热情。课堂上，教师适度的讲解会节省时间，使学生少走弯路。例如，一位老师执教“对称图形”时，在认识对称轴环节，指着一个对称图形中间的折痕，说：“这条折痕把这个对称图形分成了完全一样的两部分，在数学上通常把它叫做对称轴！”接着，老师示范对折一个对称图形，学生边模仿边口述，深入认识对称轴。紧接着，老师引导学生观察折出的对称轴，并告诉学生：“我们画对称轴的时候，通常用直尺把它画成虚线。”寥寥数语，学生不就懂得了什么是对称图形的对称轴、怎样画对称轴了吗？没有必要探究的问题，要简单讲解，要把复杂的问题简单化，腾出有限的时间进行必需的探究活动或基本技能的训练。

尽管新课程强调学生动手实践、自主探索和合作交流，但教师的引领讲解和学生的自主探索同样重要。学生主体地位的真正落实，依赖于教师主导作用的有效发挥。没有引领讲解，自主探究学习便会失去方向。相反，教师的适时点拨、启发，如画龙点睛，能使学生的自主学习实现跨越发展，这是“有效”的真正内涵。所以，探究与讲解不是相互排斥、相互取代、水火不容的关系，而是相辅相成、相伴相随的。教学实施过程中，教师可因事因时因人而异，灵活、智慧地选择合适的方式，彰显教师的主导价值与教学功力。

我们来看一位老师教学“用乘加（减）解决问题”的一个片段。

师：请看屏幕，从跷跷板的主题图上你找到了哪些数学信息？

生：有3个跷跷板，每个跷跷板上有4个小朋友。（课件闪动学生发现的信息）

生：每个跷跷板上的每边都坐着2个小朋友。（课件闪动）

生：左边3个，右边4个，共有7个小朋友也想来玩跷跷板。（课件闪动）

师：根据这些信息，你最想提什么数学问题？

生：一共有多少人？（课件出示）

师：“一共有多少人”是什么意思？

生：玩跷跷板的人和观看的人一共有多少人？

师：请同学们选择有用的信息，独立在本子上列出算式，再想想有没有别的方法。（一段时间后）现在请小组同学轻声交流自己的方法。

师：已经做好的请举手。老师从同学们那里看到了一些不同的方法，我们来交流这几种方法可以吗？

呈现方法一：3×4+7=19（人）

师：是这样做的请举手。请一个同学做代表，向大家汇报：你是怎么思考的？

生：有3个跷跷板，每个跷跷板上有4人，3×4就是先算出玩跷跷板的人数，再加上7个要来玩的小朋友，就是一共有多少人了。（学生说思路，教师在主题图上圈。）

师：这种方法是先求什么，再求什么呢？

生：先用3×4算出玩跷跷板的人数，再求一共有多少人。（教师在算式"3×4"下画横线。）

师：刚才有好多同学用这种方法来解答，这是一种很好的方法。（教师在这个算式后面打上五角星。）

呈现方法二：4×4+3=19（人）

师：这种方法是哪些同学想到的？请举举手。可以请教你一个问题吗？玩跷跷板的只有3个4人，还有1个4哪里来的？

生：把右边来玩的4个小朋友也看作1份，这样就有4个4了。

师：你真有办法！

呈现方法三：6×2+7=19（人）

师：这种方法看得懂吗？谁来解释一下是什么意思？

生：每个跷跷板的一边坐着2个人，这样一共有6个2，6×2就是玩跷跷板的人数，再加上7就是一共有多少人。（学生说思路，教师在主题图上圈。）

呈现方法四：4×5−1=19（人）

师：咦！这种方法与众不同，是谁想出来的？这里的"5"是哪里来的？为什么又要减去1？

生：用假设的方法，把左边3人补上1人，想象成有4人，变成有5个4，再减去1个"假人"，就是一共有多少人了。

师：这位同学用假设的办法，这样一来就变成了有5个4，可以用乘法直接算了，然后减去1个假设的人。很会动脑子。

师：同一个问题，有不同的解决方法。同学们在这么短的时间里想出这么多的方法，而且解释得都很清楚，真是聪明又能干。请大家再看看这些方法，它们有什么相同的地方。

生：答案都是19人。

生：第一步都是用乘法来算的。

师：第二步有什么不同？

生：前三种方法都是用加的，方法4用减的。

师：为什么第一步都可以先用乘法快速地算出来呢？

生：它们都是求几个几，所以用乘法算比较好。

师：有道理，求几个几多几，先要用乘法算出几个几，再加上多的几；求几个几少几，同样先用乘法算出几个几，再减去少的几。这就是我们这节课研究的用乘加或乘减的方法来解决几个几多几或几个几少几的问题。（板书课题）

从这个教学片段中我们可以看出，教师除了一些必要的鼓励性评价外，更多的是借助富有数学思考的追问和讲解来推进整个教学过程。在这样的追问和讲解中，学生不断地感悟信息之间的关联，从而积累用乘加或乘减解决问题的基本思路和策略，逐渐建立乘加、乘减问题的数学模型。

那么，究竟何时组织学生探究合适？何时进行讲解合适？

一是视教学内容而定。

对于体现事物名称、概念、事实等方面的陈述性知识，学生靠听讲、阅读等方式就能理解和掌握，不需要花时间去探究，否则会导致探究的浅层化和庸俗化，如数的读写法、求近似值的方法、竖式的书写格式等。涉及概念、规律、原理的理解和应用，解决问题的技能、方法与策略的形成等方面的内容，就需要学生通过自己的操作、探究、体验等具体活动，自主内化，自主建构，如公式的推导，小数、分数、比的性质等。

二是视教学任务而定。

对于教学内容比较单一的新授课，如果内容适合发现式学习，那么教师要尽量组织学生探究。教学任务重或知识点多的练习课、复习课、讲评课等，更适合通过教师的梳理、沟通和富有启发意义的讲解，帮助学生建立完整、牢固的认知结构。

三是视教学对象而定。

学生的年龄越小，他们已有的知识、生活经验越少，对新知识的理解能力就越弱，自主探究获得知识的比重就越小，通过听讲接受的成分就越高。同时，不同年龄学生的知识基础和智力水平也决定教师要采用不同的教学方式。

倡导自主探究学习并不是对其他学习方式的否定。我们谋求的是不同教学方式之间的平衡，寻求的是不同教学方式之间的最佳整合状态。

有效的教学活动是教师教与学生学的统一。学习活动的主体是学生，学校教育教学工作的主体是教师，做到学生主体和教师主导协调互动，既真正提升学生的主体性，又发挥教师的主导作用，才能上出有思想的课、有文化的课、有智慧的课、体现新课程理念的课。用周玉仁教授的话说："把传统的守住了，把现代的有机渗透了，这就是好课。"所以，教学观念的更新和教学策略的变换并不意味着割断历史。我们必须从历史的、辩证的角度，用发展的眼光来看待传统，在继承与创新之间寻求平衡，构建主体与主导和谐统一的课堂，真正实现有效课堂。

专题 23

数学课堂高效练习策略的建构

练习是数学课堂教学的重要组成部分，是学生习得知识、掌握技能、感悟思想、积累经验必须经历的生命历程。练习是学习新知活动的延续，练习的过程是巩固、应用、反思、提升的过程，可以起到深化认知、巩固技能、纠正错误、训练思维、培养习惯、提高分析问题与解决问题能力等作用。所以，提高课堂教学质量，构建"高质轻负"的数学课堂，实现"减负增效"的学校教育，必须追求科学、高效、有深度的数学课堂练习。

一、紧扣教学目标，讲求练习内容的适切性

教学目标是教学实施的方向和预期达成的结果，是课堂教与学活动的出发点和归宿。练习作为一节课的重要组成部分，要紧紧围绕教学目标展开，教师必须明确本节课该练什么（练习的内容）、应达到什么要求（练习的目标）。《义务教育数学课程标准（2011 年版）》指出："配置习题时应考虑其与相应内容之间的协调性。一方面，要保证配备必要的习题帮助学生巩固、理解所学知识内容；另一方面，又要避免配置的习题所涉及的知识超出相应的内容要求。"因而，教师要认真研读课标，深刻理解教材，把握教学内容涉及的知识点和目标要求，根据教学要求和学生实际安排合适的课堂练习。例如，吴正宪老师教学人教版修订教材三年级上册"集合"，课刚开始就安排如下一道练习："同学们排队，亮亮从左数是第 5 个，从右数也是第 5 个。这个队一共有多少个同学？"接着师生展开如下的教学活动：

师：猜猜这个队一共有多少人。

三位学生分别猜测是 9 人、10 人、11 人。

师：用你们自己的形式表示出有多少人。

五位学生很快在黑板上用不同的形式表示出 9 人或 10 人。

生$_1$（画 10 个三角形）：△△△△△△△△△△

生$_2$（画线段）：（略）

生$_3$（画了 9 个圆圈）：○○○○○○○○○

生$_4$：5＋5－1＝9（人）

生$_5$（画了 9 个小人）：（略）

师（指着黑板上的三角形）：咱们来数一数到底有几个。1、2、3、4、5（把磁珠放在第 5 个三角形上），从后边数是第几个？1、2、3、4、5、6，怎么了？

生：从右数是第 6 个，多了 1 个。

师：没关系，你们自己想，该怎么办？

生：减掉 1 个。

师：从哪减？

生：右边。（生$_1$ 擦掉最右边的一个三角形。）

师（结合三角形图，指着算式“5＋5－1＝9”）：那我们再来看一看，第一个“5”在哪？把图形圈一圈吧！第二个“5”在哪？（请另一个学生圈一圈）

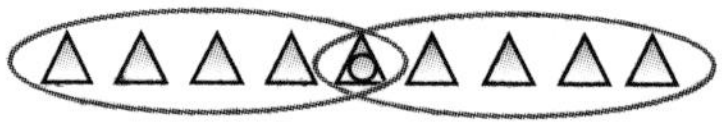

师：现在说一说：为什么要减去“1”呢？

生$_1$：因为它们重叠了！

生$_2$：因为第 5 个三角形上的磁珠被圈了 2 次，所以应该减掉 1 个。

生$_3$：被算了两次，可是磁珠只有 1 个，所以要减掉 1 个。

吴老师没有创设情境，没有做太多的教学导入，而是找准知识的“生长点”，通过适切的练习唤醒学生的认知经验，搭起新知探索的“脚手架”，省时高效。

我们再来看一位教师设计的人教版修订教材五年级上册“整数乘法运算定律推广到小数”的课后练习：

车　次	行　程	速　度
D6035	福州—北京	198 千米/时
T504	北京—福州	75.9 千米/时

（1）D6035 次动车 8：00 从福州出发，0.7 小时后预计会到哪个城市？

（2）福州到北京的铁路长大约是 698 千米，如果两列火车同时从 8：00 出发，2.5 小时后会相遇吗？

我们单从本道习题与教学目标要求的关系来看，本节课练习的目标应该很明确，重点是练习运用乘法运算定律进行小数乘法的简算，但是，这道题似乎与教学目标没有太大的联系。同时，这道题还有两个方面的问题：一是 0.7 小时后到达哪个城市，这似乎是要考查学生的地理知识，那么学生有没有这方面的常识？二是“福州到北京的铁路长大约是 698 千米”，这与两地实际距离相差甚远。像这样的练习设计就偏离了教学内容，与教学目标不相符，对实现教学目标价值不大。

课堂练习没能紧扣教学目标的案例还有很多。例如，福建省第十一届小学数学课堂教学观摩研讨会上，两位老师执教的内容均为人教版修订教材三年级下册第 46 页“两位数乘两位数”例 1。这是两位数乘两位数笔算的第一课时，教学的主要目标应该是：经历笔算两位数乘两位数的计算探究过程，借助几何直观理解算理，掌握算法，体验计算方法的多样化和优化策略；渗透符号化、数形结合和转化思想。其中一位老师在课堂练习中设计了下列一道选择题：

□2×□3 的结果是（　　）。

A. 195　　B. 320　　C. □6　　D. □□6

另一位老师设计了一道两位数乘 11 的规律寻找题：

$$\begin{array}{r} 12 \\ \times\ 11 \\ \hline 12 \\ 12 \\ \hline 132 \end{array} \qquad \begin{array}{r} 23 \\ \times\ 11 \\ \hline 23 \\ 23 \\ \hline 253 \end{array} \qquad \begin{array}{r} 35 \\ \times\ 11 \\ \hline 35 \\ 35 \\ \hline 385 \end{array}$$

针对第一位老师设计的练习，学生可以根据两个因数个位相乘积是 6 以及两位数乘两位数积不可能是两位数，直接判断正确答案是 D；第二位老师设计的习题，要求学生通过观察发现两位数乘 11 的规律。显然这两道题都偏离了本节课的主要教学目标和重点。

我们再来看一位老师执教“百分数的意义”的两次练习安排。他在引出百分数的意义，让学生说一说几个生活中的百分数的含义之后，为了让学生体验学习百分数的好处，设计了一次如下练习：

下表是三位选手参加投篮比赛的结果，谁的成绩最好？

球员	投球次数	投中次数	投中比率
A	20	13	
B	25	15	
C	50	31	

要比较三位选手谁的成绩最好，必须先算出投中比率，即要计算百分率，这是下节课例 2 的教学内容，不是本节课的教学内容，显然练习设计偏离了本节课的教学要求，超出学生的接受能力。听课后，我建议若要安排这样的练习环节，题目可改为：

下面是三位同学参加投篮比赛的成绩，你能很快比较出谁的投篮命中率高吗？

小明投篮 20 次，投中 13 次，命中次数是投篮总次数的$\frac{13}{20}$；

小东投篮 25 次，投中 15 次，命中次数是投篮总次数的$\frac{15}{25}$；

小刚投篮 50 次，投中 31 次，命中次数是投篮总次数的$\frac{31}{50}$。

当学生在短时间内很难比较出三个分数的大小时，教师再把三个分数分别改为 65%、60%、62%，这样一看就知道谁的投篮成绩好，从而体验到百分数（分母可看成 100）的好处。

这位老师在完成以上的练习环节后，组织学生进行百分数读写的学习，之后又安排了下面几道判断练习（在分数与百分数异同点的比较环节之前）：

（1）56%的计数单位是 1%。

（2）一条跑道长 40% km。

（3）因为$\frac{27}{100}=27\%$，所以它们的意义完全相同。

这几道判断题从规范性来说没有什么问题，但第（2）题辨别百分数能否带单位名称，这样设计比较抽象；第（3）题在学生还没有充分理解百分数的意义、比较分数与百分数的异同点之前，要说出错误的原因比较困难。所以，我建议将练习改为：

下面哪个分数可以改成百分数？哪个不能？为什么？

（1）喜羊羊把一段绳子剪去$\frac{30}{100}$，还剩$\frac{45}{100}$米。

（2）一块地有$\frac{93}{100}$公顷，懒羊羊耕了这块地的$\frac{13}{100}$。

学生在具体的情境中运用百分数和分数的意义，能比较准确地做出判断，并且可以通过练习进一步理解百分数的意义，明白百分数为什么不能带单位名称，初步了解百分数与分数的联系与区别。

所以说，高效练习意味着教师须对教学内容涉及的知识点、教学目标要求了然于胸，做到心中有教材、有尺度，避免练习要求偏离课时目标。有时甚至同样的一道题放在一节课的不同环节，练习的适切性都是不一样的。

二、明确施练原则，注意练习设计的合理性

练习需要预设，没有预设的练习是盲目的练习。欲使课堂练习高效，就必须明确练习设计的基本原则，这也是教师必须具备的基本功和专业素养。课堂练习时间有限，每道练习都要指向明确，讲究针对性、目的性，要针对学习内容的重点、难点、关键点和学生学习过程中易错易混的知识点或技能。课堂练习应循序渐进，讲究层次性原则。练习内容的设计要根据学生理解知识、掌握技能的发展进程，由易到难，由简到繁，分层次，有坡度。课堂练习要活泼多样不僵化，注意多样化原则。练习的形式要有利于激活、提高学生的练习兴趣，有利于克服思维定式，将计算、填空、判断、选择、画图、改错、问答、应用题等互相穿插，把书面练习与操作练习、实践练习、口头练习相结合，个体练习与群体练习相结合。当然，教师也不能过分追求形式上的花样翻新，过多变换练习花样，否则学生会受到干扰，分散注意力。课堂练习要促进学生的数学思考，关注思考性原则。任何数学活动都应具有思考性，练习要帮助学生深化认识，训练思维，发展智力，使学生不仅取得一份知识锦囊，还能变得更聪明。

我们来看莆田南门学校翁燕娟老师教学“长方形和正方形的认识”后的一组课堂练习：

1. 填一填。

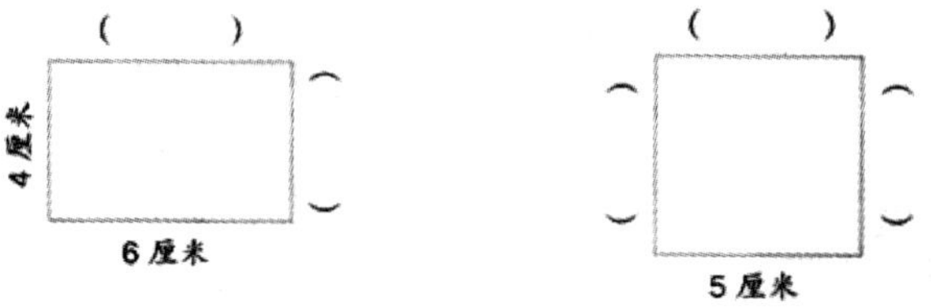

（第1题是基本练习，直接应用长方形和正方形的特征解答。）

2. 画一画。请你在方格纸上画出一个长方形和一个正方形。

（学生画完后，教师提出第二个问题：如果每个方格的边长是1厘米，你画的长方形长是几厘米，宽是几厘米？正方形的边长是几厘米？）

3. 猜一猜。信封里装的是几个四边形，猜一猜可能是什么形状的。

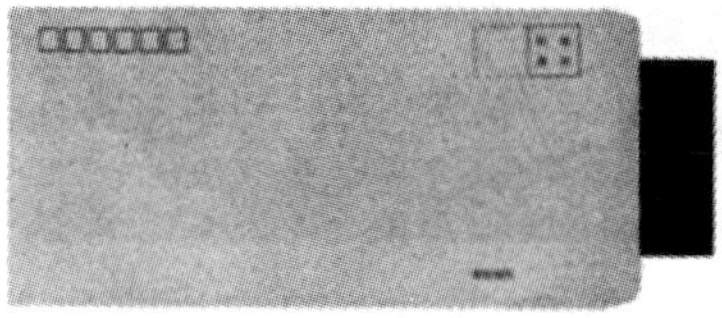

（这道题的猜测思考量大，但没有脱离教学要求。学生运用长方形、正方形的特征可以猜出是长方形或正方形，利用生活经验还可能猜出是梯形。这道题的猜测有利于培养学生的空间想象力，建立几种图形的表象。）

4. 做一做。按照下面的样子，用一张长方形纸剪出一个正方形。说一说为什么这样剪。

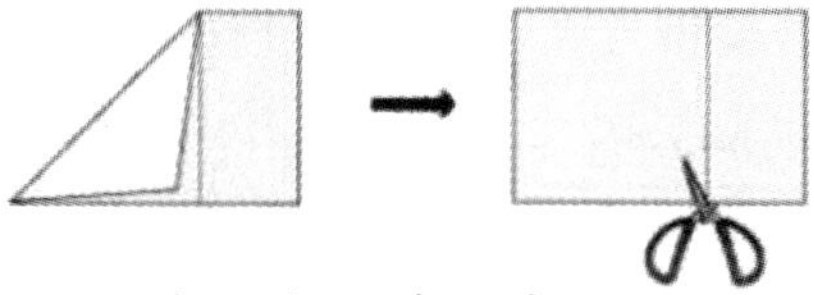

5. 下图是一个长方形，想一想，填一填。

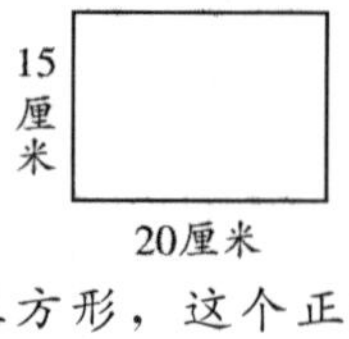

（1）在图中画一个最大的正方形，这个正方形的边长是（　　）厘米。

（2）剩下的图形是一个长方形，长是（　　）厘米，宽是（　　）厘米。

（3）如果要在剩下的长方形里再画出一个最大的正方形，这个正方形的边长是（　　）厘米。

（这道题紧接第 4 题，思维连贯，综合运用长方形、正方形的特征，提升学生的认知水平，发展数学思考能力。）

6. 下图是明明家附近的几个单位，明明要从家到超市有几条路可走？分别要走多少千米？明明要去车站呢？

（这道题是运用特征解决实际问题，为认识、计算长方形周长积累经验。）

这组习题的设计充分体现了针对性、目的性、层次性、多样性、思考性和趣味性原则。每道练习紧紧围绕长方形和正方形的特征展开，学生在动口、动手、动脑等一系列练习活动中，加深了对所学知识的理解与运用。

有效练习设计除了要考虑以上几个重要原则外，还需要注意一些问题，如量力性、选择性、操作性等，特别需要再提醒的是科学性问题。设计的练习内容必须符合数学的概念和原理，条件与问题（结论）必须具有无矛盾性和完备性（开放题除外），不要出现常识性、知识性错误，不要出一些似是而非、缺乏深究意义的题目。例如：

（1）一个数除以纯小数，商（　　）这个数。

A. 大于　　B. 小于　　C. 等于　　D. 约等于

（2）四个角都是直角的四边形一定是（　　）。

A. 长方形　　B. 正方形　　C. 长方形或正方形

（3）2.65×6 的积是（　　）位小数。

上述第（1）题缺少限制条件，一个数等于 0 或大于 0 的答案是不一样的；第（2）题对长方形与正方形的从属关系认识不清，学生选 A、C 都可以，造成答案不唯一；第（3）题积可以是 15.90，也可以是 15.9，应该填几呢？设计练习不宜在非本质的细枝末节上纠缠不清，让小学生练习那些连教师都争论不清的题目，于心何忍？教师必须保持清醒的反思意识，审视练习的价值取向，把握好练习的侧重点。

三、 用好教材资源， 实现习题价值的最优化

时下，各种习题集类的教辅随处可见，教育网站上的习题资源也新颖别致，可供教师选用的练习材料相当丰富，于是，许多教师忽略了教材习题或觉得教材中的习题欠“新意”。现实教学中就出现了一种怪现象：教师备课时不备或不深入研究课本习题，只把它当作供学生练习的普通材料，新课讲完了叫学生翻开书第几页做第几道题。习题是数学教材的重要组成部分，即使是在当前讲究问题情境、追求学习过程背景下的教材中，各种练习题仍然占据了过半的篇幅。教材习题都是经过编者严格精选、细心推敲、反复修改的，是根据相应的教学内容有针对性地配置设计的，是高品质的练习资源。用好用活教材资源，实现教材习题价值的最大化、最优化是提高练习效果、实现高效课堂、减轻师生负担的重要途径。例如，对于人教版修订教材四年级上册第 61 页第 1 题（如图 23-1）的第 1 个图形，教师常常满足于学生能说出“长方形的上下两条边互相平行，左右两条边互相平行，相邻的两条边互

1. 下面每个图形中哪两条线段互相平行？哪两条线段互相垂直？

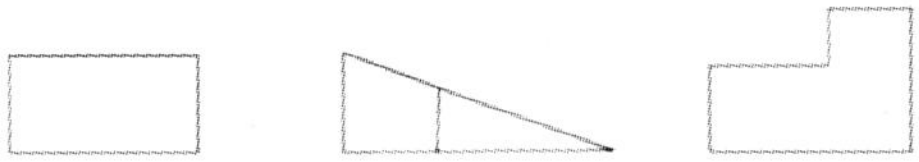

图 23-1

相垂直”。其实，教师还应该再问一问：“谁能把‘长方形的上下两条边互相平行，左右两条边互相平行’用一句话说出来？”这样即可引导学生结合图形，直观、概括地表述出“长方形的两组对边分别平行”，不仅能训练学生的语言表达能力，更重要的是为下节课理解平行四边形的定义积累经验、奠定基础。

2. 先估计下面的长方形面积大约是多少平方厘米，再用 1 平方厘米的正方形量一量。

图 23-2

我们再来看人教版修订教材三年级下册第 63 页“做一做”第 2 题（如图 23-2），如果教师能从后续教学考虑，在学生估、量的过程中，问一问“你是

怎么估的？是怎么量的”，引导学生说出“我先估长方形的长有 4 厘米，宽有 2 厘米，这样每行可以摆 4 个 1 平方厘米的正方形，能摆 2 行”，便能逐步训练学生有依据地估测，更重要的是为接下来长方形面积公式推导积累活动经验，奠定认知基础。

我在组织学生练习上面这道题时就是这样做的：用幻灯片呈现题目，并在长方形的左边出示一个 1 平方厘米的小正方形，让学生的估测有一个直观依据。在学生估、量之后，结合如上的追问与应答，逐渐呈现图 23-3，让所有学生都能直观地感受到应该怎样有步骤有依据地估测。

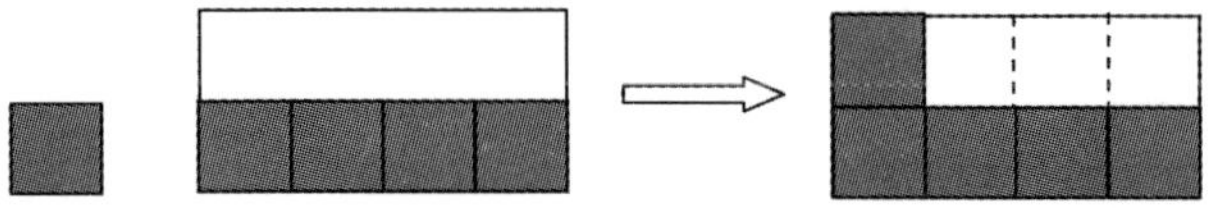

图 23-3

用好用活教材习题，除了对教材习题解答过程进行必要的延伸优化，有时还需要对教材习题进行适当的整合与改编。我们再来看蔡凤梅老师在使用人教版修订教材五年级下册第 21 页第 1 至 3 题（如图 23-4）时，是怎样进行

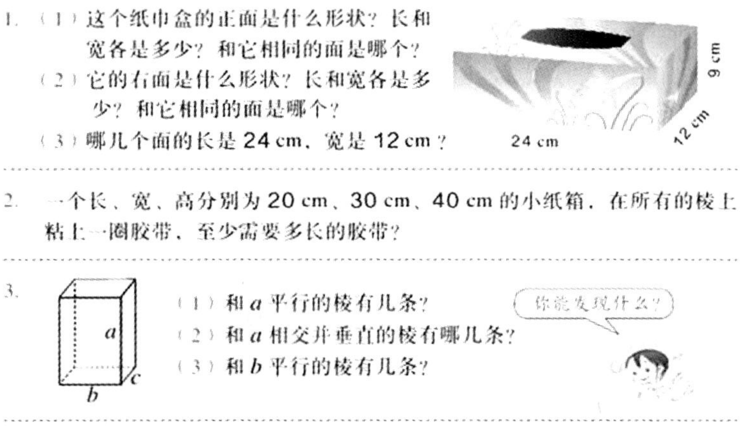

1. （1）这个纸巾盒的正面是什么形状？长和宽各是多少？和它相同的面是哪个？
（2）它的右面是什么形状？长和宽各是多少？和它相同的面是哪个？
（3）哪几个面的长是 24 cm，宽是 12 cm？

2. 一个长、宽、高分别为 20 cm、30 cm、40 cm 的小纸箱，在所有的棱上粘上一圈胶带，至少需要多长的胶带？

3. （1）和 a 平行的棱有几条？
（2）和 a 相交并垂直的棱有哪几条？
（3）和 b 平行的棱有几条？

图 23-4

整合的。对于第 1 题，她是这样改编的：先出示纸巾盒的图让学生观察，再逐一提出下面三个问题让学生思考、回答。

（1）这个纸巾盒的前面是（　　　　）形，长和宽各是（　　）cm 和（　　）cm；和前面相同的面是（　　）。

（2）底面长方形的长是（　　）cm，宽是（　　）cm。

（3）右面长方形的面积是（　　）cm^2。

这三个问题看似与教材原题一样，但其实有三处微妙的变化：一是三个问题分层逐步呈现，让学生能集中注意力思考解决一个问题；二是第二个问题删去“和它相同的面是哪个”，减少重复训练，节约时间；三是不再停留在说出一个面的长和宽，而是要求算出右面长方形的面积，体现层次性，为后续计算长方体的表面积奠定基础。

对于第 2、3 题，她又做如下的整合与改编。如图 23-5，她先出示一张长方体框架图（图①），告诉学生长方体的长、宽、高通常用字母 a、b、h 表示（同时把图①换为图②），接着逐一提出下面三个问题：

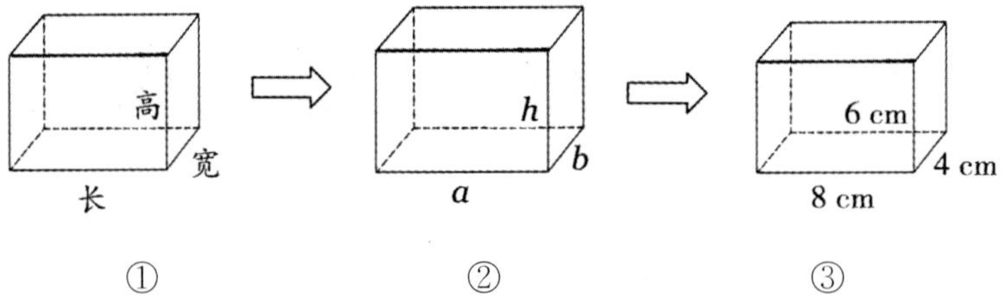

图 23-5

（1）和 a 平行的棱有几条？

（2）和 b 平行的棱有几条？你发现了什么？

（3）和 h 相交并垂直的棱有哪几条？你发现了什么？

这三个问题看似也与教材原题一样，但它也有几处微妙的变化：一是三个问题同样是分层逐步呈现的；二是把观察相互平行的棱集中在前两个问题，便于提出“你发现了什么”的问题；三是把小精灵提出的问题“你能发现什么”分两次呈现，指向更加明确，练习的效果当然更好。

学生完成上面的问题后，教师紧接着提出新的问题：如果这个长方体的长、宽、高分别是 8 cm、4 cm、6 cm（同时把图②换为图③），搭成这个长方体至少要用多长的小棒？这个问题的本质就是教材第 2 题，这样呈现计算长方体棱长总和的问题，使学生的思维更连贯，直观性更强，也为解决教材中类似的第 6、7 题提供了思维方向。

可见，教师在实施练习时要关注教材习题的编排体系，关注每道习题在本节教学内容中承载的任务。高效练习一定是基于教师对教材例题、习题的深度理解和整体把握。当然，对于例题和习题的开发利用、拓展伸延、整合改编要注意几个问题：一是紧紧围绕教学目标，二是考虑学生可接受能力，三是教学时间的把握。

在进行教学评价时，优秀的命题者也应该更多地把教材的例题、习题改编设计成试题（具体可以阅读专题29《基于教材的数学试题编制策略》）。我们来看莆田市城厢区某次五年级上册期末试卷的两道题：

（1）甲乙两地的高速路长336 km。一辆客车3.2小时行完全程，一辆货车用3.5小时行完全程。……（请你提出一个至少用两步计算的问题，并解答。）

这道题的原型是教材第40页第2题："一条高速路长336 km。一辆客车3.2小时行完全程，一辆货车3.5小时行完全程。客车的速度比货车的速度快多少？"教材呈现的是一道标准式的习题，要学生直接解决问题。试题只是把题目的问题去掉，改为"请你提出一个至少用两步计算的问题，并解答"。为什么要这样做？因为修订课标的一个重要变化是把"两能"改为"四能"，要求培养学生发现问题和提出问题的能力，教学中要实现"四能"目标，就必须经常这样训练。

（2）一个玩具厂做一个毛绒兔原来需要3.8元的材料。后来改进了制作方法，每个节省0.2元的材料。原来准备做180个毛绒兔的材料，现在可以做多少个？（列方程解答）

这道题的原型是教材第118页第18题："一个玩具厂做一个毛绒兔原来需要3.8元的材料。后来改进了制作方法，每个只需3.6元的材料。原来准备做180个毛绒兔的材料，现在可以做多少个？"本题是整份试卷的最后一道题，当时得分率比较低。反思原因，是教师讲评教材原题时，缺少必要的、适当的拓展。教师有必要再问一问：如果已知"每个节省0.2元"，应该怎么解答？如果问题改为"现在可以多做多少个"，应该怎么解答？用方程怎么解答？

以上几道试题都改编自教材的习题或例题，但学生的错误率都很高，为什么呢？就是因为很多教师在平时的教学中没有用好教材的习题、例题资源，没有练习到位或者说练习时欠了一把火。很多教师花很多时间去找练习题、设计练习题，认为练习的题量多、题目新颖就会提高练习的效度，这是一个误区。如何将教材习题和例题的价值最优化、最大化，是高效练习必须思考的重要问题。

四、灵智追问跟进，提高课堂练习的深刻性

课堂练习能客观地反映每一位学生的学习情况，是教师全面、细致地了

解学生学习信息的主渠道，是实施过程性评价、诊断性评价的重要途径。若教师能及时地对练习跟进评价，学生知道练习对了，无形中就起到了正面强化的作用；知道练习错了，找到错因，及时采取措施纠正和补救，同样能够收到练习的实效。跟进评价还能够诱导学生暴露思维过程，让学生在交流、思辨的过程中，优化策略，提高思维深度。例如，一位老师执教“数字编码”一节，待学生认识身份证编码的规则和特点后，展开了如下的读信息、猜号码练习。

（课件出示：350302200305134378）

师：这是班上蔡明同学的身份证号码，你们能读懂哪些信息？

生：（略）

师：蔡明同学有一个双胞胎弟弟，猜一猜：他的双胞胎弟弟身份证号码的前17位可能是多少？

$生_1$：35030220030513 436。

$生_2$：35030220030513 447。

$生_3$：35030220030513 439。

$生_4$：35030220030513 438。

师：你们猜测的这些号码为什么前14位都一样呢？

生：因为两人是双胞胎，是同地同时出生的，所以地址码和日期码肯定是相同的。

师：你们猜得真不错！

…………

（之后教师没有再跟进评价，直接进入下一个环节的练习。）

学生猜测后，教师能及时跟进发问、评价，有利于学生深入认识地址码和日期码，可惜教师没有再次跟进。四位学生的猜测中，$生_1$ 和$生_4$ 的顺序码明显是错误的，因男性的性别码是单数，不可能是双数；两人是双胞胎，故弟弟的顺序码应是与437相连的单数，可见$生_2$ 的答案也不对。这时如果教师能再跟进评价：“同学们都懂得了同地同时出生的人的地址码和日期码是相同的，真不错！蔡明的顺序码是437，对于他的双胞胎弟弟的顺序码，有的猜是436，有的猜是438，对吗？为什么？”“双胞胎弟弟的顺序码与437有什么关系呢？”，那么学生错误的猜测就会得到及时纠正，对顺序码和性别码的认识、理解也会更加深刻。

我们来欣赏一位老师执教“平行四边形和梯形的认识”的一个练习片段。教师用课件出示一个问题：说一说图 23-6 所示的图形分别是什么图形。

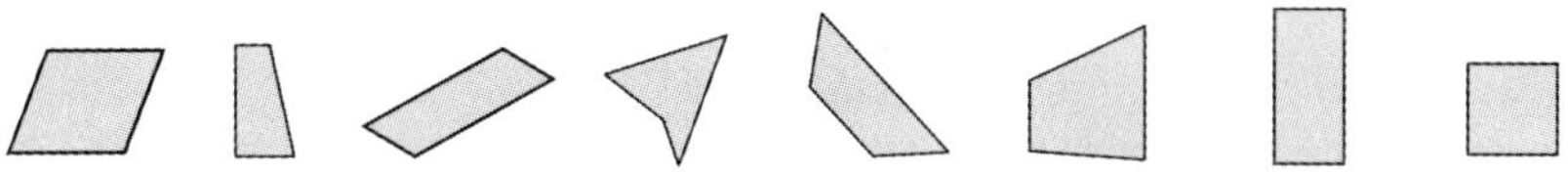

图 23-6

学生辨认长方形时，出现两种不同意见，有的说是长方形，有的说是平行四边形。教师做了这样的跟进评价：“现在出现了两种不同的声音，有的说是长方形，有的说是平行四边形，这个长方形为什么也可以说是平行四边形呢?”学生回答：“因为长方形的两组对边分别平行，所以它也是平行四边形，是特殊的平行四边形。”在辨认正方形时，教师进行同样的跟进评价之后，继续问：“现在要你们把长方形和正方形也放进四边形这个大家族的圈圈里，应该放在什么地方?”（此前比较平行四边形、梯形与四边形的联系和区别时，已经引导学生画出了图 23-7 所示的集合图。）学生很快地在平行四边形的圈内画一个小圈表示长方形，再在长方形圈里画一个小圈表示正方形。接着教师再跟进：“同学们画的这个集合图真好看，你们能看着集合图说一说这几种四边形的关系吗?”虽然这个环节练习的内容和花费的时间都不多，但随着教师的层层跟进，学生对几种四边形的本质属性的认识不断内化，形成的知识结构体系更加牢固。所以，灵智的课堂跟进评价是有效练习的“助推器”。

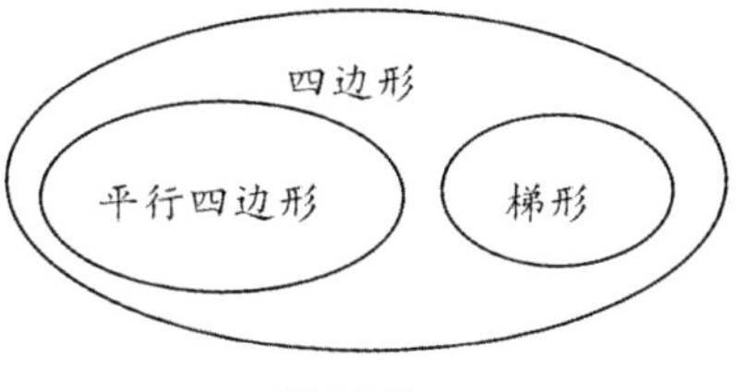

图 23-7

我们再来欣赏一位老师教学人教版修订教材四年级下册“平均数”时对两道练习的跟进追问。教师逐步用课件呈现题目与要求：

湄洲岛景区 2017 年国庆黄金周前五天门票收入情况（单位：万元）

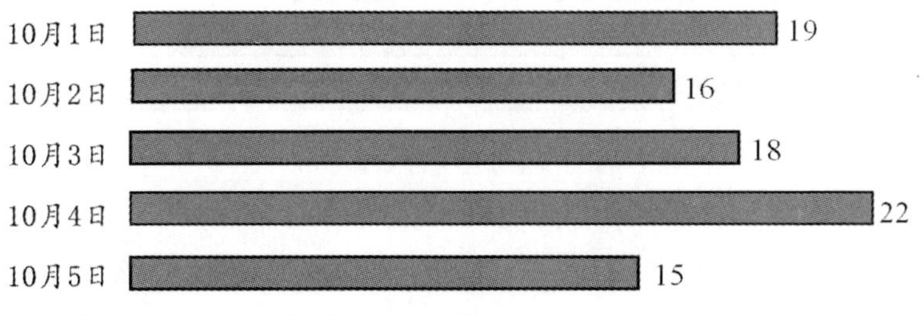

（1）估一估：这五天平均每天门票大约收入多少万元?

因为学生在前面已初步理解了平均数的本质特征，所以学生比较快地估出平均每天收入在15万元和22万元之间。此时，教师做了一个简单的追问："能不能借助条形图估得更接近些？"学生经过观察、比较，估测是18万元。一个简单的追问，让学生借助条形图，再次直观地理解平均数的概念，感悟"移多补少"的数学思想，发展估测意识和估测能力。

（2）算一算：这五天平均每天门票收入多少万元？

当学生列出算式（19＋16＋18＋22＋15）÷5＝18（万元）后，教师又做了追问："为什么不用'移多补少'而用'先合后分'的方法？"学生通过观察与比较，知道数据大、数据多的时候要得到精确结果，用"移多补少"比较麻烦，进而明白"先合后分"的普适性。更加不可思议的是，教师并没有就此止步，而是把第五天的长条图改为20万元的长条图，变成第二组数据（19、16、18、22、20），引导学生思考：现在平均每天的收入会变化吗？大约是多少万元？学生通过观察、比较，很快发现第二组数据的平均每天收入要比第一组的平均每天收入多，算出平均每天收入是（19＋16＋18＋22＋20）÷5＝19（万元）。教师继续追问："为什么一组数据的总收入多了5万元，平均数只多了1万元？"这种似无意却有意的追问，加深了学生对平均数统计意义的理解，深刻领悟到平均数的另一特征（一组数据中任何一个数的变化，都会引起平均数的变化），发展了数据分析观念和数感。

接着，教师在上面的条形图中添加了6日和7日的门票收入。

湄洲岛景区2017年国庆黄金周门票收入情况（单位：万元）

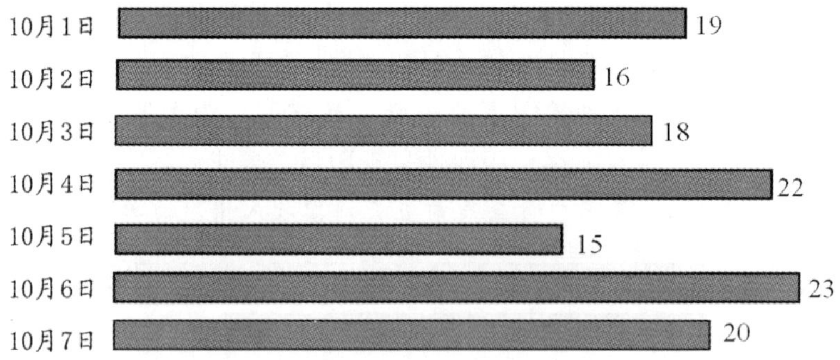

（3）算一算：黄金周平均每天门票收入多少万元？

学生列出算式（19＋16＋18＋22＋15＋23＋20）÷7＝19（万元）后，教师继续发问："同样是算平均每天门票收入多少万元，为什么这里的除数是7而前面的除数是5呢？"又是借助一个简单的追问，让学生通过观察与比较，加深了对平均数本质的理解，渗透了"对应"的思想。

再看教师教学本节课最后一道题的片段。

教师出示一张统计图，问："丁丁家去年平均每月用水多少吨?"接着给出丁丁一家三人不同的计算方法：

2016 年丁丁家各季度用水量情况统计（单位：吨）

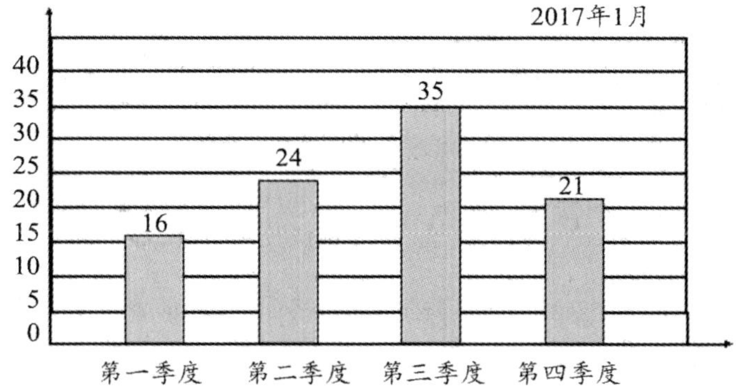

爸爸的算法：(16＋24＋35＋21)÷4

丁丁的算法：(16＋24＋35＋21)÷12

妈妈的算法：(16＋24＋35＋21)÷366

学生经过思考讨论，认为丁丁的算法是正确的。之后教师进行了逐级追问："为什么丁丁是正确的?""爸爸列出的算式算出的是什么?""妈妈列出的算式算出的是什么?""如果妈妈的算式后面再补上'÷3'，表示什么?"解答这道题需要学生综合运用统计图、年月日、平均数等知识。教师的不断追问让学生在比较、辨别的层层递进中，在解释每个算式实际意义的过程中，逐步加深对求平均数算理与算法的理解，明晰平均数的数量关系，感悟"对应"思想。这样的追问跟进，循序渐进，环环相扣，学习充满数学思考，学生的思维拾级而上，概念与本质、算理与算法也因此获得深刻理解。

要让课堂练习练得精彩，练得高效，思考点还有很多，这里不再一一阐述。总之，如果教师在教学中能给予练习设计、练习实施与新知教学同样深入的思考，那么"高质轻负"的课堂练习也就不是奢望。

专题 24

增强教师驾驭课堂生成问题能力的策略

教学是一项极其复杂的活动，面对客观存在的学生个体差异性和特殊性，课堂必然蕴含着诸多不确定的因素。随着课堂教学改革向深度推进，课堂生成性问题越来越多，逐渐超出教师的预想。教师作为教学活动的组织者、引导者，必须随时洞察教学过程的各种现状，灵活把握课堂动态生成的问题，不断增强驾驭课堂问题的能力。

一、 驾驭课堂问题能力的含义与作用

教师驾驭课堂问题能力，也称“课堂教学问题的调控能力”或“课堂教学应变能力”。从狭义上说，它是指教师在课堂教学推进过程中对出现的意外情况采取的应对策略；从广义上讲，它是指教师对学生的反馈信息做出的调控行为。这是一种心智教学技能，是教师在课堂上所做的具有比较高水平的教学行为策略，是一种需要培养、历练、积累的课堂教学技能。

运用课堂调控能力，可以促使教学系统中信息回路的形成，调整信息的再输出。教师对学生学习活动的调控，能保证教学活动沿着有效的轨道运行。教师不断地捕捉、判断、重组教学中生成的各种信息，把有价值的生成材料开发成新的课程资源，服务于教学目标；把偏离或干扰教学目标实现的信息和问题及时排除、处理，使教学活动始终围绕教学目标展开，确保活动的有效性。因此，驾驭课堂问题能力具有导向、调节、强化、评价等功能。

二、 课堂生成性问题的类型与特点

课堂生成性问题是指在教学实施过程中现场动态生成的问题。从广义层面讲，它包括师生言行、教学环境等各方面不同寻常的现场状况；从狭义角度说，它特指教学现场中学生主体真实“创造”的各种问题。课堂生成性问题，从整体上可分为预设性生成和非预设性生成两大类。本专题聚焦狭义层面的非预设性生成。

非预设性生成是指教学过程中超越预设、难以预见的新情况和新问题，是意料之外的生成，具有不确定性。课堂意外是学生本真学习状态与思维的反映，是一种课堂无法回避的现象。非预设性生成的成因多样，种类颇多。如果从生成问题对教学目标实现的价值来看，小学数学课堂的非预设性生成问题大致可分为：（1）有效问题。若生成的问题触及教学内容的重难点，有利于深化学生对知识的理解和技能的掌握，有利于提升学生的思维水平，或可以揭示问题的规律，我们称它为有效问题。（2）错误问题。若生成的问题可能造成学生对概念本质属性的误导，或是问题解决过程中出现的关键性、典型性、普遍性的错误，我们称它为错误问题，错误问题并非都是无效问题。（3）负面（偏差）问题。若生成的问题会冲淡教学主题，或脱离教学目标，妨碍教学目标的达成，我们称它为负面问题。（4）模糊问题。有些生成的问题模糊不清，比较空泛，或仅有部分对实现教学目标有价值，我们称它为模糊问题。（5）无解问题。若生成的问题是暂时无法解决的问题，我们称它为无解问题。（6）刻意拼凑的算法。个别学生为了追求多样化、个性化的解法，时常刻意拼凑算法，或思维独特但远离多数学生的思维实际。

非预设性生成的情况比较复杂，随意性大，偶发性、挑战性强，生成资源价值不一，对教与学的影响较大，它需要执教者瞬间做出合理的辨别、区分，然后决定利用或摒弃。

三、 增强驾驭课堂问题能力的行为策略

课堂非预设性生成问题的出现时机和具体内容是无法预知的，所以，教师要随时洞察学生学习过程中出现的各种状况，从实现教学基本目标的视角出发，迅速判断生成问题的教学价值，采用不同的教学行为策略，进行有效

的利用、引导和矫正，充分发挥教师的主导与调控作用。

（一）渲染放大，展开问题

当生成的问题出人意料却触及教学主题，有利于深化学生对知识的理解和技能的掌握，或可能造成学生对概念本质属性的误导，或可以揭示问题的规律时，教师要随机把握学生的现实起点，调整教学预案，启发学生讨论，引导深入探究，对有效生成进行挖掘、升华，使其服务于教学目标，促进学生发展。例如，教学“万以内的加法”时，一个学生突然举手问：“老师，三位数加法能不能从高位加起?”这是教师备课时没有想到的问题，但教师意识到这是引导学生深入理解“多位数加法要从低位（个位）加起”的好机会，于是果断地调整教学方案，有意让大家猜一猜“从高位加起行还是不行”，接着提供“230＋540”“630＋290”“243＋378”三道题让学生计算。学生通过猜想、列举、验证，发现、体验“从高位加起”的可行性和局限性。虽然学生的生成性问题打乱了教学预设，教师的应对策略付出了时间的代价，但课堂体现了“以生为本”和“以学定教”的理念，帮助学生深刻理解所学知识，获得数学思考、创造思维的极好机会。

（二）提炼浓缩，简约处理

当生成性问题会冲淡教学主题，或问题比较空泛，或仅有部分对实现教学目标有价值，或教学时间不允许时，教师要对信息进行由表及里、去伪存真、去粗取精的加工，选择性地利用课堂生成，采用简约化的处理方法。例如，黄爱华老师教学“百分数的意义和读写法”时，有学生问：“生活中既然有百分数，那么有没有千分数、万分数呢?”学生的问题出乎意料却又合情合理，但此时已经接近下课，如果再组织学生学习千分数、万分数的意义，时间已不允许；如果简单地回答“有”，然后不了了之，学生肯定不满意。怎么办？黄老师既未置之不理，也没引导学生展开探究，而是简约处理，说：“这个问题问得好！有想法，有创新。生活中确实有千分数、万分数。咱们先不说万分数，猜一猜千分号应该长什么模样。全班同学一起来创造一个千分号好不好?”几位学生在黑板上“创造”出他们心目中的千分号（如图 24-1）：

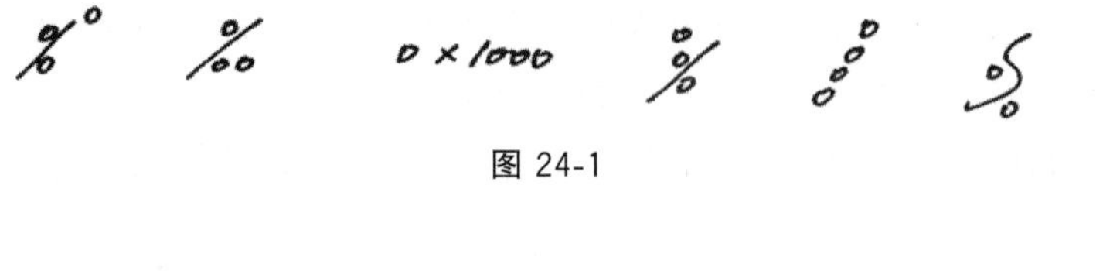

图 24-1

教师睿智积极的评价，高超的艺术驾驭，恰当的浓缩处理，既满足了学生的探究欲望，拓展了课程内容，又使教学不偏离既定的目标。更重要的是，这段“创造千分号”的生命历程会让学生回味无穷。

（三）反诘设疑，辨别是非

当生成的问题似是而非，或偏离教学主题，或明显有违常规时，教师可凭借教学经验，针对生成材料中的漏洞，反诘设疑，“把球抛还学生”，令其重新思考，深入分析，自我找错，自我辨错，自我否定，实现自我调控，将生成问题转化成再学习、辨是非的资源，转化成再提升的契机。例如，一位教师教学人教版修订教材四年级上册“角的度量”时，在学生认识量角器并初步学会用量角器量角后，教师让学生自主测量如下两个角（如图 24-2）的大小（分别是 60°、120°），结果有的学生量出两个角都是 120°。教师没有做出正面回答，脸颊上装出疑惑的表情，问：“这两个角大小一样吗？（生：不一样。）那为什么量出的两个角都是 120°呢？”在教师的反诘下，学生也觉得有问题，这时教师开始操作演示课件：画面上一条红边与量角器的内圈 0 刻度线（右边 0 刻度线）重合，另一条较长的红边与量角器的内外圈刻度线分别重合，然后逆时针慢慢旋转较长的红边。当较长的红边与内圈刻度线 60°重合时，问：“现在是几度角？为什么不是 120°角？”当较长的红边与内圈刻度线 120°重合时，问：“现在又是几度角？”伴随着屏幕上的直观演示和教师的适时发问，学生由静静地观察转为深入地思考，在分析交流中暴露思维，在反思中明辨是非，不断修正认识形成正确的认知，解决了易混易错问题。采用反诘设疑行为策略时，教师反诘的语气要仔细斟酌，要用商量和探讨的语气心平气和地与学生交流，千万不要居高临下，或以问题“幼稚”而嘲笑挖苦，伤害学生的自尊心。

图 24-2

（四）回避搁置，留后探究

有些课堂的意外生成无论是对知识目标的达成还是对学生思维的发展都无实质帮助，如刻意拼凑的解法，或思维独特但远离教学常态和多数学生思维实际的问题。面对这样的生成问题，教师在呵护学生学习热情的同时，必须及时引导学生从无价值的纠缠中回归数学思考，把生成问题搁置，留待后续研究，或直接否定。教师可以告诉学生：“你提的这个问题与本课学习无关，课后我们再讨论，好吗？”“这个问题正是咱们以后要研究的，这节课暂时不去讨论它。”“你提的这个问题老师也没有考虑，大家课后一起查阅资料，共同解决它，好吗?”例如，有位教师教学“角的初步认识”时，她让学生把两个大小不一的圆柱形“蛋糕”平均分成8份后（学生用两张大小不一的圆形纸片分别对折、对折、再对折，然后展开），有下面一个片段：

师：现在每小块“蛋糕”都形成一个角，大“蛋糕”平分的每小块“蛋糕”的角一定比小“蛋糕”平分的每小块“蛋糕”的角大，是吗?

生：不一定。

师：应该怎样比较它们的大小?

生：量一量。

师：咱们还没有学过量角呢！想想看，能不能用更直接的办法比较。

…………

受学习经验和思维惯性的作用，学生想到用“量”的办法是很正常的，但凭现有的认知水平是行不通的，于是，教师直接予以否定并引导寻找其他办法，避免无谓的纠缠。适当的回避搁置可以给学生更多有效的数学活动时间，课堂也会因此更高效。当然，采用回避搁置策略时，教师对学生的“后续探究”承诺一定要兑现，否则将会失信于学生。

（五）盘活细节，艺术追问

课堂教学过程是由许多个教学细节链接而成的。不同的教学细节组合，构成不同的教学过程，从而使教学过程具有多样性和独特性。细节决定成败，教师对课堂细节生成的灵动把握与巧妙处置，常常成为教学活动的生长点和学生创新思维的燃点，是教师教育理念的反映。灵感、智慧与魅力的展现，彰显的是教师的教学境界与教学功力。我们来欣赏吴正宪老师执教“乘法估算”的一个细节生成处置片段（探讨“大估”好还是“小估”好）：

师：350位同学要外出参观，有7辆车，每辆车56个座位，估一估：够不够坐?

生$_1$：太够了！

师：“太够了”是什么意思?你是怎么估的?

生$_1$：我是把56个座位看成50个，一共是350个。可实际上每辆车有56个座位，所以太够了。

生$_2$：我是“大估”的，把56看成60，$60\times7=420$，所以够坐。

生$_3$：我觉得可以把56看成55，55再乘7。

师：好的！既然有这么多估算方法，那么对于这个问题，你们认为“小估”好一点，还是“大估”好一点？

学生普遍认为“小估”好。

师（继续追问）：为什么不选择“大估”呢？

生$_4$：本来每辆车只有56个座位，如果估成60个，万一来的人多了，就有可能不够坐了。

师（兴奋）：这位同学说的“万一”是什么意思？能举个例子吗？

…………

教师每次看似简单的追问，都直逼问题的本质，引发了热烈的讨论。正是对“太够了”和“万一”两个细节的盘活，不露痕迹地诱发学生的数学思考，揭示问题的本质，让学生体会到要恰当选择和使用估算方法。精彩的细节构成了经典的教学，它使教学过程充满着变化与灵动、诗意与创造。吴老师对细节的处置促进了学生的深度思考，有助于学生理解知识本质，也让我们感受到教学的魅力无穷。

面对不期而至的课堂非预设性生成，教师要以是否促进教学目标的落实、促进学生数学核心素养的发展为价值取向，在短时间内做出灵智反应，采取相应的教学行为策略。

四、 智慧驾驭课堂问题教师应具有的综合素养

智慧驾驭课堂问题，对教师提出的要求是多方面的，尤其是教师个人的综合素养。

（一）深厚的文化底蕴

苏霍姆林斯基说：“只有当教师的知识视野比学校的教学大纲宽广得无可比拟的时候，教师才能成为教育过程的真正能手、艺术家和诗人。”很难想象一个知识匮乏、视野狭窄的教师能及时而有效地应对课堂上不确定的生成问题。教师的文化素养是教育思想、教学智慧形成和发展的基础。教师只有在“读万卷书”中不断丰富自己的知识结构，思考、修正自己的教育思想，在“行万里路”中拓宽教育视野、学术视野、社会视野，积淀文化底蕴，才能在课堂教学中游刃有余。

（二）广博的学科知识

大量研究表明，数学教师的学科专业知识会对其教学行为产生重要的影响。教学实施中，数学学科知识精深的教师不仅能够帮助学生建立良好的知识结构，提供恰当且多样的表征方式，还会设计适合学生需求的各种课堂活动，准确判断课堂生成的数学问题。反之，学科知识缺乏的教师则完全依赖于教科书，往往会减少学生互相讨论与提问的机会，对生成的数学问题常常束手无策。所以，数学教师对中小学数学中的核心知识必须有深入的了解，对各部分知识的内涵与外延、产生背景、发展脉络、广泛应用，以及相关概念的联系都应了然于胸。

（三）丰富的教学经验

教学经验是教师的实践性知识，是教师教学智慧的重要组成部分，是教师智慧驾驭课堂问题能力的基础保障。教学经验的积累是提高教师驾驭课堂问题能力的重要途径和有效载体。一位教学经验丰富的教师能够随时捕捉稍纵即逝的课堂生成材料，并凭借教学经验瞬间做出价值判断，采取相应的教学行为策略；反之，教学经验缺乏的教师常常让有效的生成资源流失，负面的生成妨碍教学进程时又不知如何处置，造成课堂低效。今日的课堂意外生成要成为明日的预设生成，教学经验需要在实践和思考的过程中积淀，需要教师在教学活动过程中逐步积累丰富，在反思、总结中不断提升。

（四）敏锐的教学机智

敏锐的教学机智是指教师通过课堂现场观察与思考，对教学过程中出现的偶发事件、生成性问题等各种信息做出有效的反应和灵智的处置，最大限度地提高课堂效度，服务学生发展，获取最佳的教学效果。教学机智是教师的一种心智教学技能，具有思维的现场性、直觉性、多向性和创造性。敏锐的教学机智是教师智慧驾驭课堂问题不可或缺的素养。教学活动中，教师应该养成认真倾听、细心观察、积极思考的习惯，选择好时机，掌握好火候，用好策略，适时调控，或因势利导，或防微杜渐，或巧妙诱导，灵活驾驭教学过程，引领师生共同进入积极参与、深度思考的教学境界，让课堂充满生命活力。

课堂意外生成给教师教学带来挑战，同时也带来引发学生深究、推动教学高潮、赢得掌声的契机。同样的课堂意外，不同的处置策略，结果可能会殊途同归，也可能有天壤之别。所以，提高驾驭课堂问题能力，灵智应对课堂生成问题，是教师必修的功课，是高效课堂的必然要求。

专题25

提高数学复习课有效性的策略

数学复习课难上，是很多教师的共识。究其原因，复习主要是旧知重提，若把学生过去所学知识再回忆一遍，面面俱到就变成了罗列知识，若仅抓重难点又常挂一漏万；若重复讲就变成了“翻版新授课”，若不讲知识点就只能做练习，复习课变成了练习课；学生存在的问题不一样，若一视同仁教学就缺乏针对性，若因材施教教师就分身乏术……数学复习课究竟应该怎样上才能更有效，进而达到“温故知新，提升素养”的目的？

一、了解复习功能，明确复习原则

要上好复习课，就要知道复习课的基本功能。复习课的基本功能至少包含四个方面：一是查缺补漏，帮助学生弥补知识缺漏。“温故”是复习课的首要任务，温故重在查缺补漏。复习要为存在知识缺漏的学生提供有针对性的补救机会，促进他们尽快达到学习目标。复习是教师利用课堂帮学生补缺的最后一站，如果复习课还无法帮学生补缺成功，那么学生的知识缺漏就可能成为永远的“遗憾”。二是巩固旧知，提高学生的综合应用能力。通过复习，巩固所学，提高学生知识点的掌握程度和技能的熟练程度，将知识升华为解决问题的能力，提高综合应用能力和寻找解决问题新方法，是复习的重要目标。三是沟通联系，引导学生构建知识网络。引导学生对所学的知识进行整理、归类，把分散的知识综合成一个整体，使之形成一个相对完整的知识体系，把旧知识纳入新的认知框架，构建新的知识网络，是复习的重要任务。

四是着眼发展，提升学生的思维品质和数学学科素养。思维品质是数学学科素养的内核，复习课要帮助学生逐步学会分类、整理、归纳、概括，提升有序思维能力，在梳理与练习中进一步感悟数学思想，积累活动经验，提升综合学习能力。

二、 整体把握教材， 合理定位目标

复习前，教师应从整体上把握知识的主要结构和脉络，突出对重点内容的整理、巩固，让全体学生都能通过复习达到课标的基本要求，为后续学习奠定坚实的基础。

（一）把准教学的基本要求

在编拟复习计划和习题时应结合课标要求，考量复习要求，准确把握复习的深度和广度，不能信手拈来，更不能求偏求难，加重学生的负担。例如，五年级上册“小数乘除法”，只要求有效数字三位数乘两位数的乘法与相应的除法，复习时不能超出这个要求。六年级有关统计图的复习，只要求：认识复式条形统计图和复式折线统计图，了解它们的特点；能根据需要选择这两种统计图有效地表示数据；能读懂简单的复式统计图，能根据统计结果做出简单的判断和预测。特别是画图时，只要求在方格纸上画，不能要求学生画一个完整的复式统计图。对于扇形统计图的复习，课标没有要求画扇形统计图，只要求：认识扇形统计图的特点和作用，能读懂并简单地分析扇形统计图所反映的信息，能根据需要选择合适的统计图。

（二）确定复习的重点内容

教材中的数学概念和规则（包括法则、定律、性质、公式等），既是最基本的，又是“有利于进一步学习的”，应是重点复习的内容。复习时，教师应抓住这些内容，提纲挈领。例如，人教版修订教材六年级上册“比的认识”，求比值、化简比、按比例分配都是建立在“比的意义”这一核心概念的基础上，后续要学习的比例的意义、正反比例问题也是建立在“比的意义”与“比的基本性质”的基础上。所以，复习时就应以“比的意义”及“比、除法、分数的关系”为重点。

三、 整理归纳梳理，优化认知结构

复习时，教师既要关注学生对所学知识的巩固，更要重视知识点之间的内在联系，构建网络化的知识结构框架体系。教师可以循着教材知识内容发展的线索，通过对已有知识的纵向、横向梳理，连点成线，由线到面，形成知识网络，帮助学生形成、完善良好的认知结构。

（一）提供梳理的时间和空间

复习应重视为学生提供自主梳理知识的时间和空间，重视培养学生的自主复习习惯和复习能力。例如，现行修订教材每册都编有“整理和复习”栏目，根据不同年级学生的认知特点和能力，以不同的形式、要求给出了提示，到了高年级放手让学生通过简要的文字叙述、图示呈现等，对学过的知识进行简单的整理，并通过同伴之间的交流，发展提出数学问题的能力和掌握解决数学问题的策略。例如，人教版修订教材六年级上册“分数除法”单元的“整理和复习”，教材直接呈现小精灵提出的两个问题（“怎样计算分数除法？本单元的内容和分数乘法的内容有什么关系？”），提示师生复习的方向与重点，然后以学生讨论、交流的形式分层呈现两个问题的答案。教师应该根据教材的提示，组织学生自主梳理、讨论、交流，培养学生自主复习的习惯和能力。学生自主梳理也可以安排在课前进行，课中组织交流、补充、完善。

（二）纵向连接，形成知识链

梳理知识的纵向联系，能帮助学生更清晰地把握知识形成、发展的过程以及相互之间的前连后延关系。例如，人教版修订教材六年级上册“百分数（一）”单元，它是按百分数的意义、百分数的简单应用、稍复杂的百分数问题的顺序逐渐扩充的，且百分数的应用是在五年级分数乘除问题的基础上学习的。这个发展变化是形变质不变，即数量关系、解题基本思路、策略相同，只是数的形式、应用的范围发生变化。我们来看下面三道应用问题：

（1）一件衣服原来定价 80 元，实际只按原价的$\frac{4}{5}$销售，实际每件衣服卖多少元？

（2）一件衣服原来定价 80 元，实际只按原价的 80%销售（或者说打八折），实际每件衣服卖多少元？

（3）一件衣服原来定价80元，实际比原价降低20%销售，实际每件衣服卖多少元？

复习时，教师可通过类比迁移与梳理沟通，采用归纳、概括等方法，揭示这些相关知识之间变和不变的内容，促进学生清晰地认识、把握新旧知识的主线，形成知识链。

（三）横向沟通，形成知识面

如果几项知识内容之间存在着相近性（局部的共性）或相对性，那么这些知识内容之间内在的逻辑关联即是它们的横向联系。例如，平行与垂直、平移与旋转等，由于这些知识具有相似性或相对性，学生极易混淆。复习时，教师要设计“对比抗干扰”的练习，采用比较、分类、系统化等方法，让学生进一步认识它们的联系和区别，形成更高层次的知识结构。例如，周长的计算、面积的计算是“图形与几何”领域的两条知识线，所有平面图形的特征、周长和面积的计算又构成了平面图形这一知识体系的知识面。再如，“百分数的应用”中，“求一个数是另一个数的百分之几”“求一个数的百分之几是多少”“已知一个数的百分之几是多少，求这个数”，这三类应用问题之间就形成一个横向的知识面。

需要指出的是，教材中知识的结构及其发展，有的还具有纵横交错、多向联系的特点。例如，加法交换律与乘法交换律、加法结合律与乘法结合律，它们在形和质两方面都有内在联系。形式上是相同的，它们都是数的位置变，运算符号、运算关系、运算结果不变；本质上是不一样的，分属于加法与乘法不同的运算性质。复习时，教师应引导学生比较、梳理、沟通，揭示其内在联系，优化认知结构。

（四）梳理知识常用的方法

复习不仅要重视学生知识技能的掌握，还应注重指导学生掌握复习的方法，提升自主复习的能力。梳理、归纳、提炼的基本方法和策略从表示形式上说通常有两种，即摘要式和图表式。

1. 摘要式。

摘要式是以文字摘录的形式，简要地表示整理的结果。例如，人教版修订教材六年级上册的“圆”这一单元可摘录如下：

圆的特征：圆心O、半径r、直径d；直径是半径的2倍，即$d=2r$；轴对称图形，无数条对称轴；画法。

圆的周长：圆周率，圆的周长公式及推导，圆周长的计算。

圆的面积：圆的面积公式及推导，圆面积的计算，有关圆的组合图形面积计算。

2. **图表式。**

图表式是指用表格、图形、结构网等形式表示相关的知识及其联系。

（1）表格式。即用表格的形式整理复习的内容，例如除法、分数、比、小数的关系可以整理成下表：

名称	举例	联系				区别	性质
除法	3÷5	被除数	除号	除数	商	一种运算	被除数和除数同时乘或除以相同的数（0除外），商不变
分数	$\frac{3}{5}$	分子	分数线	分母	分数值	一个数	分数的分子和分母同时乘或除以相同的数（0除外），分数的大小不变
比	3∶5	前项	比号	后项	比值	一个比	比的前项和后项同时乘或除以相同的数（0除外），比的大小不变
小数	0.6	—				一个数	小数的末尾添上0或去掉0，小数的大小不变

（2）网络图（或结构网、树状图）。即用网络结构的形式表示相关的知识及其联系，例如“简易方程”单元的知识内容可以整理如下：

- 简易方程
  - 用字母表示数
    - 数量关系
    - 运算定律
    - 公式
  - 解简易方程
    - 方程的意义
    - 等式的性质
    - 解方程（含方程的解）
  - 用方程解决问题
    - 一步计算的方程问题
    - 稍复杂的方程问题
    - 相遇行程问题

再如，以“整数”为基点的有关多位数的认识等相关知识，可整理如下：

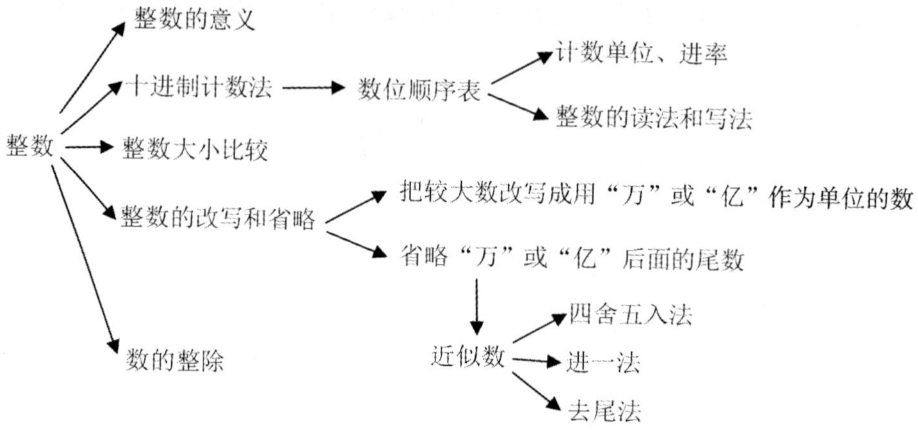

网络图的显著特点是可以多方位多角度沟通知识之间的联系，引导学生在构建知识网络的过程中，寻找自己知识上的不足，并有针对性地进行复习。另外，网络图能让学生对各知识点在知识结构中的位置及联系一目了然，能帮助学生“聚合”相关知识，促进知识结构的重组。

（3）韦恩图。即利用韦恩图把相关知识的内在联系直观形象地表示出来，例如，各种四边形的关系可以表示如下：

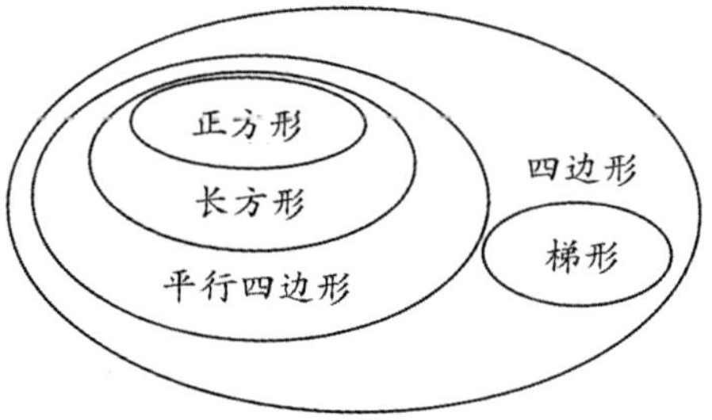

韦恩图最显著的优点就是能非常直观形象地表示出相关概念间的包含与被包含关系。

四、 科学设计练习， 巩固提升发展

组织学生进行练习是复习课的重要环节。教学中往往因重复练习而高耗低效，因此，教师要善于根据复习内容设计富有针对性、层次性、趣味性、活动性、挑战性的练习，让学生通过形式多样的练习巩固基础知识，形成基本技能，提升素养。

（一）考查基础知识的诊断性练习

为诊断学生的复习效果，教师应设计一些针对基础知识的诊断性练习（也可以回归教材，选用教材中的一些典型例题、习题）。这类练习难度不宜过大，知识的综合程度不宜过高，重点是让学生熟练地运用所涉及的基础知识，正确地解决问题。例如：图 25-1 是一个梯形，请在图中添加一条线段，将这个梯形分成一个平行四边形和一个三角形。本题主要考查学生是否全面理解梯形、平行四边形、三角形的特征，是否会根据三种图形的特征，选择适当的位置画线段，正确理解、应用这些概念。教师也可以要求学生自己想办法算出梯形的面积。

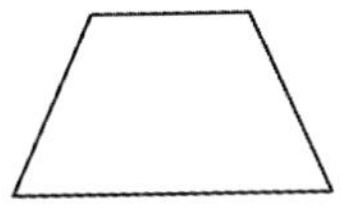
图 25-1

（二）辨别易错易混点的辨析性练习

对于一些似是而非、容易混淆的内容，教师可以在复习时专门安排时间进行对比练习，并且明确告诉学生这些练习都是容易混淆的或有“陷阱”的题，要考查学生的观察力和辨别力，以此来提高警惕性。例如：一块长方形纸板，长是 11 cm，宽是 8 cm。现要剪成直角边分别是 4 cm 和 2 cm 的三角形，能剪成多少块这样的三角形？受思维定式的影响，有相当多的学生会错误地列式为 $11\times8\div(4\times2\div2)=22$（块）。一道辨析题、一次错误均会引发学生对所学知识的深入理解与反思。学生在主动参与找错、议错、辨错、纠错的过程中，既加深了对知识的理解和掌握，又提高了自己的辨别能力。

（三）选择相关信息的提炼性练习

数学语言的严谨性以及数学材料呈现的单一性，在一定程度上影响着学生学习数学的热情。如果设计从一组相关信息中提炼数学问题的练习，能将知识性、趣味性、高容量融为一体，让学生不但获得解决问题的新鲜感，而且在阅读中体验数学知识与生活的紧密联系，提高数学思考能力、辨别选择能力与文字表达能力。例如，复习“百分数的应用”时，一位教师出示这样的一道练习：“我们学校创建于 2002 年，只有 15 年历史，创办初期只有 16 个班，现在有 40 个班。学校占地面积 15000 平方米，其中绿化面积占 36%。创办初期有 45 位教师，现在在校教师数比创办初期增加了 120%。现在有学生 2028 人，比创办初期多 160%。请根据以上信息提出百分数问题并完成解答。”学生解读信息后，深感数学知识就在自己身边，很快地从多角度提出数学问题。学生在筛选信息的过程中，学习动机不断被激发，学会了选择相关联的、有价值的信息，在交流与分享中加深了对知识的理解，获得一题多得的效果。

（四）提高解题能力的综合性练习

学生在课堂上梳理知识、构建网络后，教师可引导学生结合自己梳理知识的图表，编制综合题，提高综合运用知识的能力。例如，“分数、百分数应用问题”总复习时，一位教师设计了如下一道题：

一辆客车和一辆货车同时从相距360千米的两地相对开出，4小时后两车相遇。__________，客车、货车的速度各是多少？”（从下列条件中任选一个，将问题补充完整，再列式解答。）

①客车速度比货车速度快10千米/时。

②货车速度是客车速度的80%。

③客车速度是货车速度的1.25倍。

④货车速度与客车速度的比是4∶5。

⑤货车速度比客车速度慢20%。

⑥客车速度比货车速度快25%。

这道练习题综合了整数、分数、百分数、比、行程问题的知识内容，综合性强，信息量大，能达到练一题串一片的效果，充分体现知识的综合性、方法的多样性和能力的发展性。

此外，设计一些沟通知识的题组练习也是复习课中常用的练习设计方式。例如，复习“有关百分率问题”时，一位教师设计如下题组：

①植树小组植树400棵，成活的有390棵，求成活率。

②植树小组植树400棵，未成活的有10棵，求成活率。

③植树小组种一批树，成活的有400棵，未成活的有10棵，求成活率。

④植树小组植树400棵，未成活的有10棵，又补种10棵，全部成活，求成活率。

⑤植树小组种一批树，未成活的棵数是成活棵数的$\frac{1}{20}$，求成活率。

学生通过分析、对比发现，条件变了，问题没变，根据成活率的含义，只要找到成活的棵数和植树的总棵数，问题便解决了。题组的层次性让学生能迁移解题方法，不断解决新问题，在解题中构建数学模型，寻找到解决此类问题的基本思路与策略，发展数学思考能力。

复习课练习，最怕的是就题论题，这样只能在题海中、在重复中加重学生的负担且达不到理想的教学效果。教师应该重视对学生解题方法、策略的指导，以点带面，以题说理，提升数学素养。我们来看下面的两道题：

（1）一块梯形木板，上底长 4.5 分米，下底长 6.5 分米，高 4 分米。木工师傅要在这块木板上锯一个最大的三角形，最大三角形的面积是多少？

（2）下面是小强的爷爷、奶奶、爸爸、妈妈四人的身份证号码，你认为小强爸爸的身份证号码应该是（　　）。

A. 350302195208230013　　　　B. 350302198005160032

C. 350302195301080065　　　　D. 350302198003250021

这两道题的得分率分别是 22.1%和 65.9%。两道题都处在学生的“最近发展区”，只要学生能理解题意，掌握解决此类问题的基本策略，正确解答都没有太大问题。第（1）题学生需要抓住决定三角形面积大小的两个要素（底和高），明白要使其面积最大，锯下的木板底必须尽量长，高必须尽量高；第（2）题只要知道爸爸的年龄要比爷爷小，并根据出生日期码、性别码来判断就行。为什么得分率不高？究其原因，就是教师平时不重视解题思路的引导和策略的指导，学生见到如第（1）题这样的变式题便不知从何入手。

复习不只是知识点的简单回顾与罗列，而是要从整体上系统地整理所学知识，根据知识间的相互联系构建新的认知结构体系；不仅要让学生巩固基础知识，掌握基本技能，还应发展学生的整理、归纳、辨别、概括等能力，提升数学思考、思想方法、思维品质、解题策略等核心素养，并获得成功的情感体验，增强学好数学的信心，留下意识，留下经验，留下习惯，留下快乐。

专题 26

让随机评价成就精彩课堂

随着课程改革的深入，教师的教育理念、教学方式和学生的学习方式都发生了深刻的变化，教师的课堂随机评价也发生了深刻的变化。课堂随机评价是教育评价的重要组成部分，它包括教师的口头语言评价和肢体语言评价等，它是师生之间的一种瞬间互动行为。课堂随机评价往往缺少深入思考的时间，所以它表达的是最直接的感受，是课堂教学中使用频率最高、对学生影响较大的过程性评价，具有鲜明的随机性、灵活性和即时性。课堂随机评价是课堂学习的催化剂和点金石，也是师生情感交流的纽带。恰当的随机评价能使课堂充满生命活力，成为学生主动发展的动力。

一、定准评价基调，满足学生发展需求

对学生的教育评价过程，是对学生的激励、引导过程，也是学生自我调控、自我发展的过程。新课程倡导评价的发展性功能，强调评价对学生的发展价值。课堂上教师的随机评价贴近了学生的需求，满足了学生的愿望，就能促进学生的发展。

（一）尊重人格，给予关怀激励

美国心理学家马斯洛把人的需要划分为“生理需要、安全需要、社会需要、尊重需要、自我实现需要”五个层次。对现在的中小学生而言，“尊重需要”成了他们的重要需要，他们希望得到老师的关心和爱护，得到同伴的认可与赞同。所以，教师对学生在课堂中学习努力的程度、提出的问题、阐述

的观点给予肯定，对学生积极的学习状态和良好的学习效果给予人文关怀，能激励学生更好地学习。不管是学生显性的学习结果，还是隐性的学习状态，都是学生的“劳动”和“成果”，都应该受到尊重。

有一次，我去听一节教学评比课，教师请三个学生板演竖式计算。结果，两个学生板演正确，算理也说得很好，受到了老师的表扬。就在这时，做错题的学生将头深深地低下去，教师发现后即刻带着期待的眼神、温和的语气问：“你知道自己哪里做错了吗？”在老师的鼓励和其他学生的启示下，那个学生很快找到了自己的错误。“刚才这个同学虽然做错了，但是她能够自己找到错误并改正，真是好样的！告诉老师，你叫什么名字？”（因为是借班上课，故教师有此一问。）伴随着学生自信的回答，教室里响起了雷鸣般的掌声。这掌声，源于学生内心的欣赏与激励、接纳与认可，是一种真情流淌。

德国教育家第斯多惠说：“教学艺术的本质不在于传授本领，而在于激励、唤醒、鼓舞。”评价结果的呈现要具有激励性，要有利于保护学生的自尊心，帮助学生建立自信。例如，一位老师为激发学生学习数学的兴趣，在班级开展“挑战数学大擂台”活动（每次出 10 道类似奥数的题）。在批改作业的过程中，她发现有的学生只做对 3 道题，只能得 30 分。这不是给刚刚有了兴趣的学生头上泼一盆凉水吗？于是，老师灵机一动，设立基础分 50 分，每道题改为 5 分，这样原本的 30 分就变成 65 分，刚好及格的 60 分就变成了优秀等级。可想而知，如此呈现成绩的最终结果会怎样。

（二）注重过程，关注努力程度

对学生的学习评价，既要关注知识、技能的理解和掌握，也要关注情感态度的形成与发展；既要关注学习的结果，也要关注他们在学习过程中的变化和发展。学生学习的努力程度，是他们情感态度在学习过程中的表现。一般来说，在完成相同学习任务的前提下，学习困难的学生要比优等生付出的努力更大些。现实教学中，教师往往过多鼓励有正确答案且表现突出的学生，而较少鼓励甚至批评同样付出努力却得到错误答案或得不出答案的学生。如果教师能多用“同学们都认真思考了问题，老师感到很高兴”“重要的不是对错，而是同学们都想了很多办法来思考”“没有做对的同学不要灰心，只要保持像今天这样努力学习的积极性，总有做对的时候”这样的课堂评价语言，学生怎能不受到鼓舞，不产生学习的兴趣呢？

下面每组图中的两个图形的面积相等吗？为什么？

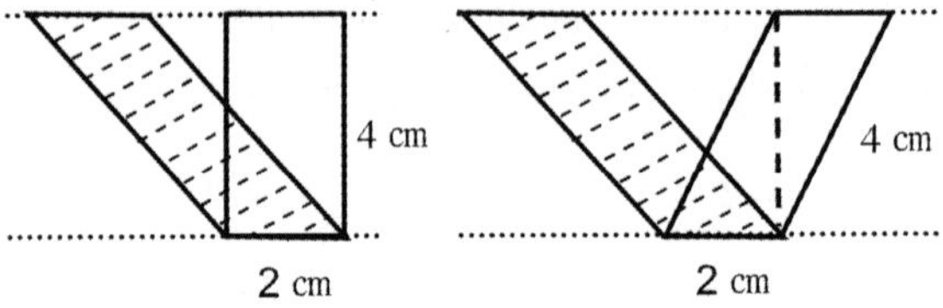

图 26-1

全国著名特级教师华应龙在讲评一道习题（如图 26-1）时，大部分学生都能够准确解答，而班里有一位叫晨晨的同学却有异议。晨晨解释说：“为什么相等呢？因为那个图形像影子一样，所以相等。”同学们哄堂大笑，华老师也忍不住笑了起来。同学的笑声让晨晨显得局促不安，华老师见状，马上说：“老师很欣赏晨晨同学能提出这条理由，人的影子确实有和身高一样长的时候。”晨晨的脸上露出几分自豪的笑容。华老师停顿了一下，继续说：“不过，大家想一想，人的影子有时不是也比身高长或者短吗？”同学们点点头。“既然这样，能不能根据这个图的影子，就推断它们的面积相等呢？”晨晨自己摇了摇头。“晨晨同学能想出从来没有人想到的理由，并且这一想法对了一半，我们为有这样的同学而自豪。”教室里掌声响起来，晨晨同学体面地坐下了。看得出，华老师及时肯定学生发言中的合理成分，除了对学生的参与做出评价外，更重要的是保护了学生参与的积极性。得益于这样的耐心与宽容、肯定与鼓励、引导与点拨，学生怎能不受到鼓舞呢？

我们再来看黄爱华老师执教“百分数的意义和读写法”的一个片段：

生：生活中既然有百分数，那么有没有千分数、万分数呢？

师：这个问题问得好！有想法，有创新。生活中确实有千分数、万分数。咱们先不说万分数，猜一猜千分号应该长什么模样。全班同学一起来创造一个千分号好不好？

学生在黑板上写了 13 个不同的符号：

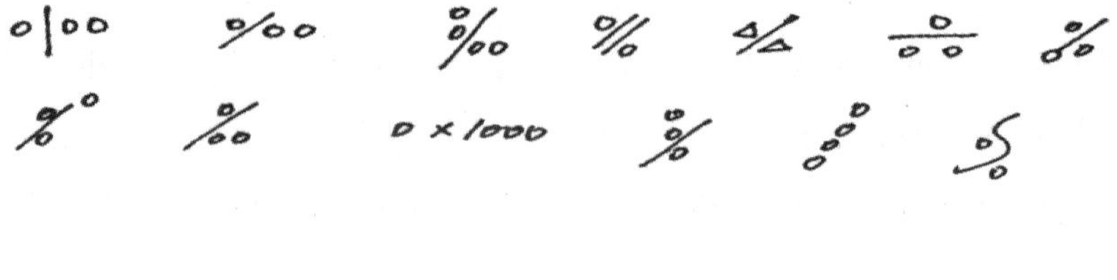

老师不给出任何评价，屏幕上出示：泉州市的人口增长幅度逐年下降，人口的自然增长率为5.83‰。

师：谁来读一读。（一位学生读）

师：这句话里就有一个千分号，和黑板上哪一个一样？这个同学是谁？（该生站起来）

师：送点掌声给他！（掌声）

师：再送点掌声给在这里设计许多美丽图案的其他同学。（又是一阵热烈的掌声）

课堂教学并不仅仅是要完成预设的教案，教师不仅要做到心里有教材、手中有教法，更重要的是要做到眼中有学生，要关注每个学生的眼神，关注每个学生的需求，让温暖时时滋润每个学生的心灵。一句“再送点掌声给在这里设计许多美丽图案的其他同学”，体现了教师关注学生努力程度、尊重学生劳动成果的理念。

（三）换位思考，尊重认知差异

很多时候，教师总是把自己放在至高无上的位置，用成人的眼光来衡量学生，对学生耳提面命，根本不去考虑学生的心情与感受。事实上，学生是不成熟、待发展的，其所思所想不会一下子与标准答案一致，也很难直接触及问题的本质，因此，他们常会出现认识模糊、表述不清、词不达意的现象。例如，学习“圆的认识”时，一个学生给直径下的定义是“直径有三个：一是连接圆上的点，二是经过圆心，三是一条线段。”乍一听，不对。但如果细心分析，就会发现这个学生讲出了直径定义的三要素：一条线段、经过圆心、端点在圆上。也就是说，该生的头脑中已经有直径的空间观念，教师应予以肯定和引导。下面这位老师的教学故事值得我们称赞：

一年级学生刚入学的时候学习“1～5的认识”，这位老师在黑板上出了一道看图写数的题：“5根香蕉”的实物图下面是“（　　）”。很快同学们都说出“5”这个答案，唯独一位学生的小手还高高举着，大家感到很奇怪，老师赶紧请他回答，他说填“1”也对。同学们一阵哄笑，他涨红着脸大声说：“是5根香蕉，可它们也是一串呀！”老师听后重重地点了点头，并认真地说：“我要奖励你两颗星星。第一，因为你答对了，并有与众不同的观察与思考方法，你太聪明了。第二，你能坚持自己的观点，很自信，我真佩服你！”

我在钦佩这位老师能尊重学生的认知差异之余，也想起华应龙老师的一句话：“对于学生提出的问题和思维成果，我们常常发现：可怕的不是学生犯错误，而是教师错误地对待学生的错误。正确的，可能是模仿；错误的，却可能是创新。”

我们再来看《中国教育报》刊载的一位语文老师教学《葡萄沟》的一个片段：

师：葡萄的种类、颜色这么多，我们该怀着什么样的心情来读？

生$_1$：激动。

生$_2$：兴奋、惊喜。

师：这两位同学都说得非常好。谁能带着这种心情试着读一下？

两位学生有声有色地读完了。

师：谁能评价一下他们读得怎么样？（学生评价）

师：谁能比他们读得更好？（学生热情高涨，跃跃欲试，可两位学生脸上的笑容却消失了，他们红着脸低下了头。）

下课后，有听课老师询问这两位学生当时是怎么想的，他们说：“事实上，我们认为自己读得很好，这是我们的最高水平。可老师为什么要拿我们与别的同学比呢？只要进步了，就应该表扬。人比人，气死人。”

每位学生的家庭背景、生活经验和认知基础存在差异，所以，随机评价要站在学生的位置，要考虑不同学生的认知水平和心理状态，因人而异，因时而异。这样，学生就不会觉得学习目标是高不可攀的，就不会唯唯诺诺不敢发言，而会更有信心地朝前发展。

二、把握评价时机，找准最佳心理状态

在不同情况、不同时机下，相同评价的作用可能是完全不同的。适时到位的随机评价会表现为评价的正效应，否则就可能适得其反。因此，恰当把握评价时机是课堂随机评价获得成功的关键，是教师不可缺少的教学智慧。

（一）抓住契机，把握最佳火候

课堂上，师生在围绕教学目标展开教学活动时，探索的欲望被激发，情

感的闸门被打开，思维的火花被点燃，可能催发、生成许多课程资源和教学契机。教师如能抓住这种契机，进行正确的评价、引导，就会成为学生发展的助推器。我们来看黄爱华老师教学“长方形的周长和面积”的片段：

师：哪一根围成的长方形面积大？（出示一根长20厘米和一根长24厘米的铁丝）

生：24厘米的铁丝围成的长方形面积大。

生：长的铁丝围成的长方形面积大。（教师没有对这两个学生的看法进行任何评价。）

生：还可以说周长长的长方形面积就大。

师：大家同意他们的意见吗？

生：同意。（教师随即板书：周长长的长方形面积就大。）

接着，教师组织学生在方格纸上画长方形进行验证，汇报时有的学生认为是对的，有的学生认为是错的。在两三个学生“对”与“错”的碰撞之后：

生：可以说是对的，也可以说是错的。

生：可以把结论改一下：周长长的面积就可能大。

师：周长短的长方形面积也可能大啊！

生：不一定大也不一定小。

师：你的话我无可指责。回过来，黑板上的结论是对还是错？

经过画图、观察、比较、交流、反思、纠正等活动，学生对问题的认识已经清晰起来，教学到了该“收”的时候，于是，教师抓住契机，进行恰当、及时的评价，把学生的思考引向问题本质。教师的机智展现出高超的课堂驾驭能力，使评价成为高效课堂的引擎。

（二）适时等待，期待思维创新

新颖独特的见解往往出现在思维的后期。教师应合理利用学生的期待心理，有时不应马上评价学生提出来的问题或做出的回答，要留给学生思考、探究、暴露思维的时间，这样常常会产生更多的精彩问题，引发更多的创新思维。例如，华应龙老师一次在上“小数、分数、百分数的互化”复习课时，要求学生把0.2化成百分数。一位名叫兰兰的同学回答出“20%”后，华老师让她说说是怎么想的。她说：“$0.2=\frac{2}{10}$，十分之……”还没说完，同学们

“嘘”声一片。华老师示意别打断她，请她继续说。“$0.2=\frac{2}{10}=\frac{1}{5}$”。“扑哧”，有的同学禁不住笑出声来。华老师也在想这扯到哪儿去了，可还是耐着性子听她说。“分子、分母同乘20，等于20%。”“哎呀！真了不起。”老师夸奖了一句，接着说：“大家看，兰兰同学先运用小数的意义把小数化成分数，再根据分数的基本性质进行约分，接着又一次灵活运用分数的基本性质，将分数巧妙地化成了百分数。这一系列知识她掌握得多么熟练，并且能运用自如，太棒了。老师都没有想到这么好的复习小数、分数与百分数互化的例子，华老师要向她学习。”教室里响起了热烈的掌声，整节课学生情绪激扬，学习效果非常好，“白开水”变成了“茅台酒”。如果教师缺乏耐心，过早地做出否定评价，不去认真倾听学生是怎样想的，那么必定会妨碍学生的创造思维，更会掐灭学生的创新火花。可见，适时等待，有时会获得更多的思维创新，正如布鲁纳所说：“延时评价可以使学生发现问题，产生创造性的见解。”

我们再来看人教版修订教材一年级上册“有关0的加减法”的一个教学片段：

教师出示情境图，让学生看图写算式。

师：你们能根据这幅图来写算式吗？（学生独立思考、填写、交流。）

$生_1$：5－1＝4。

师：说说你是怎么想到这个算式的。

$生_1$：笼子里一共有5只小鸟，飞走1只，还剩4只小鸟。

$生_2$：我是这样想的，笼子里一共有5只小鸟，还剩4只小鸟，可以求出飞走了1只。算式是5－4＝1。

师：真爱动脑筋！

$生_3$：我觉得还可以列加法算式4＋1＝5。我是这样想的，笼子里还剩4只小鸟，飞走了1只，可求出笼子里一共有5只小鸟。

$生_4$：用飞走的1只加上剩下的4只也能求出一共有5只小鸟，算式是1＋4＝5。

对于这道题，教师的本意是让学生通过观察鸟笼里原来有几只鸟，飞走了几只，求剩下几只，但学生却说出了许多答案，并把列式根据说得头头是道。如果教师缺乏耐心，过早地做出肯定评价而不去认真倾听学生是怎样想的，那么将会妨碍学生的积极性，也不会有一图四式的结果，更会扼杀学生创新的机会。可见，课堂中对学生的反馈信息，并非一律都得及时评价，灵活运用延迟评价，有时会获得更多的创新灵感。

对学生理解不正确或不到位的地方，教师也可实施延迟评价，通过补充、设问、点拨，在期望与等待中引发学生讨论与深入思考，让学生在不断的争辩中明确认识，经历一个自悟自得、排除谬误、获取真知的过程。

三、讲究评价策略，彰显教师教育智慧

课堂随机评价不是随意评价，不是不要策略，相反它需要教师发挥智慧，讲究策略。

（一）步步诱导，保持课堂热度

课堂随机评价是引起、保持或促进学生课堂学习的一种手段，教师不宜操之过急，应激励学生参与对问题的猜测、探究、讨论，经历知识发生、形成、发展的过程。对学生的错误答案，教师不应盲目否定，而应找出有价值的部分，肯定答案的合理成分，捕捉亮点，使学生感受到来自教师的关注，从而增强学习动力，保持学习热度。例如，张齐华老师执教“圆的认识”时，在引导学生猜测一个已画好的没有圆心的圆是怎么画出来的环节，有一段精彩互动。

生：把一只碗扣在白纸上，然后沿着碗边描一圈，这样就能画出一个圆来。

师：依葫芦画瓢，有想象力！但很遗憾，不对。

生：可能是用一根绳子的一端拴着铅笔，另一端固定，然后把铅笔绕一圈画出来的。

师：很有创意的想法，简直就是一把简易的圆规。但很遗憾，还是不对！

生：我知道了，你是先画一条线段，然后换一个方向再画一条同样长的线段，然后再换方向画下去，最后把这些线段的端点连起来，就画成了一个圆。

师：你太有想象力了！待会儿的学习中，我们将一起来验证你的这一想

法。行了，不用再猜了，答案其实就藏在这里。(教师利用电脑画图工具，画出了一个标准的圆。)

学生初步认识了圆，学习逐渐进入高潮，思维正处在活跃状态，此时，教师以富有情感的评价语不断地为猜想“加温”，使学生产生一种成就感，被肯定的心理需求得到满足，课堂热度始终处在高温状态。

（二）点石成金，提高思维效度

教学中经常会有与课前预设不一致甚至相矛盾的意外情况发生，这些意外或许就蕴含着有价值的教学资源。遇到这样的意外情况，教师要灵活运用随机评价的导向作用，点石成金。例如，教学“分数的初步认识”时，一位教师用课件逐一出示长条，让学生看图估测，再填上合适的分数。如图 26-2，先出示整数 1（图①），再出示图②。学生估填正确后，教师用课件移动涂色部分，验证长条被平均分成 3 份。接着出示图③，让学生推想涂色部分占了几分之几。有的学生说是$\frac{1}{5}$，有的学生说是$\frac{1}{6}$。教师利用课件移动涂色部分，验证长条被平均分成了 6 份。教师问答对的学生：“你是怎么一下子就估到$\frac{1}{6}$的，有什么窍门?”学生说：“图②的涂色部分是图③的 2 倍，所以是$\frac{1}{6}$。”教师略带兴奋地说：“借助观察、比较、估计，这是多好的学习方法啊!”细细品味这句简练而到位的评价语言，我们不难看出，教师的随机评价不但融入了真挚的感情，更渗透了对学习方法策略的引导。毋庸置疑，这样的评价策略真正起到提高思维效度进而促进学生发展的作用。

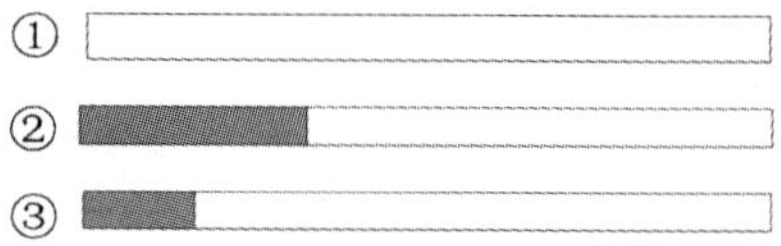

图 26-2

（三）顺水推舟，挖掘思维深度

课堂上，教师要借助随机评价，睿智地将学生对某些问题模糊、片面或肤浅的理解引向深入而周密的思考，使他们对概念的认识更加准确、全面、深刻。我们再来看张齐华老师执教“圆的认识”的片段，当学生凭直觉认为圆直径的长度都相等后，张老师进行了深度挖掘。

师：直径的长度都相等，为什么？

生：我们是量的，发现直径的长度都是 6 厘米。

师：瞧，动手操作又一次帮助我们获得了结论。

生：不用量也行。我们发现，每一条直径里面都有两条半径，半径的长度都相等，那么，直径的长度当然也都相等。

师：在我们看来，这只是一条直径，但在他的眼里，他还看出了两条半径，多厉害！尤其是，他的发现还帮助我们获得了一个新结论，那就是，在同一个圆里，直径和半径是有关系的。谁能用最简洁的语言描述出它们之间的关系？

生：直径是半径的两倍。

师：挺好。还能更简洁吗？

生：半径×2＝直径。

师：的确又简洁了些。还能更简洁吗？（无人举手）想想它们的字母。

生：我知道了，$d=2r$。

师：这就是数学语言的魅力！

教师顺应学生的思维，运用或诙谐或深情的课堂评价语言，不断地把学生的学习情绪调到最佳状态，将概念的本质层层展开，使学生对圆的直径长度相等以及直径与半径的关系认识更加清晰。

（四）褒贬交融，引领价值判断

当前部分教师误解新课程倡导评价的激励作用，导致现在很多课堂上出现了“好”声一片。只要学生回答问题，教师一概以“好”或“很好”进行笼统评价。于是，“棒，棒，棒，你真棒！”的夸奖声从上课一直喊到下课，一堂课下来，学生的脸上被贴上好多金星，看起来像唱戏的。教师课堂上鼓励学生，坚持正面引导，这本没有错，但是一节课上如果都是“棒，棒，棒，你真棒！”之类的表扬话语，把表扬的方式变成一种表扬公式，就会令人心中很是不安。这样的表扬和鼓励究竟能有多大作用？送学生小红花、小金星如同商家在搞有奖促销活动，无论学生回答得如何，都会得到教师的表扬，久而久之，学生会变得很浮躁，他们还会在乎表扬吗？还会稀罕那些小红花、小金星吗？对此，余文森教授认为，一味表扬同一味惩罚一样并不可取。

表扬与批评是辩证的统一体，学生既需要肯定和赞赏，也需要在适当的时候通过否定来获得帮助和引导。没有否定的教育是不完整的教育。儿童教育专家孙云晓在给孩子父母和老师的忠告中说："如果父母和老师对'好孩子'身上存在的问题宽容过多，就会使他们的弱点变成隐患，甚至是'定时炸弹'。无批评的教育是伪教育。"教育专家关鸿羽教授也说："一个没有受过批评和委屈的孩子是很难成才的。"课堂上，如果学生的回答是错误或不够完整的，教师还一味地说"不错""嗯，好""这是你的发现"等，那么就很容易使学生形成模糊的概念。如果教师对学生的错误结论不加以纠正，对模糊的概念不置可否，那学生将会在错误的道路上越走越远，并且还沾沾自喜。这不是尊重学生，而是误导学生。在这种课堂上，教师已失去引导者、指导者的作用，是一种严重失职。当然，教师在课堂上如何对学生的错误或缺点说"不"，是需要技巧的。例如，张齐华老师一次在与一位提出不同观点却又不能完整表达出理由的学生握了握手，说："我跟你握手不是代表我赞成你的说法，而是感谢你为课堂创造出了两种不同的声音。想想，要是我们的课堂只有一种声音，那该多单调啊！"教师诙谐深情的评价语言，用真心激起心灵的震撼，用诱导触发深远的思考，使课堂充满生命气息，富有灵气。如果想要批评学生，一定要记住：一分钟批评，两分钟分析，三分钟表扬，保证达到批评效果，又让学生很乐意接受。

充满魅力的课堂随机评价，根植于教师深厚的教学功底、语言素养和正确的教学观念。我们只有在课堂实践中不断积累经验，总结、反思、改进，才能让智慧评价演绎灵动课堂，成就精彩课堂。

专题 27

基于认知起点的教学策略

课堂教学中，教师们屡遭这样的尴尬：有时刚导入新课，学生就喊“我早知道了”；有时精心设计的活动学生却“不领情”，不是学生提不起兴趣，就是探索活动难以展开；有时教师以为容易掌握的内容，学生做起练习却错误百出……教学出现这些状况，大都是由于教师对学生认知起点的错误预测。“教育不是在原有的水平上原地踏步，也不是远远高于个体现有的水平，而应稍稍高于儿童原有的水平。”维果茨基的“最近发展区”理论要求教师在实施教学时密切关注学生的学习起点，了解学生的现有发展水平，预测学生可能达到的发展水平，并以此为基础展开教学活动。为此，《义务教育数学课程标准（2011 年版）》指出：“教师教学应该以学生的认知发展水平和已有的经验为基础。”

一、 找准逻辑起点， 迁移旧知同化新知

所谓逻辑起点，是指学生按照课标和教材的规定与学习进度，应该具有的知识基础和能力基础。数学是一门系统性、逻辑性很强的科学，根据小学生的认知规律，每套教材的编排都有着严密的知识体系和逻辑结构，它所展现的知识内容、学习过程无不体现上下前后的环环相扣和紧密联系。所以，找准学生认知的逻辑起点是教师准确寻找教学“生长点”的基本前提。教师在教学前的备课阶段预设教学方案时，必须认真钻研教材，从整体上把握教材，理清小学阶段现行教材编排的知识结构体系，搞清楚学生之前学过哪些相关的知识，以后还有哪些知识与此有关。只有明确每节课学习内容在知识

结构体系中的地位与作用，把握好学习知识的“生长点”和“延伸点”，找准新旧知识的衔接点，才能克服教学中的盲目性和随意性，才能帮助学生实现认知的迁移与知识的同化，实现有效建构。例如，人教版修订教材五年级下册“分数的基本性质”教学，学生此前已经学过“商不变的性质”“分数的意义”“分数与除法的关系”等知识。一位教师基于学生这样的认知起点设计了如下的教学：由学生口算“$1\div2$”“$2\div4$”“$4\div8$”导入，再要求学生结合这组除法算式具体说一说“商不变的性质”。紧接着，让学生根据“分数与除法的关系”把这几道除法算式改写成分数形式，并追问：“既然 $1\div2=2\div4=4\div8$，那么$\frac{1}{2}$、$\frac{2}{4}$、$\frac{4}{8}$这三个分数的大小有什么关系呢？”学生借助“商不变的性质”很快类推、猜想到“$\frac{1}{2}=\frac{2}{4}=\frac{4}{8}$”。对学生类推与猜想的结果，教师故意以怀疑的口吻问：“这三个分数的大小真的相等吗？你们能用自己的办法验证吗？”接着组织学生自主探究验证。学生汇报时，展示了几种不同的方法。有的学生根据“分数与除法的关系”用计算法，因为分数的分子相当于被除数，分母相当于除数，分数线相当于除号，可以用每个分数的分子除以分母，结果都是 0.5，所以$\frac{1}{2}=\frac{2}{4}=\frac{4}{8}$。有的学生用画图法，即画出三个大小相同的图形，再根据分数的意义分别表示出$\frac{1}{2}$、$\frac{2}{4}$、$\frac{4}{8}$，发现三个分数的大小相等。有的学生用折纸法，即用三张大小相同的纸，分别折出三个分数，同样发现这三个分数的大小相等。最后，教师引导学生观察分析：这三个分数的什么变了？什么不变？分子与分母之间的变化有什么规律？把变化的规律用数学语言表示出来。

针对以上教学设计，教师基于知识内在的逻辑结构体系，找准认知起点，从学生的“最近发展区”出发，通过唤醒旧知、沟通串联、类比猜想、验证规律等方式，促进学生主动探索，自主发现分数的基本性质，实现认知迁移与自主建构并同化新知，在最短的时间内获得最佳的学习效果。在探索新知的过程中，学生感悟数学思想，积累学习经验，使得教学有内涵、有品位、有思想。

我们再来看“乘法的初步认识”的教学片段。教师先呈现一幅情境图，让学生看图提出数学问题并解决。教师根据学生的回答把算式板书成左右两列，然后引导学生观察、比较。

3＋3＝6（人）	2＋4＝6（人）
4＋4＋4＋4＋4＝20（人）	8＋5＋7＝20（人）
10＋10＝20（人）	8－6＝2（人）
2＋2＋2＋2＝8（人）	20－8＝12（人）

师：请同学们认真观察、比较黑板上左右两侧的算式，你发现了什么？

$生_1$：我发现左边的算式都是加法，右边有加法，也有减法。

$生_2$：我发现左边加法算式中的加数都一样，右边不一样。

师：好眼力！下面我们就重点研究一下左边的这些算式。（师指着$生_2$）你发现左边加法算式中的加数都一样，你能具体说说吗？

$生_2$：比如 3＋3＝6 中加数都是 3，4＋4＋4＋4＋4＝20 中加数都是 4，10＋10＝20 中加数都是 10，2＋2＋2＋2＝8 中加数都是 2。

师：我们把都一样的加数叫做相同加数（指算式 3＋3＝6 中的 3，并板书：相同加数）。你们能找出其他算式中的相同加数吗？并数一数每个算式中有几个相同的加数。

$生_3$：4＋4＋4＋4＋4＝20 中的相同加数是 4，有 5 个 4；10＋10＝20 中的相同加数是 10，有 2 个 10；2＋2＋2＋2＝8 中的相同加数是 2，有 4 个 2。

师：像这样求几个相同加数的和的问题在我们的生活中随处可见，请第一组第一桌的两个小朋友起立，观察咱们班同学的座位安排是几个人一桌？

$生_4$：两个人一桌。

师：数一数：我们班有几个这样的 2？

学生数后回答："有 26 个 2。"教师要求学生用连加算法算一算全班一共有多少个同学，然后又请学生谈谈写这个算式的感受。学生都感到写这个算式实在费劲、麻烦，容易出错，教师顺势说："看来用连加方法解决这个问题的确很麻烦，数学上还有一种更简单的方法能够解决这个问题，你们想知道吗？这种好方法就是我们今天要学习的——乘法！"（板书课题）紧接着，教师通过讲解、示范，引导学生模仿，把相同数连加算式改写成乘法算式，完成对乘法的初步认识。

纵观整个教学过程，教师找准新旧知识的衔接点，让学生观察算式、解决问题，沟通了新旧知识之间的联系，克服教学的盲目性和随意性。教师利用现实情境加大问题的难度（计算 26 个 2 的和），启发学生寻找新的简单方法的学习需求，认识到学习乘法的重要性，实现认知重建。

二、关注现实起点，依据学情预设教学

所谓认知的现实起点是指学生在多种学习资源的共同作用下，实际具有的知识能力基础、活动经验基础和情感态度基础。随着时代的发展和信息渠道的拓宽，学生的学习途径越来越多，他们在课堂学习新知之前，已经不是一张“白纸”，会背公式、概念或掌握计算法则这样的现象越来越普遍。比如，学习“可能性”之前，学生借助生活经验和经历，知道有些事件是一定会发生的，有些事件是不可能发生的，有些事件只是可能发生。他们在多年的游戏活动中还知道了可能性是有大有小的。因此，仅仅考虑学生的逻辑起点是不够的，教师不能忽视更不能回避学生学习的这种现实起点，需要深入调研，了解学生，找到教材与学生实际之间的平衡点，关注并把握学生的“最近发展区”，从学生的现实起点出发，依据学情预设教学。

学生学习的现实起点与教材预设的逻辑起点不一致的现象是普遍存在的，现实起点有时低于逻辑起点，有时高于逻辑起点。学生通过校外辅导、网络学习或生活实践等所获得的知识都将成为课堂学习新知的重要影响因素，但由于受到这些学习途径与方式的限制，学生获得的仅仅是“事实性知识”或“经验性知识”，是机械的、浅层次的，多数情况下只能“知其然”，他们很难对所学内容充分理解。这主要体现在以下几个方面：已经知道了基本概念但不理解概念的本质属性与来龙去脉；已经会算，但并不知道为什么要这样算；已经掌握了知识上的基本程序，但不一定真正理解；解题思路正确，但与教材的思路不一致，或不是最优策略；对内容的理解有障碍等。所以，教师在课堂教学中，要引导学生把生活数学提升为学科数学，把数学学习引向深入，让学生求甚解、会质疑、能验证，通过课堂学习提升学科核心素养。例如，在教学“圆的周长”之前，很多学生都知道了周长公式，甚至会用公式去计算周长。面对学生已经知道“答案”的情况，教师需要追问：有多少学生知道答案？有多少学生真正理解要学习的内容？这时，教师往往会发现，绝大多数学生对这部分知识仅仅是了解而已，并没有达到教学要求中的“理解”与“掌握”，更没有“经历”与“体验”。在教学设计时，一位教师就没有像教材安排的那样直接让学生想办法测量圆的周长并找出周长与直径的关系，

而是在画圆的基础上让学生猜测圆的周长会与哪些因素有关。有的学生认为与直径有关，也有一些学生能直接提出周长是直径的3.14倍。接着教师对学生的回答提出质疑：你们的猜测对吗？你知道圆的周长是直径的3.14倍是怎么来的吗？你能验证吗？你想用什么方法验证？这样的质疑追问，既没有回避学生的已有知识，又将矛盾抛给学生，让学生经历一次探索的过程，通过自己的操作真正找到或验证周长与直径的关系。这位教师从学生的现实起点出发，关注概念本质、活动过程，关注知识形成、发展的原始动力，关注学生的数学思考与经验积累，利用思维过程中的冲突、质疑与障碍，激发学生学习的动机，使学生获得高水平的理解力，实现学科核心素养的提升。教师对学生的关注不同，所引发的后续教学活动和教育成果也是不一样的。

现行教材也注意引导教师关注学生的现实起点，依据学情预设教学，有的放矢组织教学，避免或减少无效劳动，克服学习活动的浅层性、盲目性，提高教学活动的针对性与有效性。例如，人教版修订教材三年级下册“年、月、日”，例1一开始就提出问题：“关于年、月、日，你知道些什么？”意在引导教师课堂上调查学生的认知基础，再根据现实起点组织教学。凭借生活经验，学生通常都知道一年有12个月，一个月是30天或31天，有时也有28天或29天，这是大众化的现实起点。于是，教师就没有必要安排教学年与月、月与日的关系，可直接组织学生观察若干份不同年份的年历，列表记录每月的天数，探寻大小月的规律。当然，对一年、一月、一日的时间究竟有多长，每个学生的体验是有差异的。为了把个性化认知起点转化成大众化认知起点，吴正宪老师教学本节课时设计了这样的一个环节：让学生用生活中经历的一些事情描述一年、一月、一日有多长。有的学生说“今年春节到明年再过春节就是一年”，有的说“今年我的生日再到明年我的生日就是一年”，还有的说“这个月1号到下个月1号就是一个月”“今天早上七点吃早饭到明天早上七点吃早饭就过了一日”“一天是24小时”……回味生活经历，借助生活记忆，学生对年、月、日的时间概念就有了比较明晰的认识。

有时候学生的已有经验反而会成为学习的障碍，所以，教师备课时必须认真分析学生的已有经验和思维状况，研究学生的知识与经验基础对于新知识学习的影响。例如，“厘米的认识”教学曾出现以下两个问题：一是测量时，把被测物体的左端与尺子的“0”刻度线对齐，被测物体的右端对准“10”，从0到10共有11个数，所以学生认为被测物体的长度是11厘米；二是测量时，把被测物体的左端和尺子的刻度线“1”对齐，被测物体的右端对着“11”，所以被测物体的长度是 11 厘米。出现这两个问题与学生多年来的计数思维方式密不可分。我们在计数时总是从“1”开始，而不是从“0”开始，所以学生在测量时认为被测物体的左端应该和“1”对齐。根据课堂中出现的问题，我们不难得出：学生的计数经验与思维方式产生了负迁移，成了学习的阻碍；对厘米的认识不等于对尺子的认识，学生需要建立 1 厘米和若干厘米的深刻表象。

三、 把握生成起点， 基于现状调整预案

教学是一个动态生成的过程。学生的学习起点在课堂教学实施过程中不是一成不变的，它存在于学习的各个阶段。课堂中学生出现的错误、提出的问题、产生的“意外”恰恰是学习现实起点的真实体现。例如，教学“常见的数量关系：单价、数量、总价”时，一位教师在导入之后，呈现一张超市购物宣传单，让学生说一说看到了哪些数学信息。几个学生分别做了回答：大米每袋 35 元，烧鸡每只 19 元，果冻每个 3 元，苹果每斤 6 元……这时一个学生说：“大米每袋 35 元写成 35 元/袋更简单。”教材并没有呈现单价的单位名称用复式表示，教师也没有预设，但超市中确实都是这样标注的，可见学生的生活经验在课堂中生成认知起点。于是，教师根据课堂生成，随即让学生用复式单位名称记录上面几种物品的单价，既增加了知识点，又为下节课的学习打下基础。同样是这节课，在学生理解单价、数量、总价之间有“单价×数量＝总价”的关系之后，教师呈现了一张购物小票（如图 27-1），请学生计算出几处被涂脏的数据。学生不仅算出正确的结果，还说出计算的依据是“总价÷单价＝数量”。教师就适时调整教学策略，结合具体情境，将单价、数量、总价三个数量的三个关系式全部呈现并进行沟通，在学生的头脑中形成完整的认知结构。

工号:3001 名称:收银
机号:02 单号:000217101600010

序	品名	数量	售价	小计
1	巧克力	3	6.00	
2	蛋糕		8.00	32.00
3	乐事番茄味	5		20.00

合计件数:12件 合计金额:70.00
实收:70.00
2017-10-16 11:41:48
多谢惠顾，欢迎下次光临！

图 27-1

当课堂上学生的生成起点与教学预设不一样时，有的教师习惯于回避，往往视

而不见或一带而过，固守主观意愿中的“起点”，继续按原来的教案组织教学，把学生往既定的轨道上赶，没能根据学生的现实情况做出应变或应变失当。例如，教学“倍的认识”时，一位教师出示教材主题图后，在黑板上贴出2根胡萝卜、6根红萝卜、10根白萝卜，说：“同学们请看图，说一说你发现了什么。”一位学生说：“我知道白萝卜是胡萝卜的5倍。”教师有点尴尬，轻声地说：“哦，你会用倍来表示。”第二位学生接着说：“我也知道红萝卜是胡萝卜的3倍。”教师同样没有表情地说了一句：“你也会用倍来表示。”接着教师继续按预设要求学生给各种萝卜画圈，学生每2根画一圈，6根红萝卜画了3圈。教师问：“你是怎么得到3圈的?”学生说：“我用6÷2。”面对学生的应答，教师没有给出任何评价，继续按自己的教学进程，问：“红萝卜6根，胡萝卜2根，红萝卜有几个2根?”“3个2根，就是说红萝卜的根数是胡萝卜的3倍。”我们常说“以学定教”，既然学生一开始就能用“倍”来表示两种萝卜之间的数量关系，说明学生已经通过自学或其他途径对“倍”有了初步感知，教师应该借助课堂生成信息，追问自己：学生对“倍”的概念真的理解吗？有多少学生会直接用“倍”表示两种萝卜间的数量关系？根据反馈再进行相应的教学策略调整。用除法算一个数里面有几个另一个数是原有认知，学生用除法先算结果再画圈也是一种思维方式，教师应该运用随机评价调节课堂，让课堂进程衔接流畅，而不能不闻不问。

再来看一位教师教学“分数的意义”的一个片段。教师发给学生各种学具，要求他们表示出“$\frac{1}{4}$”。几乎所有的学生都先把一个学具平均分成4份，取其中的1份，这1份就占整个学具的$\frac{1}{4}$，并且能表述这个过程。仅有一个学生与众不同，他用学具摆出了一个“$\frac{1}{4}$模型”，即将3个圆片排成一排作为分数线，1个圆片置于分数线上方作为分子，另4个圆片置于分数线下方作为分母。教师在巡视时发现了这份特殊的作品，便把这个学生叫到讲台前，非常严肃并很大声地“哼”了两声，下面的学生发出一阵笑声。学生摆出与众不同的“$\frac{1}{4}$模型”，教师应该给予鼓励，可教师采用的是“软批评”策略。通过课后访谈，我了解到是因为学生没有按照要求做，如果教师表扬这样的学生就会误导其他学生。之所以会发生这种现象，是因为教师没有意识到学生的学习起点也包含情感态度因素。这种现象在课堂教学中并不少见，归根结底在于教师对学习起点的认识存在误区：其一，认为在一节课的教学导入环节才存在学习起点的问题；其二，认为学习起点仅仅包括知识技能因素。因而，大部分教师主要关注学生的外在行为，认为学生能直接说出某些结论或会做某些题目就表明他们具备了相应的知识与技能，而忽略了这些静态知识与技能所包含的动态思维过程和解决问题的方法策略，以及学生在这些过程中所能获取的情感体验和基本经验。事实上，学生学习起点问题存在于教学的各个阶段，学习起点的内涵至少包含知识技能、数学思考、问题解决、情感态度，它与课程目标所包含的内容是一脉相承的。

学生在课堂上出现的错误和问题，是反映真实学习起点的第一手资料，教师要根据鲜活的学情，顺应学生的学习起点随机调控。如果学生的认知水平超越教学预设，教师要适当调高思维梯度，让学生在已有认知水平上“跳一跳”摘果子，跨越“最近发展区”达到新发展水平；如果原有设计的探究问题跳跃性过大，对学生的起点定得过高，教师就要及时降低教学要求，否则学生会很茫然，久而久之将挫伤学习自信心。真实的课堂应该面对学生真实的起点，展示学生真实的学习过程。课堂上教师要善于观察，及时捕捉学生暴露出来的学习现实，因学生而教，因情景而变，抓住生成点，演绎精彩。

教育心理学家奥苏伯尔说：“如果我们不得不将教育心理学还原为一条原理的话，我将会说，影响学习的最重要因素是学生已经知道了什么，我们应当根据学生原有的知识状况进行教学。”所以，教师应该基于学生的认知起点设计教学，在学生的学习起点上生长、延伸学习内容，从“最近发展区”开始促进学生积极学习思考，实现现有发展水平向可能达到、应该达到的发展水平持续迈进，课堂教学就一定会精彩无限，更加有效。

模块七

试题编制研究

教育评价是学校教育的重要组成部分，是当前教育改革研究的重要课题。多元化的社会必然需要多样化的教育评价方式，但任何教育评价方式都离不开试题编制。试题编制是教育测量评价的重要保证，是决定检测成败的关键。试题是教育测量评价的量尺，编制试题则是对量尺的制作和设计。一种检测，能否真正达到预期目的，测到所要测量的特质，主要取决于量尺是否准确，取决于试题是否具有代表性、能否诱发出我们想测量的行为表现。同时，试题编制的动向直接制约着教师教学的发展方向，影响着师生努力的侧重点，特别是目前学科教育普遍采用的纸笔测试评价方式，其命题的价值和作用就更加凸显。怎样让一份学科试卷体现学科课程理念、课标精神、课程目标，客观、准确地检测出学生的学科素养，发挥试题的应有功能和导向作用，是每位教师需要长期实践与研究的内容，也是教师必备的专业素养与基本功。本模块就数学试题的编制策略进行以案说理的阐述与引领，为广大教师提供正确的导向。

专题 28

核心素养下数学试卷编制的实践与思考

《义务教育数学课程标准（2011 年版）》指出："书面测验是考查学生课程目标达成状况的重要方式，合理地设计和实施书面测验有助于全面考查学生的数学学业成就，及时反馈教学成效，不断提高教学质量。"这是自二十世纪九十年代中期取消"小升初"考试之后官方第一次给小学书面测验返本正源，肯定了书面测验在小学阶段学业评价的地位与作用。虽然对学生学业评价的方式有很多，但书面测验仍然是最主要的方式，长期以来一直受到教师、学生、家长的重视。所以，编制试卷也成了教学工作的重要组成部分。

一、 试题编制：体现"十性"

（一）关注内容的现实性与应用性

《义务教育数学课程标准（2011 年版）》提出："课程内容的选择要贴近学生的实际，有利于学生体验与理解、思考与探索。""教材所选择的素材应尽量来源于自然、社会中的现象和问题。"为了切实落实新课标理念，教师构建教学内容时，要尽量选择贴近学生生活的学习素材，引导学生认识到现实生活中蕴含大量的数学信息，数学在现实世界中有着广泛的应用。因此，编制试题时，命题者应尽可能挖掘学生身边的数学素材，选择贴近学生生活、富有时代特征与地方特色的内容作为试题素材，考查学生运用数学知识解决现实生活问题的能力，让学生感受数学与生活的密切联系，认识数学在现实生活中的应用价值，提高学习数学的积极性和主动性。

我们来看下面几道2008年莆田市城厢区小学毕业会考的试题：

1. 阅读材料并作答。

截至2008年6月11日，四川汶川大地震已造成69146人遇难，17516人失踪，374131人受伤。抢险救灾人员已累计解救和转移灾民139.0833万人。全国共接受国内外社会各界捐赠款物累计44574000000元。

（1）横线上的数读作（　　）。

（2）波浪线上的数省略“亿”后面的尾数，应记作（　　）亿元。

（3）看了材料，你最想说的一句话是____________________。

2. 6月21日是农历二十四节气中的夏至，它是一年中白昼最长、黑夜最短的一天。这一天，莆田的白昼时间与黑夜时间的比约是5∶3。白昼约是（　　）小时，黑夜时间占全天的（　　）%。

3. 下面是亮亮的爷爷、奶奶、爸爸、妈妈四人的身份证号码，你认为亮亮的妈妈的身份证号码应该是（　　）。

A. 350302194008230013　　B. 350302196803160032

C. 350302194501080065　　D. 350302196805250021

我从当时学生关注的社会热点、身边熟悉的人与事等生活问题中，捕捉有价值的数学信息编制成试题，使数学试题焕发出浓郁的时代气息和地域特性，将对数学知识与技能的检测置于丰富的现实情境中，变考试为解决生活中的问题，较好地体现了数学知识的现实性和应用性。

命题者只要留心现实生活，注意把生活数学提炼成学科数学，做到试题内容的现实性与应用性相结合并不难。再看下面两道试题：

1. 介绍一下自己：我出生于（　　）年，这一年的二月有（　　）天，我的身高约为（　　），体重约为（　　），我的卧室面积约为（　　），我喝水的杯子容积约为（　　）。

2. 中央电视台晚上7时新闻联播开始，用24时计时法表示是（　　）。

A. 7∶00　　B. 19∶00　　C. 晚上7∶00　　D. 19小时

这里我所讲的现实性和应用性要符合当今社会现实，它与数学生活化是两个既有联系又有区别的概念。例如，某区2014年小学毕业考试卷有这样一道题：“李兰有5000元存款，定期两年，年利率为4.24%，利息税为5%，到时她将利息取出给班级图书角买课外书。李兰将用多少元买课外书?”这道题的数量关系与结构都没有问题，从表面上看挺有生活味的，但事实上国家从2008年10月9日起就已取消利息税，显然该试题素材脱离了社会现实。

（二）把握试题的严谨性和合理性

数学试题是考查学生数学知识与学科核心素养的载体。作为数学学业考试，教师编制的每道试题都应该有明确的考查目的。编制试题时，必须做到整体结构科学、严谨，素材背景合理、可信，语言表述准确、规范。试题内容的背景应尽量少用学生难以理解的情境，遣词造句应尽量符合各年龄段学生的阅读水平，少用一些生僻或模棱两可的词语，避免因文字阅读困难或产生歧义而给学生造成解题障碍。

例如，“△△□☆★△△□☆★△△□☆★……左起第33个是（ ）；其他三种图形一共是18个时，△至少是（ ）个。”这道题是城厢区某次小学毕业会考的试题，当时的错误率相当高，第1格填空的正确率尚可，第2格错得就非常多了，正确率只有百分之十几。事后我反复思量，发现第二句的表述超出了大部分小学生的阅读理解水平。如果把第二个问题的表述改为“□☆★三种图形一共是18个时，△至少是（ ）个”，那么正确率应该会高很多。

数学试题的结构、知识内涵应该符合数学的概念和原理，情境素材必须符合当时的社会现实背景，不能出现常识性、科学性的错误。例如下面两道题：

1. 玲玲的爸爸每月可领到的工资是5500元，按规定扣除3500元后，剩下的按3%的税率缴纳个人所得税。他应纳税多少元?

2. 王刚哥哥上午以每股5.13元的价格购进某种股票5000股，下午他以每股5.85元的价格出售。王刚哥哥在这次股票交易中净赚多少元?

以上两道题从纯数学的角度来看，其结构、数量关系没有什么问题。按照命题者的意图，学生一般会顺利列出算式（5500－3500）×3%和（5.85－5.13）×5000。其实，这两道题都出现了常识性的错误。第1题中应纳税所得额是2000元，并不是全部按3%的税率缴纳所得税，其中超过1500元的部分应按10%的税率纳税。就是说，本题必须分段计算所得税，或用速算扣除法，列式为2000×10%−105，可这又不符合小学生的认知水平。第2题有关股票交易问题，出现两个常识性错误：一是购进的股票不能在当天出售；二是投资者在股票交易中还需缴纳印花税等费用，所以“净赚”一词运用不恰当。

把握试题的合理性，还要根据考查的知识范围、目标要求、答题时间等因素，综合考虑，在整份试卷中体现广度、把握难度、控制题量等。例如，下面这道试题：

星期天，少先队员去看望贫困老人，中队长小明带了36元钱到水果店买慰问品。已知每千克水果的价格如下表，请按要求帮小明设计两种不同的购买方案：①至少买三种水果；②36元必须用完。

水果品种	香蕉	苹果	梨	柑	桃
单价（元/千克）	2.40	4.20	4.00	3.80	2.60

这是一道开放题，命题者的意图应该是要求学生按“（　　）×（　　）+（　　）×（　　）+（　　）×（　　）=36”的模型来推算。学生要经过多次尝试与猜测才能得到精确值，大部分学生要花十多分钟的时间才能完成两种方案的设计。当时整份试卷的答题时间是60分钟，这样学生花在这道题上的时间所占的比例就太大了。当然，学生也可能凭借生活经验与直觉，不根据单价算出各种水果的数量，而是直接回答三种水果各买多少元，如苹果、梨、香蕉各买12元。但是这样的解题策略显然不符合命题者的原意，何况仅有极个别学生会想到这样的方法。不可否认，这道题如果放在课堂上或课外让学生展开讨论，确实是好题，但放在要全面考查学生小学阶段知识和能力的毕业会考中，就达不到应有的效果了。因此，好题并不一定都是好试题，也就是说好题并非都能作为阶段学业测试题。

（三）重视解题的过程性与实践性

《义务教育数学课程标准（2011年版）》指出：“在书面测验中，积极探索可以考查学生学习过程的试题，了解学生的学习过程。”新课程强调对学生学业评价不仅要重视知识与技能的考查，关注学习的结果，还要关注学生的学习过程，让学生通过探索、猜想、推理、操作等解决问题。因此，教师在编制试题时应增加一些在求解过程中，体现解决问题活动性、过程性的试题，即重视对过程性和实践性知识的考查，让学科核心素养落地。

我们来看一道试题：

图 28-1 是学校附近的部分街道图，请认真观察，再按要求作答。

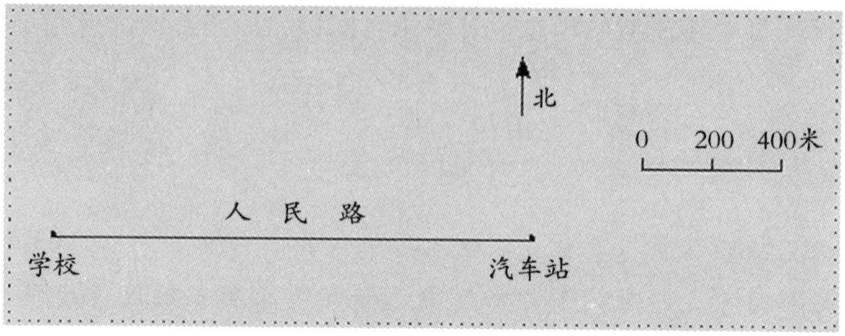

图 28-1

（1）量一量：学校到汽车站的图上距离是（　　）厘米。（取整数）

（2）算一算：根据比例尺，算出学校到汽车站的实际距离是（　　）米。

（3）画一画：①书店在学校东偏北 40°方向 600 米处。请画出学校到书店的图上距离，并用“•”在图中表示出书店所在的位置。②书店门口有一条商业街与人民路垂直，在图中画线表示商业街。

加强培养学生的动手实践操作能力是数学课程标准的重要要求，是学科核心素养的重要内容。让学生通过测量、画图等动手实践活动解决问题，既是考查学生学习过程的重要方式，也是学生积累数学活动经验的重要途径。上面这道试题要求学生经历测量、画指定度数角、画定长、画垂线等一系列操作实践活动，能够较好地考查学生的动手操作能力。

我们再来看下面两道试题：

1. 如图 28-2，在两条平行线上取三点，连接成三角形 ABC。

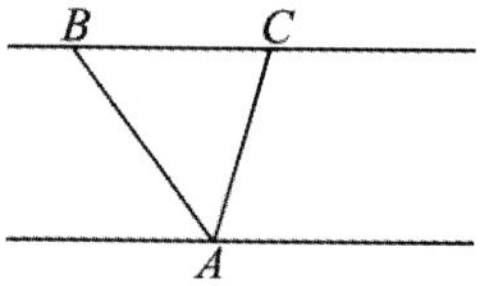

图 28-2

（1）画出三角形 ABC 任意一边上的高。

（2）在两条平行线之间画一个和三角形 ABC 等底等高的平行四边形。

（3）测量有关数据，计算出三角形 ABC 的面积。

2. 在方格纸（每个小方格都是边长为 1 厘米的小正方形）上画一个周长 12 厘米的长方形，并计算出所画长方形的面积。

学生解答第 1 题需要经历动手画高、画平行线、测量长度等操作活动；解答第 2 题则必须先根据长方形周长的计算方法，推算出长与宽，不同学生推算出的长和宽可能是不同的。这样的数学试题有利于加强对学生观察、操作、探究等数学活动过程的测验，有利于引导教师重视知识的过程性教学和学生动手实践能力的培养，落实学科核心素养。

(四) 增添问题的开放性与思考性

设计一些具有现实背景的开放性问题和探索规律的问题，使每个学生都能就其中的一些问题给出自己的想法，获得成功的体验，是数学课程标准的重要理念。根据课程标准编写的数学教材改变了传统标准式的问题结构和呈现方式，往往给学生提供一些信息多余、问题开放、答案不唯一的数学问题。这类数学问题为学生创设了富有挑战性和开放性的问题情境，提供了多样化与个性化解决问题的空间。所以，命题者在编制数学试题时，要充分体现新课程理念，适度增添问题的开放性与思考性。

例如，“学校要在一块边长 30 米的正方形空地上修建花圃，种植花草的面积是整块空地面积的一半。请你设计一个实用、美观的建造方案。”这是一道典型的数学开放题，它融阅读理解、面积计算、图案设计为一体，具有很强的趣味性、应用性和创造性且渗透了数学美学思想。

我们再来看下面两道试题：

1. 要制作一个无盖圆柱形水桶，有以下几种型号的铁皮（单位：分米）可以供搭配选择。

（1）你选择的材料是（　　）号和（　　）号。

（2）你选择的材料制成水桶的容积是多少升？

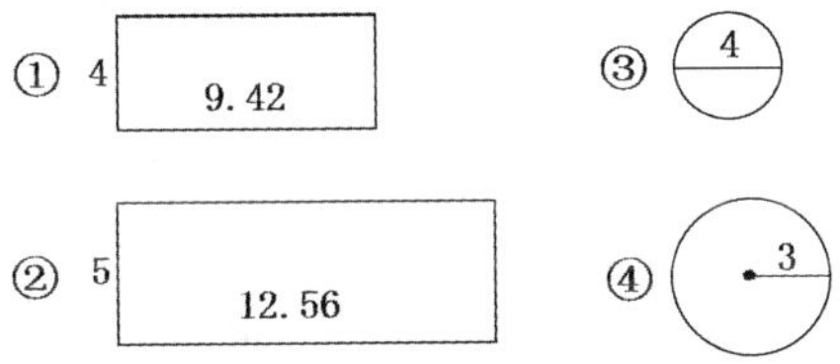

2. 张老师为家人买了 3 件礼物，其中最便宜的一件是 15 元，最贵的一件是 26 元。估一估，这 3 件礼物的总价大约是（　　）。

A. 50～70 元　　　　B. 50～60 元

C. 40～60 元　　　　D. 40～50 元

第 1 题要综合运用圆和圆柱的特征、圆周长计算方法等知识，分析信息，选择信息，解决问题。学生在解决这类具有生活原型的开放性问题时，需要经历计算、判断、推理等探索过程，它凸显的是数学思考而非解题技巧，这对培养学生综合运用知识的能力、创新意识、实践能力等学科核心素养具有很高的价值。对于第 2 题，学生要考虑购买 3 件礼物的各种不同可能性，最少要花多少钱，最多又要花多少钱，再综合判断应该在哪个范围内，这样的开放性试题有利于考查学生思维的全面性、深刻性，富有一定的挑战性与思考性。当然，试题开放要适度，要让大多数学生“跳一跳能摘到果子”，获得探索成功的体验，否则会适得其反、弄巧成拙。

根据课程标准编写的数学教材还经常呈现信息多余的问题情境，训练学生学会筛选有价值的数学信息，命题时同样可以设计此类形式的试题，考查学生选择有用信息的能力。例如，“一杯约 250 mL 的鲜牛奶大约含有 $\frac{3}{10}$ g 的钙质，占一个成年人一天所需钙质的 $\frac{3}{8}$。一个成年人一天大约需要多少钙质?”这是城厢区某次六年级上学期期末的试题，它来源于教材习题，可结果错误率不低。后来我又连续两次把这道题作为考题，情况也没有多大改变，正确率仍然不高。我为什么要这样做呢？前面讲了试题具有导向作用，让学生学会选择有用的信息解决问题是新课程的重要理念，我就是要引导教师在教学过程中把这个理念落到实处。

（五）增加试卷的童趣性与文化性

传统的教育评价强调甄别与选拔功能，考查学生知识与技能的掌握程度往往成为考试的唯一目的。试卷与试题设置程式化、标准化，卷面设计严肃呆板，缺少情趣，考试时学生兴趣索然，心理压力加重，容易产生紧张感。因此，命题时要关注学生考试时的心理体验，试题呈现形式要多样化，版面设计既要科学合理，又要图文并茂，富有人文韵味和童趣。整份试卷应力求给学生润物细无声的人性呼唤，给原本严肃枯燥、抽象严谨的数学注入文化色彩，把原本单调的试卷与考试变成学生与试题富有情趣的对话。教师可以在试卷中增加关爱、激励的提示寄语，例如可以在卷首写上一段温馨的话：“亲爱的同学：祝贺你完成了××阶段的学习，现在是展示学习成果的时候，请认真思考，细心作答，相信自己是最棒的，成功的武器就是你的笔尖。”还可以在每道大题（每个试题模块）前用人物或卡通对话的形式设置提示语或激励语。例如，在计算题前写上“相信你会算得又对又快”或“认真看题，精准计算”，在选择题前写上“仔细对比，慎重选择”或“先分析，再选择”等。这些富有亲和力的语句，会令学生感受到来自老师的关爱，消除考试带来的紧张感和试卷带来的冷漠感，减轻考试时的心理压力，让学生的思维始终处于兴奋状态，变考试为富有情趣的智慧之旅。当然，试卷中的试题情境要简单，内容表述要简练，寄语、提示语要简洁，文化味不能冲淡数学味，更不能分散学生的注意力，干扰学生的解题思路。

数学是人类文化的重要组成部分，试题要富有文化韵味，让学生在考试中感受数学文化的源远流长。（具体可阅读专题 29《基于教材的数学试题编制策略》的部分案例）

《义务教育数学课程标准（2011 年版）》指出："数学的许多内容与其他学科知识有着密切的联系，随着学生学习的深入，其他学科的知识也就成为学生的'现实'，教材在选择数学学习素材时应当予以关注。"新课程倡导学科之间的交叉与整合，编制试题时可以适量地将其他学科的知识有机地融于数学试题之中，发挥学科间相互渗透、优势互补的作用，扩大学生的知识视野，提高综合思考能力，体现学科整合的课程理念。例如下面几道题：

1. 下面节日同在大月的一组是（　　）。

A. 儿童节、劳动节　　B. 元旦、国庆节

C. 教师节、建军节　　D. 妇女节、清明节

2. 电脑的存储容量分别用 KB、MB、GB 来计算。已知：1 GB＝1024 MB，1 MB＝1024 KB，那么 1 GB＝（　　）。

A. 1024 KB　　B. 2048 KB

C. 1048576 KB　　D. 1048578 KB

3. 把 384401、−183、46 亿、$\frac{1}{6}$填入下面相应的括号里。

月球约在（　　）年前就已形成，它与地球的平均距离约为（　　）km；月球的昼夜温度差别很大，白天温度可达 150 ℃，夜晚则降到（　　）℃；月球的引力仅相当于地球引力的（　　）。

二、 试卷效度：把握"五度"

一份好试卷不是好试题的简单拼装组合，教师还应该根据每次考查的知识范围、考试时间等因素把握好整份试卷的几个"度"。

（一）广度

所谓广度，就是试题涉及知识点的覆盖面。根据考查知识内容的范围，

整份试卷的试题要尽可能覆盖所有的知识点。特别是单元试卷，一个单元的知识点一般不会太多，容易覆盖到，同时单元考查的主要目的是查缺找漏，发现学生的知识技能缺陷，及时补救。即使是期末考试或毕业考试，虽然考查的知识内容比较多，但各个知识领域的重点内容也不能缺漏。例如，有一年城厢区小学毕业会考命题，我在平衡知识点的时候，发现原有整份试卷的试题没有涉及轴对称、按比例分配、圆锥体积等知识点，于是，为了弥补试卷知识点覆盖面的不足，我将其中的一道试题调整如下：

下列说法错误的是（　　）。

A. 圆形、长方形、正方形、正三角形都是轴对称图形，且都不止一条对称轴。

B. 书的总册数一定，每包的册数和包数成反比例。

C. 一个三角形的三个内角度数的比是 5∶3∶3，它是一个锐角等腰三角形。

D. 圆锥的高是圆柱的高的 3 倍，它们的体积一定相等。

（二）深度

所谓深度，就是试题的难度要适合大部分学生的实际水平。命题要根据数学课程标准的学习目标要求来确定难度：若试题太容易，则不能达到考查目的，失去考查价值；若试题难度超出课程标准，则大部分学生不能解答，无法获得成功的体验。

（三）梯度

所谓梯度，就是一份试卷的试题要富有层次性。整份试卷除了考虑试题的呈现形式外，更要体现试题的难易层次与区分度。基本题要占大部分，变式题、综合题要少而精。按照目前小学教育评价的实际情况要求，难度梯度一般是按 8∶1∶1 来确定的，就是说基本题占 80%，变式题与综合题各占 10%。小学试卷的难度梯度最多只能按 7∶2∶1 来要求。在小学阶段，通常情况下，一份试卷的平均得分控制在低年级 90—95 分，中年级 85—90 分，高年级 80—85 分。此外，一份试卷中每个模块的试题要按照先易后难的原则编制。

（四）量度

所谓量度，就是试卷的题量要适中。教师要根据考试的时间要求，安排适量的试题，保证大多数学生能在规定的时间内完成所有试题，且有适当的时间检查解题情况。通常情况下，小学期末考试的答题时间安排是一、二年级 60 分钟，三、四年级 70 分钟，五、六年级 80 分钟；单元考试的时间会更短，最好是在一节课内完成，免得影响课程安排。

（五）信度

所谓信度，就是试题的可信度，指命题的科学性原则，也就是前面讲到的试题的严谨性和合理性问题，不要出似是而非、有争议的题目。

广度、深度、梯度、量度、信度把握好了，整份试卷自然就有效度了，可以说广度、深度、梯度、量度、信度是试卷效度的具体化。教师作为试题的编制者，既要有较高的专业素养，又要有开阔的知识视野、深厚的文化底蕴；既要用数学的眼光和思维去观察社会、思考生活，又要把丰富多彩的生活转化成学科数学，使之成为学生喜欢的数学试题内容。教师既要善于积累，建立数学命题素材资源库，也要善于思考，大胆创新试题的形式，综合考虑整份试卷的效度。

专题 29

基于教材的数学试题编制策略

教育评价是学校教育的重要组成部分，是当前教育改革研究的重要课题。多元化的社会必然需要多样化的教育评价方式，但任何教育评价方式都离不开试题编制，即命题，特别是目前学科普遍采用的纸笔测试评价方式，其命题的价值和作用就更加凸显。怎样让一份学科试卷体现学科课程理念、课标精神，客观、准确地检测出学生的学科素养，发挥试题的应有功能和导向作用，是每位教师需要长期实践与研究的课题，也是教师必备的专业素养与基本功。

一、 基于教材编制试题研究的现实意义

《义务教育数学课程标准（2011 年版）》指出："评价的主要目的是全面了解学生数学学习的过程和结果，激励学生学习和改进教师教学。评价应以课程目标和课程内容为依据，体现数学课程的基本理念……"数学课程标准规定了数学的课程性质、课程理念、课程目标、课程内容、课程实施等，是学校数学教育的纲领性、指导性文件。教材依据课程标准编写，并经过全国教材审查委员会严格审核，是课程标准的具体化，是落实课程理念、实现课程目标的主要载体。与其他课程资源相比，教材具有相当强的特殊性，在很大程度上反映国家意志，代表国家对学科教育的基本要求，是政策性很强的课程资源。因此，从教学工作的角度讲，教材是教师教学的最基本、最主要的课程资源，对教材的使用情况是教学评价的主要依据。

数学教材为学生的数学学习活动精心编排了知识内容、知识结构和基本

线索。学好教材内容对学生的发展具有基础性和导向性的价值与作用。因此，从学生学习的角度讲，教材是学生学习的主要客体。教师课堂教学的核心任务是解决教材与学生间的矛盾。对普通教师来讲，没有教材或不依赖教材的课堂，会失去教学方向，就无法保证课堂质量。以教材为本，用好教材，把教材内容教好，把教材问题解决好，把教材任务落实好，是实现课程目标的基础性工作。

基于以上认识，我认为教学评价命题必须基于教材，以教材为本，用好用活教材的现成资源，通过试题指挥棒引导教师落实课程理念，实现课程目标，减轻学生的课业负担。

二、 基于教材的数学试题编制策略

基于教材命题，教师必须认真研读教材，深刻理解教材，熟悉每册教材每个章节的知识内容、目标要求、编排特点，了解学生的学习情况。在此基础上，教师着重从以下几个方面编制试题。

（一）基于教材概念事实编制试题

数学是一门系统性、逻辑性很强的学科，概念是数学的基本内容和基础性知识。理解、掌握数学概念是深入学习相关数学知识的基础，直接影响后续数学学习、数学思考以及思维发展。对概念性知识理解和掌握情况的考查是教学评价的重要内容，概念性知识的规范性、严谨性决定试题的编制要基于教材、源于教材。

例如，城厢区 2016—2017 学年四年级上学期期末试卷有下列三道判断题：①所有的自然数都是整数，最小的自然数是 1，没有最大的自然数。②将圆平均分成 360 份，人们把其中 1 份所对的角作为角的单位。③平行四边形的四条边确定了，它的形状也就确定了。这几道题分别源于人教版修订教材四年级上册第 17 页“自然数的认识”、第 40 页“角的单位的认识”、第 65 页“平行四边形的认识”的相关概念。试题编制时，教师甚至连教材中的语言表述方式都没有改变，可见考查的知识点、目的性相当明确。

现行教材呈现学习内容的形式活泼多样、图文并茂，注重问题情境和学习的过程性。纸笔测试受试卷版面、考试时间等因素限制，试题的题干相对简洁、清晰。因此，编制概念性知识试题有时需要对教材内容进行必要的提炼。例如，为了考查学生对平行四边形面积公式的理解，我们对人教版修订教材五年级上册第 88 页的内容进行适当的整理简化，编制成如下试题：

图 29-1 是平行四边形面积公式推导的过程，它用到（　　　　）的数学思想方法；平行四边形沿高剪拼成一个长方形后，它的底和长方形的（　　　　）相等，高和长方形的（　　　　）相等，所以，平行四边形的面积＝(　　　　）。

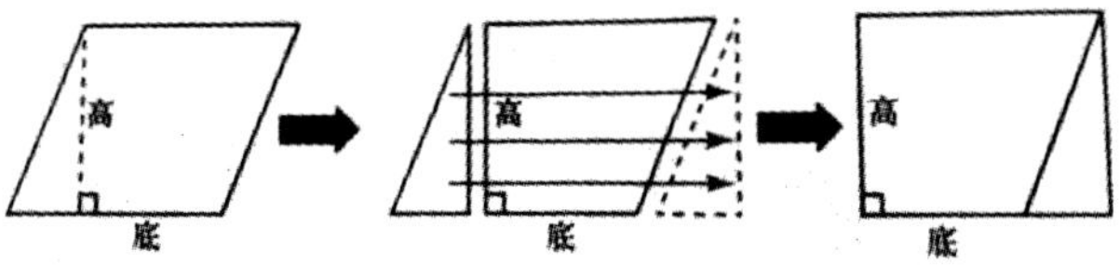

图 29-1

数学是人类文化的重要组成部分，依据课标编写的各版本教材都有机融合了数学故事、数学史料等内容，所以，设计试题时，教师有必要依据教材把这些内容列入命题的范畴。例如，下面这几道题：

1. 外国人把“算盘”称为中国的第五大发明，算盘的 1 颗上珠表示（　　　　），1 颗下珠表示（　　　　）。

2. 下面几个记数符号都是古时候人们表示 4 的数字符号，其中（　　　　）是中国数字。

A. 　　　　B. ||||　　　　C. Ⅳ

3. 我国古代数学名著《九章算术》中，在求底面是正方形的长方体体积时，是这样说的：“方自乘，以高乘之即积尺。”就是说先用（　　　　）乘（　　　　）得到（　　　　），再乘（　　　　）就得到长方体的体积。

上述第 1、2 题分别基于人教版修订教材四年级上册第 24 页“算盘的认识”和第 16 页“数的产生”两则数学史料，第 3 题则源于五年级下册第 35 页的阅读资料。设计这样的内容作为考题，既有利于促使教师平时全面执行教材内容，完成教学任务，又增添了试题内容的文化性。

根据小学生的年龄特征和认知规律，小学数学教材概念的呈现方式通常有定义与描述两种。有些数学概念的认识和表述是有阶段性的，教师要准确把握数学课程标准对每个数学概念在不同阶段的目标要求，合理确定概念性知识试题的难易度。

（二）基于教材例题内容编制试题

数学教材的每个章节每项课程内容一般以例题的形式呈现，以此作为教师教和学生学的主要客体。每道例题背后都承载着特定的任务和目标。可以说，例题是数学课程内容的主要载体和呈现方式，是数学教材最核心的内容，教师的教学重点基本上是围绕例题知识内容和相应的目标要求来展开的，因此，教材例题内容应该成为设计试题的重要素材来源。

例如，画长方形是学生必备的基本技能，也是画其他图形必须具备的活动经验和认知基础，人教版修订教材四年级上册第 60 页新增了这项学习内容的例题。基于此，我在城厢区 2016—2017 学年四年级上学期期末试卷中就设计一道操作题：“画一个长 4 厘米，宽 3 厘米的长方形。”（此题也是第 60 页“做一做”的原题。）

有些教师担心用教材例题作为考题可能会误导部分学生死记硬背例题，造成教师重复训练，学生机械学习。这个担心有道理但没必要，教师在编制试题时可以基于例题原型进行适当的改编。例如，为了考查学生借助几何直观理解“求比一个数多几的数是多少”的数量关系，期末考试时，我把教材二年级上册第 23 页例 4 进行了改编：“一班得了 12 面小红旗，二班比一班多得 3 面。二班得了多少面？（先把题中的条件和问题用你喜欢的图画出来，再解答。）”将例题原题添加一个附加要求，既能考查学生画图表达数量关系的能力和解决问题的过程性，又能避免学生死记硬背，引导教师日常教学要多关注过程，注意学生数学素养的培养。同样的，我把该册教材第 84 页例 5 进行改编，设计成期末试卷的最后一道试题：“二（1）班准备租车参观科技馆。有 2 名教师和 32 名学生，租下面的客车（座位示意图如图 29-2），坐得下吗？（用两种不同的方法解答。）”这样的试题设计既源于教材又活用教材，让教材真正成为教师教与学生学的最主要资源。

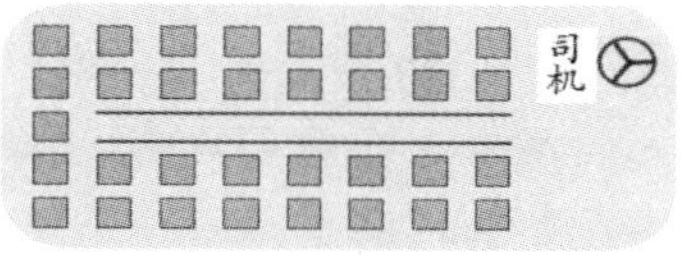

图 29-2

再如，人教版修订教材六年级上册第 69 页例 3 是一道综合运用圆的面积公式和正方形的面积公式解决中国传统建筑中常见的“外方内圆”和“外圆内方”的实际问题，它具有综合性、规律性、文化性。根据这道例题，我先后改编成下面的两道试题：

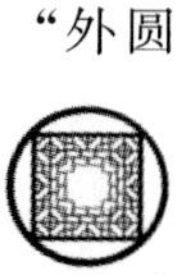
图 29-3

1. 李刚叔叔家的屏风有一个“外圆内方”的图案（如图 29-3）。其中圆的直径是 2 米，正方形和圆之间部分的面积是（　　　　）。

图 29-4

2. 王大伯家的屏风有一个“外方内圆”的图案（如图 29-4）。外正方形的边长是 2 米，圆的面积是正方形面积的（　　　　）%。

编制这样的试题，既能让学生体验数学与生活的密切联系，又能诱导教师关注教材例题课程资源的挖掘。

根据新课标编写的各版本教材都有一定的弹性要求，力求为教与学留下必要的探究和发展空间。这些“弹性空间”给教师的教学带来了一定的挑战，给学生的学习留下了自主创造的空间，成为发展学生学科核心素养的一个重要途径。教学评价应把教材的这些内容要求列入考查范畴，把教师的教学引导到对例题资源与本质内涵的深度挖掘上。

图 29-5

例如，人教版修订教材五年级上册第 74 页例 2（如图 29-5）在列出一种方程式解答之后，小精灵问：“你是怎样列方程的?”教材设计这个问题，就是要引导学生根据题中的条件找出除“黑色皮的块数×2－4＝白色皮的块数”之外的等量关系式，并列方程解答。基于这样的认识，我编制了这样一道试题：

足球上的白色皮有 20 块，比黑色皮的 2 倍少 4 块，黑色皮有 x 块。下列方程式错误的是（　　　）。

A. $2x-4=20$　　B. $2x-20=4$　　C. $20-2x=4$　　D. $2x=20+4$

当时学生答题的错误率挺高，一所城区名校的得分率仅为 68%，其他学校可想而知。可见，教师日常对例题的资源利用、内涵挖掘还很有限，学生并没有完全内化例题。

（三）依据教材习题内容编制试题

学生对数学基础知识的理解、基本技能的掌握、基本思想的感悟、基本活动经验的积累需要进行一定量的练习。现行各版本教材配置的各种习题（包括“做一做”“试一试”“练一练”等）占据了教材过半的篇幅，是教材内容的最大组成部分。这些层次不同、形式多样的习题源于编者针对教学内容有目的的设置，是精挑细选、反复推敲并经实践检验的精品习题，是高品质的课程资源，当然也是教学评价试题素材的主要来源。依据教材习题内容编制试题，我们可以从以下几个方面考虑：

1. 直接将教材习题原题作为试题。

教材选编的习题内容丰富，形式多样，针对性、目的性、层次性和思考性都很强，是编制试题的主要素材库，我们当然可以把教材提供的习题直接作为试题。例如，人教版修订教材六年级上册第 93 页第 13 题：“某品牌的数码相机进行促销活动，降价 8%。在此基础上，商场又返还售价 5%的现金。此时买这个品牌的数码相机，相当于降价百分之多少？”第 79 页第 7 题：“如图 29-6，一台压路机的前轮直径是1.7 m，如果前轮每分钟转动 6 周，压路机 10 分钟前进多远？”这些习题语句简洁凝练，知识点明朗，富有思考性，我们曾经直接将其设计成试题。

图 29-6

当然，依据教材习题内容编制试题，更多的是在保留教材习题本真的前提下，将原题进行适当的改编，使之成为随编随新的试题。

2. 适当改变教材习题的呈现形式。

习题的呈现形式多样、结构开放是修订教材的一个亮点。教材往往根据例题内容、例题目的来设计习题的呈现形式。一份好试卷同样要将计算、填空、判断、选择、操作等形式相结合，并且可以根据考查要求、版面设计、题型安排等因素，适当改变教材习题的呈现形式。例如，人教版修订教材四年级上册第 32 页第 7 题可改编成如下的试题：

认真观察下面几道题，式子（　　　　）适合用计算器计算，（　　　　）适合用笔算。（有几个答案就选几个）

A. 222222222÷9　　　　B. 999－899＋900＋333＋222

C. 27×24＋321－165＋456　　D. 1＋2＋3＋4＋5＋95＋96＋97＋98＋99

将第 51 页“做一做”第 2 题（如图 29-7）改编为：“一个长方形绿地的宽是 8 米，面积是 200 平方米。扩建后，长不变，宽增加到 24 米。扩建后的绿地面积是（　　　　）平方米。”

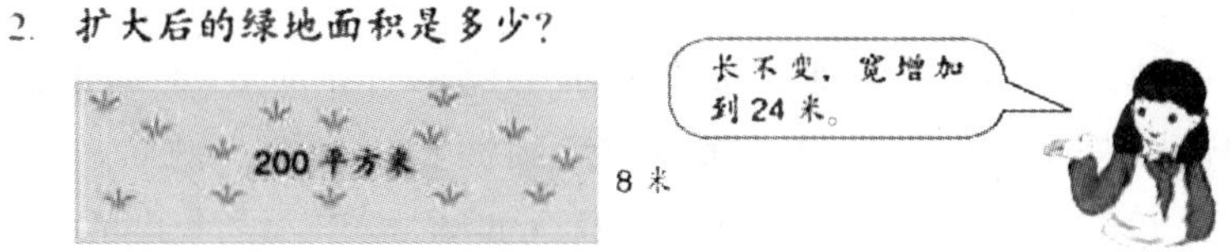

图 29-7

编制试题时，教师还可以改变习题的结构呈现形式。例如，六年级上册第49页“做一做”第1题：“小敏和小亮在文具店买同样的练习本。小敏买了6本，共花了1.8元。小亮买了8本，共花了2.4元。小敏和小亮买的练习本数之比是（　　）：（　　），比值是（　　）；花的钱数之比是（　　）：（　　），比值是（　　）。”这是一道答案唯一的形成性基本练习题，期末考试时我把它改编成如下的开放性试题：

请你根据信息“小敏和小亮在文具店买同样的练习本。小敏买了6本，共花了1.8元。小亮买了8本，共花了2.4元”，寻找合适的量，写出两个比，并求出比值。

①________之比是（　　）：（　　），比值是（　　）；

②________之比是（　　）：（　　），比值是（　　）。

3. 适当改变教材习题的内容要求。

教材习题是根据不同阶段教学目标要求有针对性配置的，但相同的习题内容在不同的学习阶段可以有不同的要求。同时，我国幅员辽阔，地域差异大，教材习题选用的素材内容不可能满足每个教学个案的实际情况，加上一套教材往往要使用若干年后才可能再修订，因此，依据教材习题内容编制试题时，可适当地改变教材习题的内容要求或素材。例如，人教版修订教材六年级上册第61页第9题是针对“圆的认识”教学配置的，主要目的是让学生通过观察图形明白圆的直径与长方形长、宽的关系。在城厢区2017—2018学年上学期期末考试中，我将这道习题改编成：“有一块长8 dm的长方形钢板，用激光切割机切割出两个圆形（如图29-8），剩下部分的面积是多少平方分米？”这样的改编让问题更有情境性，不仅考查了图中圆的直径与长方形长、宽的关系，还检测了圆面积公式、组合图形面积计算等能力。

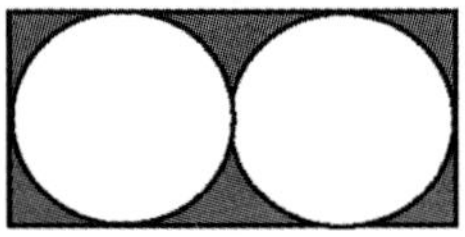

图 29-8

4. 适当拓展教材习题的延伸空间。

教材中的很多习题存在可拓展延伸的空间，教师在组织学生做教材习题时，可以在学生的“最近发展区”通过一题多解、一题多变、一题多问等形式，拓展延伸习题的空间，提高练习效度，训练数学思考的多向性。教师设计试题时可以在不超出数学课程标准要求的前提下，对教材习题进行适当的拓展延伸，以考查学生思维的全面性、广阔性和深刻性。例如，我根据人教版实验教材五年级上册第39页“做一做”（如图29-9）设计了如下一道试题：

图 29-9

“小明从正面看到桌上两个物体的形状是○和□，这两个物体可能是（　　）和（　　），或（　　）和（　　），或（　　）和（　　）。”一道源于教材看似简单的试题，综合考查了学生的想象力、搭配能力、数学思维等素养。再如，城厢区 2016—2017 学年四年级上学期期末试卷的最后一道题也是源于对修订教材第 93 页第 9 题的改编拓展：

图 29-10 是同一种盒装面巾纸的价钱。一家餐馆要买 37 盒这种面巾纸。请你设计两种购买方案，其中一种是最省钱的，并算出至少要用多少钱。

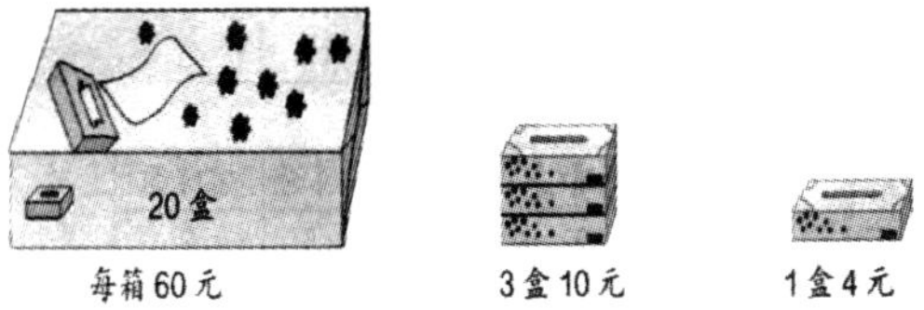

图 29-10

5. **适当降低教材习题的难度要求。**

一份好试卷需要命题者较好地综合把握试题的难易度，考虑测试结果的合格率、优秀率。教材中有些习题的题型、素材可能都相当不错，涉及的知识点又正好是教师想要考查的内容，但难度可能太大，这时候可以适当降低教材习题的难度要求，编制源于教材习题难度适中的试题。例如，人教版修订教材三年级上册第 107 页第 6 题（如图 29-11）。问题（1）涉及的子集是小学比较少见的内容，学生不容易理解与掌握，期末考试没有必要将其作为一个知识点来考查，所以我把它改编为：“三位同学写带有‘春’字的成语，小刚写出了 15 个，小佳写出了 8 个，小红写出了 10 个。小红写出的成语中有 5 个小刚也写出来了，小刚和小红一共写出（　　）个不同的成语。”改编后的试题不但降低了试题难度要求，还变成一道信息多余的题目。

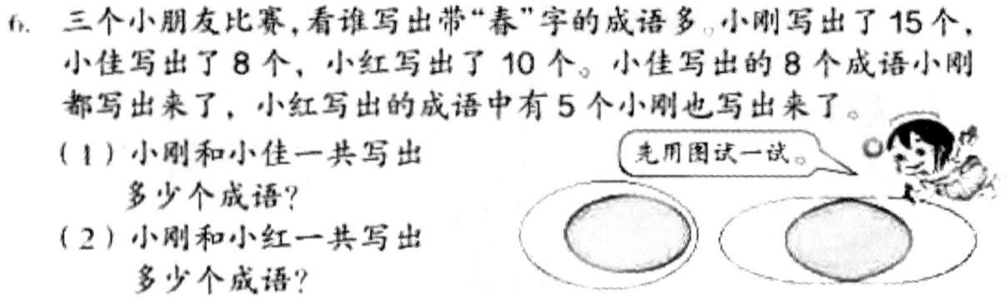
6. 三个小朋友比赛，看谁写出带“春”字的成语多。小刚写出了 15 个，小佳写出了 8 个，小红写出了 10 个。小佳写出的 8 个成语小刚都写出来了，小红写出的成语中有 5 个小刚也写出来了。

（1）小刚和小佳一共写出多少个成语？

（2）小刚和小红一共写出多少个成语？

图 29-11

教材中的部分习题可能超出学生的阶段认知水平，教师就没有必要把它列入编制试题的范畴。例如，人教版修订教材三年级上册第 86 页“做一做”、第 113 页第 12 题，它们要解决的“包装带长度”问题虽然可以用长方形周长公式来算，但它们涉及的长方体、正方体都是三维物体，需要学生有较强的空间观念与想象能力。三年级的学生在这方面的能力还比较弱，把这样的习题作为考题超出了大部分学生的实际能力，因此也就不符合命题的基本原则。

（四）整合教材相关内容编制试题

教材习题一般按章节分块编排，每组习题（教材中的每个练习组）针对一道或几道例题内容进行相应设置，每道习题练习的知识点一般比较单一。教学评价通常是针对一个相对较长时间的学习阶段设置，涉及的知识点较多。要在有限的测试时间内比较全面、客观地了解学生的阶段学习水平，测试的内容就要尽量涵盖所涉及的知识范围（一个单元、全册教材，甚至几本教材）的全部内容，也就是说一份好试卷必须讲究测试内容的广度，必须整合教材的相关内容编制试题。例如，为了考查学生对亿以内数的大小比较、积的变化规律、连除的简便计算、公顷与平方千米这几项知识内容的掌握情况，我把人教版修订教材四年级上册第 15 页第 5 题、第 115 页第 14 题、第 90 页第 9 题和第 37 页第 6 题整合编制成下面的试题：

在○里填上“＞”“＜”或“＝”。

756542○756420　　　　430×30○43×300

160÷(4×8)○160÷4÷8　　　　1200 公顷○120 平方千米

为了考查“面积单位公顷”的有关知识，我把教材四年级上册第 34 页例 1 和第 37 页第 7 题的内容整合编制成填空题：“面积是 1 公顷的正方形边长是（　　）m；如果 1 平方米能站 16 人，1 公顷约能站（　　）人。”为了考查计量单位秒、吨、千米、分米的概念，我把教材三年级上册第 6 页第 2 题、第 24 页第 3 题和第 34 页第 1、2 题整合编制成下面的一道试题：

在括号里填上合适的计量单位。

①系红领巾大约需要 20（　　　）　　②一只大象约重 4（　　　）

③出租车每天大约行驶 300（　　　）　　④一把牙刷长 16（　　　）

再如，在编制五年级下册“长方体和正方体”的单元试卷时，我对教材第 21、22 页的第 2、3、7 题（有关求长方体棱长总和、12 条棱的位置关系的习题）进行整合，设计成如下试题：

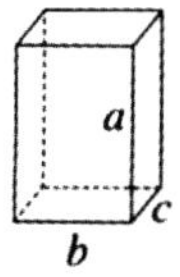

图 29-12

如图 29-12，和 b 平行的棱有（　　　）条，和 a 相交并垂直的棱有（　　　）条。如果 a、b、c 分别是 5 cm、4 cm、3 cm，这个长方体的棱长总和是（　　　）cm。

将教材习题的相关内容整合编制成试题，既是基于教材命题，又能引导师生活用教材习题，防止机械重复训练教材习题。

命题是教学的指挥棒。基于教材的试题编制策略会深刻地影响教师的教和学生的学，能有效地引导教师研究课标、研读教材，用好用活教材资源，走出题海战术，走向高效课堂，实现“减负增效”的学校教育目标。

专题 30

数学试题改编与析题的实践探索

命题是编制试题，析题是解答、分析试题，它们是两项虽有一定关联但又有较大区别的教学工作。福建省教育厅把它们都列入小学数学教师学科教学技能，并把它们合并作为全省教师教学技能大赛小学数学科的学科技能项目，这样使得“命题”与“析题”就成为联系紧密的内容。2018 年福建省第四届中小学教师教学技能大赛又把“命题与析题”改为“试题改编”，更加突出试题编制策略。试题设计、改编、析题是数学教师的重要专业素养，它需要每位教师不断实践与探索。

一、 命题与析题的内涵和要求

（一）命题与析题的内涵

命题是与教育测量、教学评价紧密相关的一项工作。任何教育评价方式都离不开命题，特别是目前学科普遍采用的纸笔测试评价方式，其命题的价值和作用就更加凸显。这里我要讲的“命题”是指拟题、编制试题，专指教师教学技能大赛中学科技能项目的试题编制，它是对提供的素材（一道试题）进行改编设计的一种策略与能力。

所谓析题，是指在得出数学问题求解方案的前提下，从试题所含的知识点、能力点进行分析，对试题的训练价值与教学价值进行评价，对学生解题时可能遇到的困难或障碍进行预测性分析等。针对所编试题的析题，还要阐述试题改编设计的思路、依据、意图，展示引导学生思维发展的过程与价值。

（二）命题与析题的要求

根据《福建省第三届中小学教师教学技能大赛比赛项目说明》，关于小学数学命题与析题的要求是：

①比赛方式：参赛选手根据提供的素材（一道试题）完成对此道试题的改编设计，并附设计说明。

②比赛时间：30 分钟（含命题及析题）。

③比赛要求：根据课程标准理念、目标要求对素材题进行改编（命题）设计，展示引导学生思维发展的过程（20 分钟）；析题并阐述设计的思路和依据（10 分钟）。

二、 试题改编设计的基本策略

参照特定的要求，教师根据提供的素材（一道试题）完成对此道试题的改编设计，形成一道或几道能对相应知识内容进行有效训练的习题，让学生习得知识、掌握技能、感悟思想、积累经验，实现引导学生数学思考递进发展的目的。具体来说，有以下几个策略：

（一）将单一的问题设计成多元的问题

就是拐几个小弯，增设一些考查点、训练点，让问题变得有层次、丰富多元。

（二）将抽象的问题改编成具体的问题

可以将枯燥的数字设计成富有情境的生活问题，将抽象的文字设计成图文并茂的问题，如可以将抽象的问题设计成操作题、作图题等，以训练学生的动手实践能力。

（三）将封闭的问题设计成开放的问题

可以将相对封闭的单一问题变成开放性问题，让所提问题有多种算法，以开拓学生思维，培养学生思维的广阔性、灵活性。

改编素材题要胜在设计精巧。我认为，根据素材题编制试题时，应该先对素材题的难易度价值进行预测判断，再依据素材题的难易度进行富有衔接性的设计。如果素材题比较简单，设计的题目就应该在难度上稍有提升，当然“难”不是无上限地提升难度，最好是“难”得巧，让学生能在“最近发展区”发力。如果素材题比较有难度，就要设计一两道铺垫题，降低思维难度，让学生的思维能拾级而上，最终获得正确解答。

例如，福建省第三届教师教学技能大赛小学数学素材题“租车方案”的命题改编设计：

【素材题】（原题）

出租车一辆80元，限乘4人；小巴车一辆180元，限乘10人；中巴车一辆300元，限乘20人；大巴车一辆600元，限乘50人。

【改编设计1】

（1）二年级有100人，怎样租车最便宜？

（2）一年（1）班有24人，怎样租车最便宜？

（3）六年（2）班有62人，怎样租车最便宜？

【改编设计2】

如果师生一行94人，怎样租车更合算？请至少提供两种方案，并进行比较。

再如，莆田市第四届教师教学技能大赛小学数学素材题“圆周长与面积的应用”的命题改编设计：

【素材题】（原题）

有一个近似于圆的湖，湖中心有个直径是40米的小岛，湖面宽80米。根据以上提供的信息进行设计编题。

【改编设计1】

（1）圆形小岛的周长是多少米？湖的周长是多少米？

（2）圆形小岛的面积是多少平方米？湖面的面积是多少平方米？

（3）为了方便市民散步，在湖周围修一条5米宽的石板路，石板路的面积是多少平方米？

（4）在湖面周围每隔4米栽一棵树，总共栽多少棵？

【改编设计2】

（1）湖中央小岛的面积是多少平方米？

（2）湖面的面积大约是多少平方米？

（3）小明沿着湖边慢跑两圈，他一共跑了多少米？

（4）小红骑着自行车绕湖边一圈，自行车轮子的半径大约是30厘米，轮子大约转了多少圈？

试题改编设计要立足素材题，从本源上思考，从学生的实际需要出发，找准学生的思维起点，着眼于学生的思维发展，想法要清晰自然，要符合逻辑。因为编制的试题要“展示引导学生思维发展的过程”，所以，我认为一般要设计成几道有相关性、层次性和递进关系的习题，让学生的思维有个从简单到复杂、从具体到抽象的发展过程。

三、 析题的基本策略

改编设计试题后命题者要阐述改编设计的思路和依据，即析题。根据我的理解，析题要说明自己编制设计的试题与思路，分析每道试题包含的知识点和能力点，分析学生解题时可能遇到的困难或障碍，阐述试题的训练价值与教学价值，说明学生数学思维在解题过程中能得到怎样的训练与发展等。

具体来说，析题可以从以下几个角度展开：

（一）析题意

析题意，就是在阅读素材题的基础上，对素材题的题意进行分析，包括素材题的已知与未知、题目类型、考查的知识点与能力点及训练意图。例如，人教版修订教材五年级下册第 99 页例 3 “喝牛奶问题”（如图 30-1），该题以解决问题的形式呈现，涉及的分数问题比较抽象，把它安排在学习分数意义与分数加减法之后、学习分数乘法之前，给学生的理解带来一定的困难，其意图是要引导学生借助几何直观理解题意，理清结构，分析数量关系，主要是要渗透借用几何直观解决问题的策略。

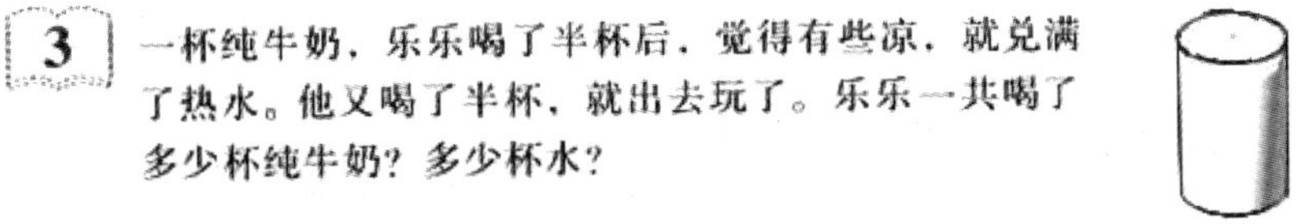
3 一杯纯牛奶，乐乐喝了半杯后，觉得有些凉，就兑满了热水。他又喝了半杯，就出去玩了。乐乐一共喝了多少杯纯牛奶？多少杯水？

图 30-1

（二）析思维

析思维，就是分析学生解决问题的思维特点、方式方法及其依据。例如“喝牛奶问题”，解决此道题的关键是计算第二次喝了多少杯纯牛奶。由于学生还没学习分数的乘法，无法用乘法来计算“$\frac{1}{2}$杯纯牛奶的一半是多少”，所以这道题对五年级的学生来说是比较抽象的。学生对半杯的半杯是多少杯仅凭文字叙述是较难理解的，数量关系的分析可能无从下手，需要教师指导点拨，借助其他载体帮助理解题意，突破思维阻碍。

（三）析策略

析策略，就是阐述解决问题的策略与方法，包括解决素材题、改编题的策略，如果有多种解法，要阐述尽可能多的解题方法，最好还要阐述运用了哪些数学思想方法。例如“喝牛奶问题”，解决这道题要着重引导学生采用画图策略分析数量关系，帮助理解题意，利用几何直观寻找解决问题的方法，渗透数形结合思想，感悟几何直观的实际运用。

（四）析注意

析注意，就是分析解题过程的注意点、易错点或做不好的地方。例如“喝牛奶问题”，这道题的数量关系对五年级的学生来说是比较抽象的，因此要突出画图策略，可以利用课件演示或图示帮助学生理解题意，并结合分数的意义让学生正确理解第二次所喝纯牛奶是一杯的$\frac{1}{4}$，从而解答学生的思维困惑，最终获得问题的解决。

（五）析规律

析规律，就是说明解决问题的经验、规律对后续问题的解决和思维发展有何正迁移价值，学生如何做到触类旁通、举一反三。例如“喝牛奶问题”，关键步骤是利用画图借助几何直观，帮助分析、理解数量关系，找出解决问题的思路和方法，同时也为后面理解分数乘法的意义积累经验。这道题也让学生体会到当常规思维无助于问题解决时，需要换个角度、换种思维方式进行分析思考。

析规律不仅仅是对数学解题过程的一般性回顾与梳理，更是深究数学解题活动中所涉及的知识、方法、思想、策略等，帮助学生建立模型，形成规律，从而提升解决同类问题的能力。

析题是一个解释的过程，自圆其说的过程，要求编制者说出对原题的理解以及改编设计的思路、理由、依据、特点、亮点，进而获得他人的认同。

析题时通常把上面谈及的五个方面整合成以下两个层面：

一是进行原题分析。分析原题是必需的，主要说明：原题属于什么类型的题目，包含的知识点与能力点是什么，优点在哪里，不足在哪里（不足的地方就是改进之处），学生解题需要哪些知识与能力储备，解题思维有什么特点等。

二是进行新题分析。分析改编设计的题目是析题的重点内容，主要说明：①每道新编题的考查点（训练点）有哪些；②每道新编题的命题意图是什么，例如情境的教育性、呈现的直观性、策略的多样性、知识的综合性、知识的拓展性、问题的开放性、思维的层次性、思维的灵活性；③学生思维发展的过程，指出改编设计题怎样让学生的思维逐级发展，提升数学思考能力。析题时，应突出怎样通过新题发展学生的学科核心素养。

四、 试题改编与析题典型案例赏析

（一）总叙型模式

总叙型模式就是对素材题（原题）进行分析后，直接呈现改编设计的若干道题，然后对新编的几道题一起进行设计说明。

案例一："租车方案"试题改编与析题

【素材题】（原题）

出租车一辆 80 元，限乘 4 人；小巴车一辆 180 元，限乘 10 人；中巴车一辆 300 元，限乘 20 人；大巴车一辆 600 元，限乘 50 人。

【原题分析】

本道素材题的信息条件比较多，但它是一道结构不完整的应用问题，需要增加条件"乘客的数量"及问题"乘车需要多少钱"。它涉及单价、数量、总价及包含除法的数量关系，可以设计用于训练四年级学生灵活运用乘除法有关知识分析问题、解决问题的能力，重在考查学生选择策略的能力。

【改编设计】

为了充分发挥素材题的价值，可对素材题进行以下三次改编设计来引导学生思维发展的过程。

（1）由 8 名教师带领 92 名学生去植物园参观，有以上几种车可租，租哪种车最合算？需要花多少钱？

（2）6 名教师带领 54 名学生去植物园参观，怎样租车最合算？需要花多少钱？

（3）4 名教师带领 36 名学生去植物园参观，怎样租车最合算？需要花多少钱？

【改编说明】（新题分析）

学生的数学思维总是从简单问题开始的。第（1）题设计的乘客数量正好是每种车限乘人数的倍数，这样的问题更具有可比性。题目中涉及的信息繁多，根据美国数学家乔治·波利亚解决问题四步骤的第一步可知，要让学生理解问题，做到深入脑海，可要求学生读题后简要复述题目的意思，然后让学生独立解决。由于学生在三年级经历过用列表法解决租船等类似比较简单的优化问题，所以学生在理解题意后一般都会自主解题，直接用总人数除以每种车的限乘人数，再乘单价。

出租车：(8＋92)÷4×80＝2000（元）

小巴车：(8＋92)÷10×180＝1800（元）

中巴车：(8＋92)÷20×300＝1500（元）

大巴车：(8＋92)÷50×600＝1200（元）（最省钱方案）

数感好、口算强的学生，会一眼看出租大巴车最便宜，只列出最后一个算式也是可以的。第一次练习建议把每个方案都列出来，便于比较，得出结论：在同样坐满的情况下，租用人均车费比较少的大巴车最合算。

第（2）题通过改变数据，使得租车方案更加多样，问题更开放。学生受第（1）题思维定式的影响，易认为设计的租车方案可能是只租用同一种车型。于是，先想到租人均车费比较便宜的大巴车，需要 2 辆，租金 1200 元，但会出现空位，造成浪费。若只租中巴车，正好要用 3 辆，没有空位，租金 900 元，比较便宜。这时教师可再引导学生思考：第（1）题为什么是租大巴车比较便宜？现在为什么租中巴车比大巴车便宜？还有没有更便宜的方案？并提示学生有几种不同的车型可供选择。通过交流、比较，得出最优方案是租一辆大巴车和一辆小巴车，即先考虑人均车费便宜的车，再考虑不浪费座位，方案是：

(6＋54)÷50＝1（辆）……10（人）　10÷10＝1（辆）　600＋180＝780（元）

第（3）题设计的总人数不足 50 人。有了前两题的解题经验，学生会直接排除租大巴车的方案，考虑租出租车、小巴车或中巴车。虽然租出租车、小巴车都不会出现空位，但人均车费高，所以还是考虑租用中巴车且正好租两辆，租金为 (4＋36)÷20×300＝600（元），比较合算。考虑到租一辆大巴车的费用与租两辆中巴车的费用一样，且所有人乘坐同一辆车，方便管理与交流，还空出 10 个座位，不会拥挤，所以也可以考虑租大巴车。通过这道题的练习，学生懂得解决问题要联系生活实际灵活处理。

学生完成以上三道练习题后，教师要引导学生比较总结，得出租车时优先考虑租用人均车费比较便宜的车，再考虑尽量不要有空位，同时要根据实际情况灵活选择租车方案。

以上题组的设计，由易到难，步步深入，能较好地体现学生思维递进发展的过程，其训练的目的在于考查学生选择策略的能力，所以用的数据都比较简约。通过练习，学生既可以巩固单价、数量、总价等关系，培养应用数学知识解决实际问题的能力，又能养成综合考虑问题的思考习惯，训练思维的灵活性和全面性，同时渗透理财观念和优化思想。

案例二："圆周长与面积的应用"试题改编与析题

【素材题】（原题）

有一个近似于圆的湖，湖中心有个直径是 40 米的小岛，湖面宽 80 米。根据以上提供的信息进行设计编题。

【原题分析】

本题是六年级上册有关圆的内容，主要训练学生综合应用圆的周长、面积以及圆环面积等知识解决问题的能力，渗透对应思想、数形结合思想、模型思想，感悟数学思想在生活实际中的运用，进一步发展学生的逻辑推理能力和空间观念，培养学生的问题解决能力和应用意识。

【改编设计】

基于以上分析，从学生的认知经验与知识的前连后延关系考虑，可将原题进行如下改编设计：

（1）圆形小岛的周长是多少米？湖的周长是多少米？

（2）圆形小岛的面积是多少平方米？湖面的面积是多少平方米？

（3）为了方便市民散步，在湖周围修一条 5 米宽的石板路，石板路的面积是多少平方米？

（4）在湖面周围每隔 4 米栽一棵树，总共栽多少棵？

【改编说明】（新题分析）

根据素材题的特点，第（1）题是基础题，可利用圆的周长公式直接计算，小岛的周长为 $3.14\times40=125.6$（米）；计算湖的周长，需要先计算湖的直径 $80\times2+40=200$（米），再求湖的周长 $3.14\times200=628$（米）。第（2）题可直接用圆的面积公式计算小岛的面积 $3.14\times(40\div2)^2=1256$（平方米）；求湖面的面积，就是求环形的面积，先求出大圆的半径是100米，小圆的半径是20米，再利用公式计算：$3.14\times(100^2-20^2)=30144$（平方米）。第（3）题是拓展题，目的是进一步考查学生综合应用知识解决问题的能力，培养应用意识，引导学生画图，借助图形，找到数量关系，渗透数形结合思想，发展几何直观能力。石板路的面积可根据公式计算：$3.14\times(105^2-100^2)=3218.5$（平方米）。第（4）题是综合题，设计目的是沟通知识之间的联系，将圆和植树问题结合、串联，发展学生解决综合问题的能力。学生通过判断不难得出，在圆的周围植树对应的是植树问题中“一端栽一端不栽”模型，植树总棵树等于间隔数，即$628\div4=157$（棵）。

以上四道题层层递进，既有联系又有区别，通过问题解决把学生的思维不断引向深刻。学生在解决问题的过程中，通过观察、分析、比较、迁移、推理等策略，沟通知识之间的联系，借助几何直观、数形结合、对应思想、模型思想，获得逻辑思维能力和应用意识的提升，思维的全面性、广阔性、深刻性和数学学科素养都得到进一步的发展。

（二）分叙型模式

分叙型模式就是对素材题（原题）进行解析后，分层次呈现改编设计的每道题，并逐一对新编题进行设计说明。

案例三：“正方体内切圆柱”试题改编与析题

【素材题】（原题）

一块棱长是4 dm的正方体木料，加工成一个最大的圆柱。把这个圆柱的表面涂油漆，涂油漆的面积是多少？削去部分的体积是多少？

【原题分析】

本道素材题主要考查正方体、圆柱的有关知识及其关系，学生需要综合运用正方体体积、圆柱表面积、圆柱体积等知识解决问题。素材题以纯文字的形式呈现，增加了解题难度，意在进一步发展学生的空间观念，培养抽象思维能力。解题时，如果学生有困难，教师可以引导学生画图，借助图示直观弄清正方体与最大圆柱的内在关系，明白最大圆柱的底面直径、高就是正方体的棱长，那么问题就迎刃而解，即$S_{柱表面}=3.14\times4\times4+2\times3.14\times\left(\frac{4}{2}\right)^2$，$V_{削}=V_{正}-V_{圆柱}$。

【改编设计 1】

一块棱长是 6 dm 的正方体木料，加工成一个最大的圆锥，削去部分的体积是多少？

【改编说明 1】

将圆柱换成了圆锥，增加了难度，但学生拾级而上，解决问题不会有太大困难。同时，这样的改编设计还有价值：一是顺势巩固了圆锥体积的知识，加强了圆锥与圆柱体积计算的对比练习；二是有利于培养学生的思维能力。解题时，学生借助原题，通过想象，通常会先找出圆锥的底面直径及高与正方体棱长的关系，然后利用圆锥体积计算公式算出圆锥的体积，再算出削去的体积，即 $V_{锥}=\frac{1}{3}\times3.14\times\left(\frac{6}{2}\right)^2\times6$，$V_{削}=V_{正}-V_{圆锥}$。除此之外，还可利用等底等高的圆锥和圆柱的体积关系，引导学生借助圆柱的体积乘 $\frac{1}{3}$，进一步培养学生解题的灵活性、敏捷性。改编设计时，把正方体棱长改为 6 dm，一是便于计算，二是为下一道题奠定基础。

【改编设计 2】

将一块长 5 dm，宽 4 dm，高 6 dm 的长方体木料，加工成一个尽可能大的圆柱，有几种不同的方案？哪一种方案浪费的木料最少？

【改编说明 2】

这是一道极具思考性和挑战性的习题。对于把长方体木料加工成尽可能大的圆柱，学生通常会受思维定式的影响，只考虑用长方体的底面做圆柱的底面，教师可以借助教具直观变换位置或画示意图，让学生明白加工成圆柱有三种不同的方案。

①以上下面为底：最大圆柱 $d=4$，$h=6$，体积 $=3.14\times\left(\frac{4}{2}\right)^2\times6$；

②以左右面为底：最大圆柱 $d=4$，$h=5$，体积 $=3.14\times\left(\frac{4}{2}\right)^2\times5$；

③以前后面为底：最大圆柱 $d=5$，$h=4$，体积 $=3.14\times\left(\frac{5}{2}\right)^2\times4$。

可见方案③的圆柱体积最大，木料浪费最少。

教师引导学生观察、分析、列式、计算，对比数据，获得最佳方案。改编设计这样的题，能有效发展学生的空间观念和想象能力，训练学生的数学思考能力，发展学科核心素养。

通过对素材题的改编，设计上述题组，在由易到难、层层递进的问题解决过程中，不仅能有效训练学生综合运用所学的正方体、长方体、圆柱、圆锥等知识解决现实问题，还能帮助学生沟通这些立体图形间的联系，形成知识结构体系。同时，学生在循序渐进的练习中，思维不断发展，特别是最后一道题，它有效地训练了学生思维的全面性、发散性、深刻性，提升了学生的数学思维品质。

案例四："长方体的表面积与体积"试题改编与析题

【素材题】（原题）

一个长方体，如果高增加 2 cm 后，就变成一个正方体（如图 30-2），而且表面积增加了 56 cm^2。原来长方体的体积是多少？

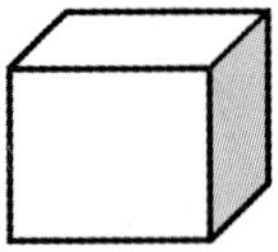

图 30-2

【原题分析】

本题涉及长方体和正方体的知识内容，主要训练学生综合应用长方体、正方体的表面积和体积相关知识解答问题的能力。本道题的练习，有助于学生沟通长方体和正方体知识间的相互关系，渗透对应思想、数形结合思想、变中不变思想，感悟数学思想在实际中的运用，进一步发展空间观念和想象能力，培养逻辑推理能力和问题解决能力。预测学生在解决问题的过程中会遇到两个难点：一是高增加 2 cm，表面积增加 56 cm^2，对应的是增加哪几个面的面积；二是高增加了 2 cm 后变成正方体，什么变了，什么不变。

【改编设计 1】

如图 30-3，一个长方体，如果高增加2 cm 后，就变成一个棱长 7 cm 的正方体。原来长方体的体积是多少？

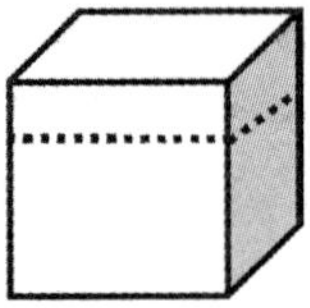

图 30-3

【改编说明 1】

要求原来长方体的体积，就要知道长、宽、高。设计本道题的目的是要让学生通过观察示意图，比较、分析前后两个图形，明确高增加 2 cm 后长方体变成正方体时，什么变了，什么不变（高变了，底面不变，即长和宽不变）。根据正方体的棱长 7 cm 推出原来长方体的长、宽都是 7 cm，高是 5 cm，所以原长方体的体积是 $7\times7\times5=245$（cm^3）。本题运用找变与不变、数形结合、几何直观等手段，帮助学生把抽象问题变得直观形象，获得解决原问题的重要知识基础，发展空间观念。

【改编设计 2】

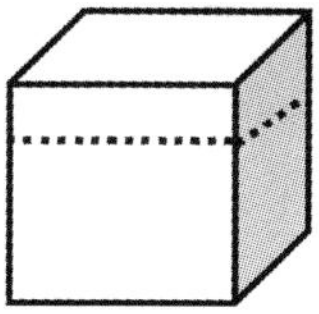

图 30-4

如图 30-4，一个长方体，如果高增加2 cm后，就变成一个棱长 7 cm 的正方体。长方体的高增加 2 cm 后表面积增加了多少？

【改编说明 2】

通过上一道改编题，学生已经知道长方体的高增加2 cm后变成正方体，长方体原来的长、宽是不变的，上、下两个面也是不变的。这时呈现第 2 道改编题，学生观察示意图进行比较、分析，容易发现高增加2 cm，增加的表面积是 4 个侧面增加的面积，而且 4 个侧面增加的面积大小是相等的，每个侧面增加的是一个长 7 cm、宽 2 cm 的长方形，故增加的表面积是 $7\times2\times4=56$（cm^2）。

学生在解答以上两道改编题后，就有了解决原题的“脚手架”，再引导学生比较素材题，明确解决问题的基本思路，渗透对应思想和变中不变思想。学生解答素材题时，就知道长方体的高增加 2 cm 变成一个正方体，意味着原长方体的底面是正方形，长、宽相等且不变，说明 4 个侧面的面积大小也相等。表面积增加了 56 cm^2，对应的是左右前后四个侧面增加 56 cm^2，先计算出每个侧面增加的面积是 $56\div4=14$（cm^2），每个侧面增加的部分都是宽 2 cm的长方形，就可算出原来长方体的长与宽均为 $14\div2=7$（cm），高就是 $7-2=5$（cm），故原来长方体的体积是 $7\times7\times5=245$（cm^3）。这样的改编设计，让学生的思维先顺向再逆向，循序渐进，体现了思维逐步发展的过程。

【改编设计 3】

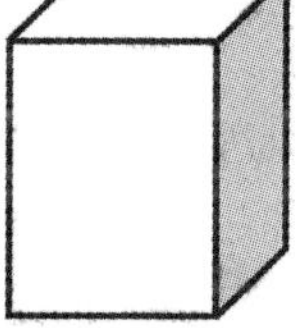

图 30-5

如图 30-5，一个长方体，如果高减少2 cm后，变成一个正方体，而且表面积减少了 56 cm^2。原来长方体的体积是多少？

【改编说明 3】

改编设计本题，可进一步培养学生综合运用数学知识解题的变通意识，达到举一反三、触类旁通的目的。学生在解决原素材题的基础上，应该会比较快速地知道长方体的高减少 2 cm 变成正方体，对应减少了 4 个相同的侧面面积，减少的 4 个侧面均是宽 2 cm 的长方形，就可算出减少的每个小长方形的面积是 $56\div4=14$（cm^2），进一步算出长方体的长与宽均为 $14\div2=7$（cm），原来的高就是 $7+2=9$（cm）。故原来长方体的体积是 $7\times7\times9=441$（cm^3）。

改编设计的几道题与原题构成一组题组，层层递进，通过问题解决把学生的思维不断引向深刻。学生在解决问题的过程中，通过观察、比较、分析、迁移、推理等策略，沟通知识之间的联系，借助几何直观、数形结合、对应、变与不变的思想获得问题解决，最终学生的逻辑思维能力得到训练，思维的全面性、广阔性、深刻性和数学学科素养都得到了进一步的发展。

试题改编设计是数学教师的重要基本功。好试题能科学、有效地检测出学生的“四基”水平，更能诱导教师树立正确的教育观、质量观，提高课堂教学效度，全面落实课程目标，提升学生学科核心素养，构建“高质轻负”的学校教育。

主要参考文献

图书

高枝国. 新课程发展性评价——小学数学 [M]. 北京：新华出版社，2005.

黄正平. 小学养成教育 [M]. 南京：南京师范大学出版社，1999.

教育部基础教育课程教材专家工作委员会. 义务教育数学课程标准（2011年版）解读 [M]. 北京：北京师范大学出版社，2012.

李冲锋. 教师如何做课题 [M]. 上海：华东师范大学出版社，2013.

吴东水. 如何撰写小学数学教学论文 [M]. 北京：学术期刊出版社，1988.

徐国裕. 小学数学教材研读与教学 [M]. 福州：福建教育出版社，2015.

中华人民共和国教育部. 全日制义务教育数学课程标准（实验稿）[M]. 北京：北京师范大学出版社，2001.

中华人民共和国教育部. 义务教育数学课程标准（2011年版）[M]. 北京：北京师范大学出版社，2012.

钟建林，余辉. 聚焦片段教学 [M]. 北京：教育科学出版社，2012.

周勇，赵宪宇. 新课程说课、听课与评课 [M]. 北京：教育科学出版社，2004.

论文

曹培英. 怎样评课（五）：评课应注意的若干问题［J］. 小学数学教师，2010（10）：68-83.

曹培英. 怎样评课（一）：评课的主要功能、基本理念［J］. 小学数学教师，2010（1/2）：156-166.

陈凤伟. 激发情感智慧　构建灵动课堂——解读吴正宪老师机智敏锐的灵动课堂［J］. 教学月刊（小学版），2014（7）：9-11.

戴厚祥. 临场开发“原汁原味”的生成性资源［J］. 小学数学教育，2012（3）：21-24.

邓国强. 研读小学数学教材的方法与途径［J］. 小学数学教育，2016（11）：12-13.

冯敏. 新课改背景下教研员角色咋变？［N］. 中国教育报，2005-05-31（7）.

李一鸣. 谈谈小学数学说课［J］. 小学数学教育，2012（3）：17-20.

林国忠，徐国裕. 关注“最近发展区”　提高教学有效性［J］. 福建基础教育研究，2010（6）：75-76.

林国忠，徐国裕. 基于教材的命题策略研究［J］. 教育评论，2017（8）：151-154.

林国忠，徐国裕. 提高数学复习课实效性的思索［J］. 小学数学教育，2011（6）：7-8.

林国忠，徐国裕. 在感悟思想方法中发展数学思考能力［J］. 小学数学教育，2017（11）：12-13.

吴丽琴，徐国裕. 准确把握知识本质　全面落实教学目标——《平均数》课例教学赏析［J］. 福建教育（小学版），2013（11）：45-46.

徐国裕，林国忠. 落实核心概念　发展运算能力——“数的运算”教学实践与思考［J］. 小学数学教育，2016（12）：8-10.

徐国裕，林海萍. 把准变化内涵　调整教学策略——“图形与几何”第一学段教学建议［J］．福建教育（小学版），2012（7/8）：92-93.

徐国裕．“用教材教”从研读教材起步［J］．福建教育（小学版），2010（1）：54-56.

徐国裕．对建设高质量教师队伍的思考［J］．素质教育博览，2000（6）：20-22.

徐国裕．合理使用数学教材弹性内容的实践与研究［J］．福建教育（小学版），2015（7/8）：102-104.

徐国裕．继承·改革·创新·发展——谈从“应用题”到“解决问题”的变化［J］．小学数学教育，2008（7/8）：9-10.

徐国裕．驾驭课堂生成性问题的策略［J］．小学数学教育，2013（5）：16-17.

徐国裕．例谈小学数学虚境式“片段教学”的实施策略［J］．小学数学教育，2012（1/2）：20-21.

徐国裕．另眼看学校德育［J］．福建教育督导与德育，2007（1/2）：72-74.

徐国裕．留住教师主导的“根”［J］．福建教育（小学版），2007（5）：43-45.

徐国裕．认识“解决问题”［J］．福建教育（小学版），2008（11）：42-44.

徐国裕．数学课堂需要追求有效练习［J］．教学与管理（小学版），2012（6）：28-30.

徐国裕．台湾义务教育发展现状考察有感［J］．福建基础教育研究，2011（9）：19-20.

徐国裕．探索校本课程建设　突破课程实施难点［J］．福建教育学院学报，2007（5）：26-28.

徐国裕．小学数学科学化命题应关注的几个问题［J］．福建教育（小学版），2009（5）：42-44.

徐国裕. 用好随机评价 演绎精彩课堂 [J]. 福建教育（小学版），2011（3）：23-25.

徐国裕. 有效课堂从研读教材起步 [J]. 教育评论，2014（2）：123-125.

徐国裕. 展现岗位练兵成效 彰显教学素养魅力——福建省第二届中小学教师教学技能大赛小学数学观赛感言 [J]. 福建基础教育研究，2013（3）：7-9.

张阳花，徐国裕. 把握课程变化实质 领悟标准修订精神——《义务教育数学课程标准（2011 年版）》解读 [J]. 福建基础教育研究，2012（6）：10-12.

后记

POSTSCRIPT

“万水千山不忘来时路……树高千尺根深在沃土……”一首《不忘初心》，让国人重温红军战士用生命和热血铸就的雄壮历史，重温革命先辈用理想和信念丈量的伟大远征。我虽是一介书生，灵魂深处却深埋着一粒热爱祖国的种子，深怀着一种助推教育改革的信念，深藏着一股服务师生的热情。我不过是生长在和平年代的普通一员，没有可歌可泣的故事，却依然在属于自己的位置上闪烁着光芒，走好“长征路”。

正是长期在教育梦想道路上的坚守与奔跑，才得以成就今天的自己；正是不忘初心，才让自己总是在“有望”间前行；正是因为时时“有望”，如今才有了一个又一个的教育专题实践与思考！

利用闲暇时光，回望自己扎根教育沃土多年来留下的足迹，似乎有些许零散的教育思想、教育观念、教学主张可以呈现，遂燃起整理成书的念想，于是便有了眼前的这本书。书中的每一个专题、每一行文字都记录着当时的自己，当时的教育实践与思考。在整理文字期间，真的感谢曾经那么努力的自己。

后记

鉴于研究的需要，书中的部分文字参考和引用了许多教育专家、优秀教师的研究成果、典型案例和精彩论著。值此拙作付印之际，特向所有为我提供经典素材与案例的教育专家、优秀教师表示衷心的感谢！由于水平有限，时间仓促，书中陋知浅见在所难免，请广大读者不吝赐教。

掩卷之时，脑际盘旋着的“有望”一词久久不散，本书的问世让我再次体验到行走在“有望”教育道路上的幸福与快乐。它是我教育人生路上一个新的起点，将激励我继续启程远航，迈向一个崭新的“有望”之旅，欣赏更美的风景！

徐国裕

2018年6月

图书在版编目（CIP）数据

一位特级教师的专题式引领 / 徐国裕著. --福州：福建人民出版社，2018.9（2019.1 重印）

ISBN 978-7-211-07972-8

Ⅰ.①一…　Ⅱ.①徐…　Ⅲ.①教学研究—文集　Ⅳ.①G420-53

中国版本图书馆 CIP 数据核字（2018）第 202111 号

一位特级教师的专题式引领

著　　者：徐国裕
责任编辑：谢云英
出版发行：福建人民出版社　　**电　　话：**0591-87533169（发行部）
网　　址：http://www.fjpph.com　　**电子邮箱：**xyying2006@163.com
地　　址：福州市东水路 76 号　　**邮政编码：**350001
经　　销：福建新华发行（集团）有限责任公司
印　　刷：福州万达印刷有限公司
地　　址：福州市仓山区金山大道 618 号橘园洲工业园 19 号楼　　**邮政编码：**350002
开　　本：700 毫米×1000 毫米　1/16
印　　张：21
字　　数：336 千字
版　　次：2018 年 9 月第 1 版　　2019 年 1 月第 2 次印刷
书　　号：ISBN 978-7-211-07972-8
定　　价：58.00 元